U0896974

◎本书得到安徽省人文社科重点研究基地——安徽大学舆情与区域形象研究中心以及安徽大学舆情与区域发展协同创新中心专项出版基金资助

安徽舆情与社会发展年度报告
（2015）

主　　编　芮必峰
执行主编　刘　勇

合肥工业大学出版社

《安徽舆情与社会发展年度报告（2015）》

编　委　会

主　　　编　芮必峰

执行主编　刘　勇

编委会成员　姜　红　黄伟迪

杨　扬　李小军

周　彤　曹丹丹

总　序

芮必峰

当下中国的舆情研究已经进入一个新的时期，在这期间我们所做的研究是怎样的，以及我们的舆情研究还存在哪方面的问题，我想在这里提出几个问题，这既是我对当下中国舆情研究的几点思考，也希望能够抛砖引玉，以此激发后续的讨论。我这里有四个方面的问题，想提出来请教各位专家和在座的同学。

先谈第一个问题。大概近五年来，几乎每一所大学的新闻传播院系都有舆情研究或设立了舆情所，舆论问题何以成为当今的热点问题？实际上在这之前，舆论学是从西方引进来的。西方的“舆论”和中国翻译过来的汉语“舆论”不是一个概念。中国古代也了解舆人之情、舆人之论，但是那样的了解是为了统治、得民心，为了统治者更受人爱戴。而今天的这个“舆论”问题成为社会热点，我认为，大致上有四个方面的原因：第一，改革开放以后，利益开始多元。在过去，实际上只有几本舆论书，其中有几本是翻译过来的，还有几本是拼拼凑凑的。没有像今天这样大规模地、细致地尤其是定量地分析。过去，利益是一元化的，一元化的利益造成了对这些方面不十分关注。第二，中国在经历改革开放以后，中产阶级的力量相对壮大。他们在社会上产生了一定的作用，这部分人力量的壮大带动了社会其他方面力量的崛起。第三，社会急剧转型带来的各种各样的社会矛盾。因为前面所说的这些变化，加上这些矛盾，各种利益诉求和观点针对社会上的矛盾就要有一个表达的渠道。第四，在这三个前提下，恰恰新媒体开始在中国普及。它的普及也就十来年的时间，而西方也从20个世纪90年代中后期才开始兴起，到我们中国

作者系安徽省人文社科重点研究基地——安徽大学舆情与区域形象研究中心主任；安徽大学舆情与区域发展协同创新中心主任；安徽大学新闻传播学院教授，博士生导师；安徽大学江淮学院院长。

就更晚了。这四个条件综合到一起，舆论就受到人们的关注，舆论开始成为问题。随着这四个条件的转换，我们的舆论研究和舆论变化，可能还会出现与我们今天所看到的情况不一样的东西。

第二个问题，现在的舆论、舆情、民意等，我们到底怎样看待这些概念，或者说我们现在研究的到底是什么，绝大多数的研究报告研究的到底是什么。我认为，其实它研究的不是舆论，而是民间的情绪。这种研究有点类似于下述情况：两个人在发生观点争论，我们没有研究这两个人在谈些什么，而是研究旁边的起哄者，看起哄的人谁声音大，占多大的比例。这样来说，我们到底是在研究舆人之情即舆人的情绪，还是舆人之论？如果要研究舆人之情，该怎么研究？这个研究到底有什么意义？无非是谁的嗓门大一些，无非是哪边的人多一些。嗓门大、说的人多，自然它能产生压力，产生一些影响。我们现在究竟在研究什么，舆情是否代表民意，这些问题，我认为还有思考的必要。这里不是死抠概念，我不清楚包括我们现在的舆情中心到底是在研究什么。我看到的一些报告，基本上是民间情绪，我们通过电话访谈，问受访者怎么看，然后比例出来，是怎样的情况；最多，加一点所谓的原因分析。这完全是研究民间情绪，我们似乎还没有达到真正的舆论研究的程度，更不要说在舆论研究中上升到民意的推断。

第三个问题，我们为什么要进行舆情研究？我现在有个担忧，也许这样说不合时宜，当然，高校的应用学科要为社会服务，但是高校为社会服务，到底怎么服务？我发现现在多数的舆情研究或者舆论研究，基本上是在充当“绍兴师爷”的角色——摇摇扇子，帮主子出谋划策。这是不是高校服务社会的主要功能，我们到底应该充当现代化军队里的“参谋长”，还是当古代社会的“绍兴师爷”？因为存在这样一个问题，我们现在整个的社会研究一头倒在行政研究上，缺少批判研究；正是存在这样的原因，我们现在的研究一头倒在实证研究上，而在实证研究上，更重要的是倒在量化研究上。现在的质化研究少，量化研究多，凡是转化成数量的东西，基本上取得的是最大的交换值。它把事物最丰富的内涵全部掏空，给你一个简单的数据，其实这数据后面还有很多复杂的东西，我们没有去关照。没有质化研究，更别说在量化和质化基础上的批判研究。因此，现在得到的大量数据和报告，却没有人沉下心来对它们去做更高层次的理论研究，并在这个基础上，形成一些流传下来的社会科学的著作。

最后一个问题，我们整个舆情或者舆论研究是重描述轻规范。描述解决“是什么”的问题，这当然是首先需要弄清楚的问题。但是，仅仅停留在这个问题上还远远不够。在这基础上还应该进一步研究为什么是这样，还可能有什么样态、应该怎么样等，在“描述”的基础上还需加强“规范”。只有在了解了这些情况后，才能对我们国家的社会经济的发展、和谐社会的构建有更大意义。

这四个问题，也正是我在主持我们的研究所工作的过程当中，不断在感受和思考的问题。我的这些问题也希望能给读者带来一些思考。

是为序。

[本文系芮必峰教授在“舆情与社会发展论坛”（2013）开幕式上的主题发言]

目　录

一、特稿

二、舆情调查

三、媒介素养系列调查报告

四、专题研究

一、特稿

2015 年度安徽舆情报告

王秋婷　廖灿亮　刘鹏飞

2015 年，互联网成为舆情事件发源、发酵的主要场域，网络舆论对当下的社会生态和政府的公共治理发挥着强大的作用，并或多或少地改变着事件走向。

2015 年，安徽舆情事件数量较多，安徽网络舆论生态总体朝着积极的方向发展，网络舆情呈“主流引领、热度高涨、话题多发、积极平稳”的特点。如李克强总理考察安徽、合福高铁开通、安徽百所公立医院启动医改试点等均在安徽网络舆论场引发积极热烈的反响。

与此同时，2015 年安徽负面舆情事件时有发生，主要源于公职人员作风、突发公共事件以及民生、社会话题，如安徽 24 家企业状告省政府、安徽怀远小学生长期遭班干部勒索等事件，网络舆论场争议较为明显，给当地相关部门形象及公信力带来一定的负面影响。此外，“舆情反转”事件频发，成为 2015 年度安徽舆情的一大特点。

从舆情事件传播看，2015 年安徽一些舆情事件持续时间较长，呈媒体报道量和网民讨论量“双高”的特点，引起全国范围的关注。如“e 租宝”非法集资案、合肥少女毁容案、淮南女大学生扶老人事件等。此外，一些舆情事件是全国乃至国际层面的舆情事件蔓延至安徽区域，如安徽地区对“全面二孩”政策的回应等。

从舆情危机应对看，2015 年安徽网络舆论总体积极可控，各级政府在许多方面都展现出优秀的处理能力，但在一些细节上仍有提升空间。如安徽阜阳公职人员“不服告政府”的不当言行引发舆论争议后，当地相关部门迅速回应并做出处理，获得网民肯定。但在传统媒体和网络媒体还未介入时，当地却缺乏舆情监测和风险评估，从而导致负面舆情长时发酵。

作者简介：王秋婷，安徽大学新闻传播学院硕士研究生、人民网舆情监测室见习分析师；廖灿亮，人民网舆情监测室舆情分析师；刘鹏飞，人民网舆情监测室副秘书长。

本报告对覆盖2015年1月1日至2015年12月31日内的100件热点舆情事件进行分析，总结2015年度安徽热点舆情事件的基本特点和规律。样本选取来源于人民网舆情监测平台、百度热搜榜以及新浪新闻排行榜等，再对其进行热度计算①，筛选出排行前100名的舆情事件。

一、热点舆情事件TOP20②

2015年，安徽省20件热点舆情事件/话题见表1所列。

表1 安徽省20件热点舆情事件/话题（2015）

热度排名	事件/话题	热度指数
1	2015安徽“反腐”话题	384475.35
2	“e租宝”非法集资案	215438.31
3	安徽“雾霾”话题	171973.54
4	合肥少女毁容案	88810.65
5	安徽省“全面二孩”政策	61298.04
6	安徽阜阳发生4.3级地震	53525.70
7	安徽万亩袁隆平超级稻减产绝收涉虚假宣传	47029.09
8	央视曝光“垃圾山”藏身合肥城市森林公园	41339.50
9	淮南女大学生扶老事件	40487.48
10	于英生杀妻案	29484.85
11	安徽沱湖、天井湖遭跨境污染事件	25221.98
12	安徽砀山虐童案	24587.90
13	六安“3·11”持枪劫持人质案	24556.41
14	安徽24家企业状告省政府并胜诉	23673.97
15	安徽阜阳强拆现场拆迁户痛哭引争议	21976.65
16	默克尔与李克强共赴合肥访问	20523.51
17	安徽百所公立医院启动医改试点	20495.41
18	安徽芜湖餐馆液化气罐爆炸事故	16673.67
19	合福高铁全线开通运营获舆论点赞	16529.15
20	安徽芜湖一高考点听力设备故障	14635.81

① 热度计算：由网络新闻、论坛贴文、博客博文、微博、传统媒体报道、微信文章、客户端文章七大类媒介的关键词检索加权并归一化，求得各媒介的权重如下，网络新闻：0.2348；论坛贴文：0.0442；博客博文：0.0455；微博：0.2311；传统媒体报道：0.1369；微信文章：0.1716；客户端文章：0.136。

② 单个事件陈述及舆情分析见附件。

二、时空分布

从省市分布看，2015 年安徽舆情事件多发生于省会和皖北地区，包括合肥、蚌埠、阜阳、宿州等舆情事件较多；从行政层级看，2015 年安徽舆情事件多发生于市级行政单位（56%）、省级或没有明确地域指向地区（27%），具体如下：

（一）地域分布——省会和皖北地区舆情高发，舆情压力居高不下

省会和皖北地区是 2015 年安徽热点舆情事件的高发区域，包括合肥、蚌埠、阜阳、宿州；其次是六安、亳州、芜湖、黄山；再次是淮南、滁州、淮北、安庆；最后是池州、马鞍山、宣城、铜陵（见图 1）。

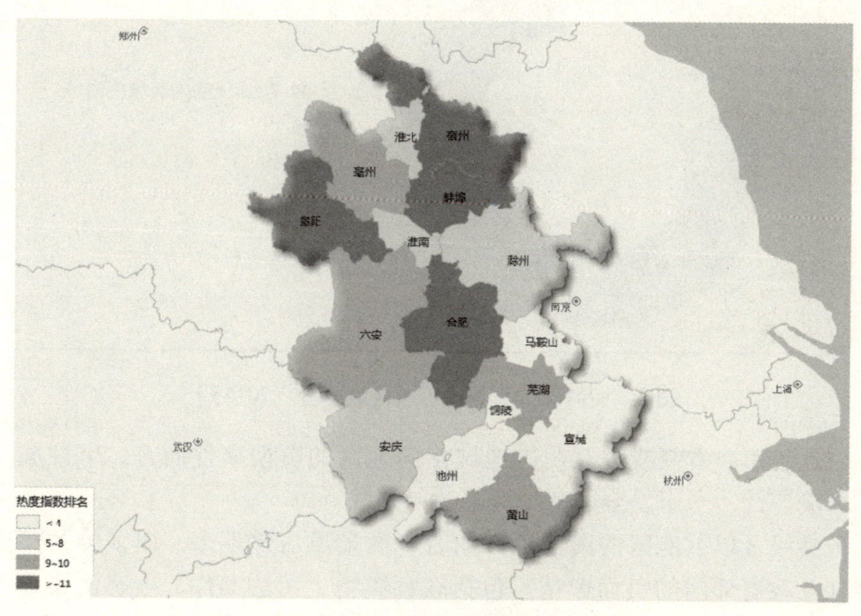

图 1　安徽省舆情事件地域分布（2015）①

合肥（15 件）地区 2015 年舆情数量排名安徽省第一位，其中合肥少女毁容案、央视曝光“垃圾山”藏身合肥城市森林公园等引起媒体及网民广泛

① 此图中的热度指数排名计算方法：事件数量与事件热度的乘积。另外，12 月 3 日，国务院批复同意对安庆市、铜陵市、六安市、淮南市部分行政区划进行调整，此图是调整前的行政区划图。

报道和热议；蚌埠、阜阳（均为 8 件）地区舆情事件数量也较多。其中 e 租宝事件、万亩袁隆平超级稻减产、阜阳 4.3 级地震、阜阳颍东强拆干部大笑“不服告政府”等事件舆情热度较高；宿州地区舆情事件数量位列安徽省第 4 位，其中热度较高的有砀山虐童案、医生用病人遗体伪造车祸、小学贫困生被要求请吃饭事件等。

（二）行政区划——省市级行政单位舆情多发，关注度较高且涉及政府部门

从行政层级看，2015 年舆情事件最多发生于市级行政单位（56%），其次是省级或无明确区域指向的地区（27%），再次是县级及以下（17%），如图 2 所示。

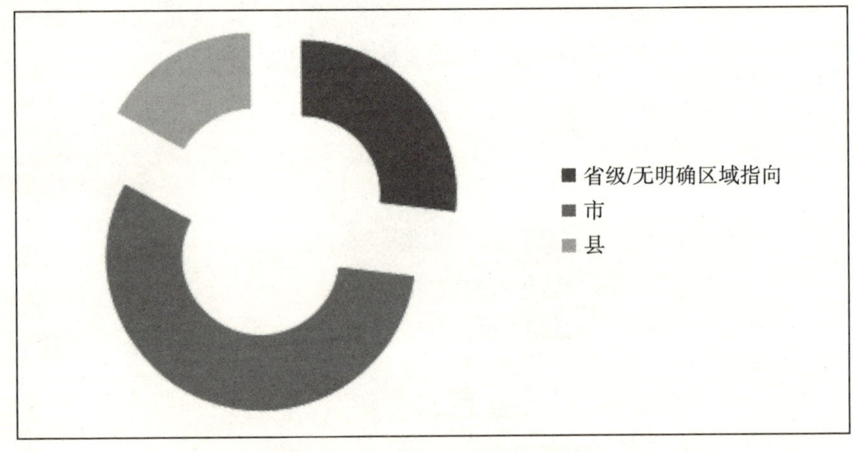

图 2　安徽省舆情事件行政区域划分（2015）①

就地级市、省级或没有明确地域指向地区的舆情事件而言，事件数量最多，影响广泛乃至引发全国范围的关注与热议。

就县级及以下地区的舆情事件而言，数量虽占比不多，但多为关注度较高且涉及政府部门的负面舆情。包括教育舆情、司法案件、生态污染和涉未成年人事件，暴露出目前安徽发展及社会基层治理存在一些问题。例如，怀远多名小学生长期遭班干校园霸凌、金寨一医院给职工发红头文件要求配合拆迁、至化工园被曝偷排污致良田成荒地等事件，均对基层政府工作和政府形象造成一定的负面影响。

---

① 中国现行的行政区划有省级、地级、县级、乡级、村级、组级，本图选取前三个行政区划，即省级、地级和县级。

（三）时间分布——舆情事件存在季节性特点，警示舆情引导前置

2015 年度安徽舆情波动明显，有明显的高峰期，1 月、3 月、5 月、6 月是舆情事件发生数量较多的时间节点，如图 3 所示。

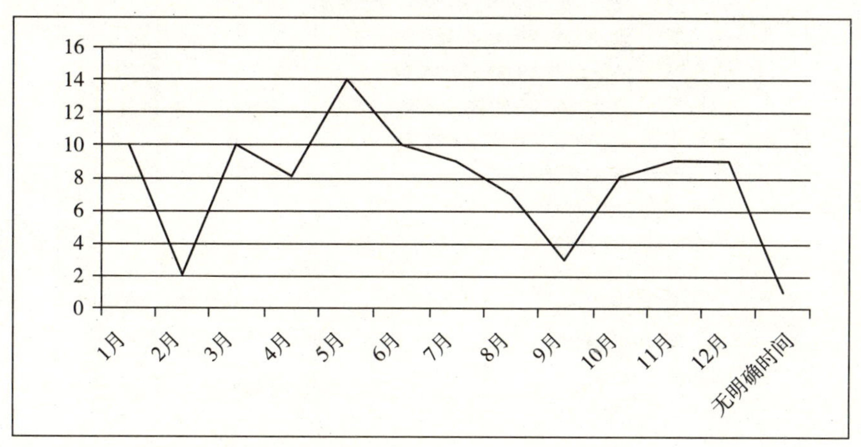

图 3　安徽省舆情事件时间分布图（2015）

1 月份的舆情事件呈现出“借力上一年度舆情热度”的特点，如“于英生杀妻案”“两名小学教师强奸女生分别被判死刑”均是上一年度的热点舆情事件的后续进展，媒体的后续报道引发舆论的再次探讨。

3 月份是全国两会召开时间，这一时期的热点舆情事件与吏治反腐相关，如“安徽广电腐败窝案”“女贼房云云举报两厅官”“阜阳女法官身兼多职、自审自计”等，呈现出反腐不避“两会”季的特点。

5 月、6 月的舆情事件呈现出季节性特点。如 6 月时逢国家中考、高考，安徽教育舆情在本月爆发较多，“高三学生参观职校被录取事件”“芜湖高考听力故障”等季节性舆情热点再引舆论热议，警示相关部门做好季节性舆情引导前置工作。

三、事件类型——作风问题屡成负面舆情焦点，制度反腐主导吏治反腐变迁

从舆情话题看，2015 年安徽省舆情事件的关注类型较为广泛，其中，话题量位居前五的是教育舆情、干部作风、吏治反腐、生态污染、公共政策，如图 4 所示。

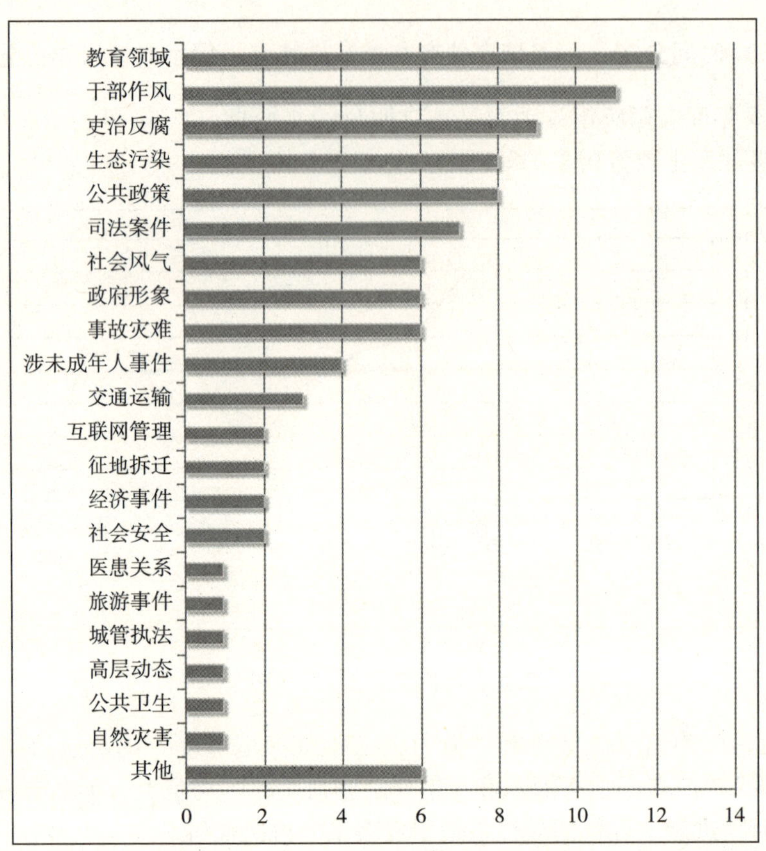

图4　安徽省舆情事件（话题）类型①分布（2015）（单位：%）

干部作风话题在2015年数量较多，个别公职人员因作风问题屡成负面焦点。公职人员作风问题被曝光后，涉事部门若不及时处理、澄清真相，一些细节和谣言往往成为被网络舆论场放大的对象，给“干群关系”带来裂痕，自身也会面临巨大的网络舆论压力。如宿州水利局职工“躺床上值班”、安庆

① 本报告采用“先分级、后分类”的方法将2015年安徽舆情事件（话题）分为22种类型。首先按照“舆情是否由突发事件引起”分为突发事件和非突发事件；其次按照《中华人民共和国突发事件应对法》将突发事件分为自然灾害、事故灾难、公共卫生和社会安全事件4种类型，再将非突发事件按照“五位一体”分为政治、经济、文化、生态、社会5大类；最后将政治类细分为公共政策、吏治反腐、政府形象、高层动态、干部作风5种类型，将经济类、文化类和生态类落地为经济事件、文化事件和生态污染，将社会类细分为城管执法、司法案件、教育领域、征地拆迁、旅游事件、交通运输、医患关系、社会风气、涉未成年事件、互联网管理10种类型，此外，增加“其他”这一类项。（此分类尚待进一步推敲。当前学界、业界并没有一个规范统一的分类标准，现存的分类标准大多是根据研究者的经验积累。）

副科不堪辱骂掌掴办事老太等被媒体报道后，都在一定程度上造成了负面影响。从网络舆论反馈看，基层部门在为群众办理业务时仍然存在态度不佳、程序烦琐等问题，在中央大力推行简政放权、打通基层“梗阻”的大背景下，各地、各部门需加强自律，把“为人民服务”的理念内化于心、外化于行。

吏治反腐也是安徽舆情热点话题。2015 年，安徽反腐继续深入。据统计，2015 年安徽省共有 13 名厅官、100 多名县处级领导被查处，其中黄山市市委常委、副市长张文明，安徽广播电视台副台长赵红梅等落马引舆论的广泛关注。吏治反腐网络话题彰显了党中央从严治党的鲜明态度和对腐败零容忍的决心，同时释放出 2015 年“从严惩治、从实改革”的反腐主基调信号。此外，监测显示，被查处公职人员均为纪委通报，网络举报数量逐渐减少，网络舆论形成“纪委公布—舆论热议”模式，反映出 2015 年安徽吏治反腐从“网络反腐”到“制度反腐”主导的变迁。

四、涉事职能部门——涉教育部门舆情成为舆情高发聚焦地，公职人员“非正常死亡”引猜测

在每个舆情事件背后除网民和当事人外，都有一个主要的利益相关主体，称之为关涉主体或者利益相关者①。在本报告中，我们重点分析统计的关涉主体指事件相关的政府职能部门，如图 5 所示。

2015 年度安徽热点舆情事件多涉及教育、公安、环保、纪检、法院、卫计、拆迁等，这些涉事部门均与公众的日常生活密切相关。

其中，涉教育部门舆情事件数量居首，呈现出“热点事件频繁、负面评价多”的特点。安徽省被称为教育大省，据统计，近 8 年来的安徽省高考报名人数都位居全国前 5 名②。从事件类型看，一方面，安徽省 2015 年涉教育部门舆情事件多数为师德师风（如宿州一小学的贫困生被要求请吃饭）、考试升学（如芜湖高考听力设备故障）、校园安全（如安徽建筑大学女生校园内被泼酒精）、留守儿童（潜山连续 3 年发生留守女童性侵案件）等近几年来全国教育舆情总体类型情形相似事件。事件凸显出安徽教育领域师德师风建设、校园安全保障、教育教学管理等问题，值得相关部门重视。

① 喻国明．当前社会舆情场的结构性特点及演进趋势——基于《中国社会舆情年度报告（2015）》的分析结论，新闻与写作，2015，(10)．

② 腾讯新闻，2015 年高考人数共计 942 万各省市人数汇总排行。

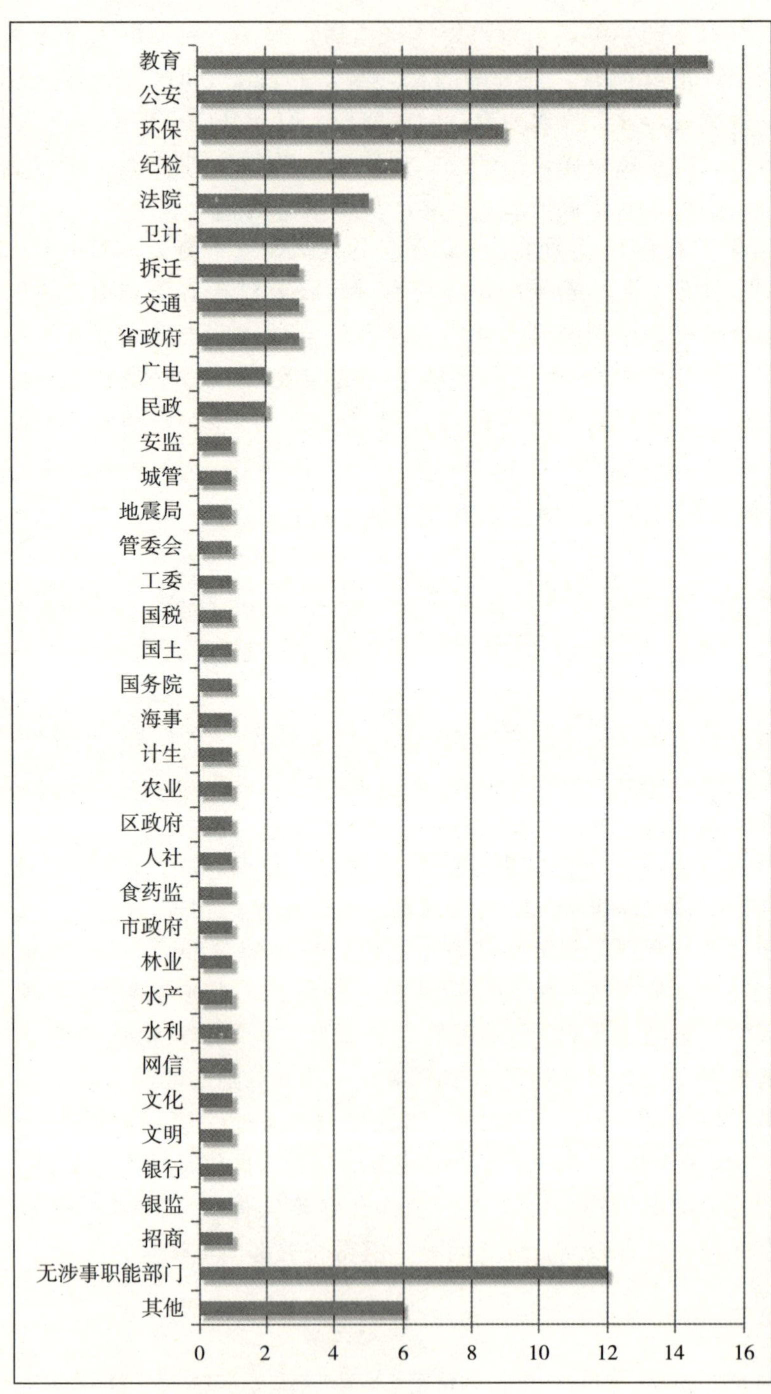

图 5　安徽省舆情事件涉事职能部门（2015）（单位:%）

另一方面，安徽教育领域反腐也引起网络舆论重点关注。2015 年安徽省教育厅基础教育处处长被立案侦查、教育厅装备中心原主任因涉嫌受贿被查处等事件获得网民的充分支持和肯定。值得注意的是，涉教育反腐领域，安徽省教育厅外事处处长坠楼身亡则引发网络舆论猜测。另外，网络监测显示，2015 年安徽省发生多起公职人员非正常死亡事件。如原合肥市政协副主席自缢身亡、马鞍山市人力资源和社会保障局原党组成员、纪检组长坠楼身亡等。公职人员非正常死亡，有网民解读为与“贪腐”“黑幕”相联系，而媒体则多报道与抑郁、疾病有关。面对外界质疑，官方回应时，不仅动作迟缓，且通报内容大都语焉不详。有关网络举报和公众关心的问题未见回应，引发舆论争议。

公职人员“非正常死亡”事件引发热议，反映出外界希望得到更多权威、细节信息公开的诉求，有关部门一方面应高度重视做好与外界的信息沟通，获取公众在舆论上的支持和信赖；另一方面也应加强网络舆论的引导和及时辟谣，统一口径，避免“阴谋论”“黑幕”“谣言”等舆论的蔓延。

五、舆论倾向性——负面舆情处理仍有提升空间

统计显示，2015 年安徽舆情事件，整体而言，舆论倾向于负面的居多（占比 59%），中性（占比 27%）和正面（占比 14%）较少，如图 6 所示。

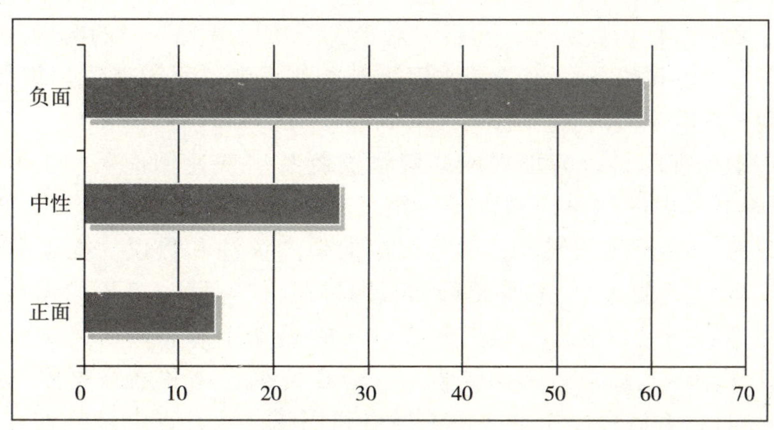

图 6　安徽省舆情事件舆论倾向性①分析（2015）

① 由多名舆情分析师按照“正面”“中性”“负面”三个维度，对不同案例舆论倾向性进行分析、评价、打分和统计，仅供参考。

舆论倾向中性的多涉及自然灾害、事故灾难等，而倾向于正面的则多涉及一些公共政策的出台，如“全面二孩”政策出台后，相应的落地政策与细则等能够快速出台，避免了公众猜疑；默克尔与李克强共赴合肥对于地方形象和公众获得感都起到促进作用；被誉为“最美高铁的”的合福高铁（合肥—福州）引发全国热议，对地方经济发展和城市形象建设都有着重要意义。

从负面舆情处置看，早在2012年，学者丁柏铨就做过新媒体语境中重大公共危机事件的舆论触发研究，他将触发因素归纳为四点：相关机构部门对特定事件信息的不当处置激惹了舆论主体；当事人或相关责任人的恶劣表现、有关官员的严重失当言行激起公众的义愤；公众的意见表达和情绪宣泄渠道不畅通；意见领袖表达的意见道出了民众的心声①。

一是2015年安徽个别地方政府面对舆情事件时，过去的“封、堵、删”“不肯说、不尽快说、不说真、事后说”等陈旧处理方式依然存在。例如，2015年7月30日，中央电视台《焦点访谈》栏目以《城中心竟现垃圾场》为题曝光了合肥市城市森林公园项目多次更改规划，不仅建起了商住楼，还成了拆迁户开设的垃圾填埋场。面对央视曝光的压力迅速启动应急工作：连夜彻查、公安机关介入、凌晨通报等。但从通报的内容来看，被一些媒体和网民称为“避重就轻”“推卸责任”，认为整个通报并未对舆论关心的核心问题回答清楚。比如，有网友质疑，垃圾填埋场为何能在城管执法部门眼皮底下存在十多年？有观点认为，通报中对于合肥市民最为关心的问题——饮用水源安全，仅以垃圾场位于董铺水库下游，就不会对水源造成污染的说法，过于模糊，难以令人信服。

二是不重视舆情，未加强网络舆情监测及“快速回应”。如2015年6月16日晚，各大网站纷纷转发了一则《强拆现场拆迁户痛哭　干部大笑：不服告政府》的新闻和视频，引起舆论的强烈关注和热议。视频中拆迁现场工作人员大笑的表情也被网络媒体截图呈现，“一哭一笑”的强烈反差容易引燃舆论的怒火，给当地政府带了巨大的舆论压力和负面影响。虽然官方快速处理涉事人赢得了舆论的肯定，但在传统媒体和网络媒体还未介入的6月13日，有网民发布事件相关信息和视频，而且点击量巨大，当地政府却未有回应。

① 丁柏铨．新媒体语境中重大公共危机事件舆论触发研究［J］．新闻大学，2012，(4)．

六、舆情反转搅动安徽2015网络舆论场

舆情反转，即民众的意见、意愿发生偏转，是指受众在获得特定信息后对事件做出的相反论定。通常情况下，舆论反转会发生在事件发生后的不同阶段，而受众在各个阶段所表现出的观点也存在着较大差异，舆论反转往往借助特定的媒介载体进行信息传播①。

舆情不断反转，事件一波三折，话题得以持续热议。2015年，安徽地区舆情反转事件多发，不仅对当事人造成伤害，折损媒体的公信力，消耗了巨大的社会成本，引起了反思。就2015安徽"舆情反转"事件而言，主要是事实层面反转以及媒体选择性报道两方面造成反转。

事实层面发生改变主要是指事情发生后，出现了新的细节，导致新闻事件发展进程本身有了明显变化。2015年9月8日，淮南师范学院学生袁某发微博称，当日扶摔倒老人被讹，寻找目击者证清白。因现场处于监控死角，她在微博发帖寻找目击证人以证清白，核心证据的缺失让此事无法轻易定性。一时间，"老人跌倒扶不扶"又成为社会热点。正当大家纷纷声援女大学生、认为是老人讹人时，剧情却悄然逆转。9月15日，有三名目击者称小袁曾承认撞了老太太，其中两个目击者还曾垫钱。而此前袁某否认曾道歉。然而之后，又有3名目击者称曾听到袁某承认撞人。9月21日，警方认定袁某骑车经过老人时相互有接触，袁某承担主要责任。

另一种则是选择性报道造成的舆情反转。媒体为吸引眼球，突出新闻事件中的对立因素，在初始报道时媒体有意掩盖部分事实，使得舆论发生偏向。比如2015年10月12日，安徽利辛女子李某因"见义勇为救小女孩"被恶犬咬成重伤一事，持续在网络发酵，她的遭遇引发不少人士的捐助，几天内，爱心款已超过80万元。然而经调查，与所谓"见义勇为"的情节形成反转的是，李娟其实是在男友张宏宇的养狗场内被狗咬伤。最终张宏宇承认撒了谎，"我很愧疚，感觉对不起爱心人士"。2016年4月，国家新闻出版广电总局对《亳州晚报》刊发虚假新闻"女子为救人被狗咬伤"作出处理，安徽省新闻出版广电局依法对《亳州晚报》及涉事记者作出警告、罚款的行政处罚。

层出不穷的舆情反转事件也表明，社交媒体的迅速发展与传播、部分传统媒体的不严谨报道以及网络媒体"标题党"造成目前网络舆论本身极不稳

① 张相涛. 基于传播学的角度看舆论反转的构成因素［J］. 传播与版权，2015，（7）.

定，容易被错误引导。要破解舆情反转，一方面，包括传统媒体及自媒体在内的媒体都需要行业共识和制度性约束，建立和严格履行职业规范。在新媒体传播时代，切忌为了第一时间抢发新闻而忽视对事实的核实，尤其在新媒体信息“把关”上，进一步加大信息审核力度。在转发网络新闻时，选择有公信力的媒体，不随意采用社交媒体消息；在报道新闻时，不使用煽动情绪的“标题”，不刻意引导网民情绪。另一方面，网民媒介素养也有待提高。新媒体时代，人人皆有麦克风，各类碎片化、非理性的信息容易激起网民情绪，影响公众对事件的判断。对网民而言，要提高对媒介信息的鉴别、判断能力，同时也要不急于发表自己的意见，慎用手中的拇指权，理性看待每一件舆情事件；面对争议，多一分冷静、理性的思考，切忌盲从与情绪化的表达。

【附件】

1. 2015 安徽“反腐”话题

2015 年，安徽反腐继续深入，13 名厅官、100 多名县处级领导落马。反腐的巨大成效让舆论支持吏治反腐的声音增强。与此同时，暴露出来的问题也令人震惊：淮北市烈山社区原党委书记刘大伟在位 18 年间，与黑势力勾结，寻求上级领导庇护，涉案金额超 1.5 亿元，凸显了“小官巨腐”问题的严重性；以“广电腐败窝案”为代表的安徽多地、多系统都出现了“塌方式腐败”，促使安徽省出台一系列制度层面的解决措施：限制一把手用权，公布了省市县三级权力和责任清单，实行市委书记向省委述职述廉、厅局长向省人大常委会述职等制度。

此外，多起官员非正常死亡引发了舆论场上的各种猜疑，如 1 月 25 日深夜，时任郎溪县委书记邵建华在辖区内一水库溺亡；1 月 27 日至 4 月 6 日的 70 天内，马鞍山市 5 名中青年公职人员陆续身亡，其中，2 名领导干部坠楼身亡；5 月 4 日下午，安徽省教育厅外事处处长耿尊芳从办公楼坠楼身亡；7 月 27 日晚，合肥市政协副主席满铭安在该市一小区内非正常死亡；8 月 11 日凌晨，合肥经济技术开发区党工委书记、管委会主任姚卫东在当地一工地坠楼身亡等。官员的非正常死亡易被当作“阴谋论”“畏罪自杀论”解读，这与官方回应迟缓、通报内容语焉不详以及后续调查结果不透明等不无关联①。

① 此部分数据盘点来源于《2015 安徽吏治反腐舆情报告》。

2. “e 租宝”非法集资案

12 月 8 日，新华网报道金易融（北京）网络科技有限公司运营的 e 租宝网站以及关联公司在开展互联网金融业务中涉嫌违法经营活动，正接受有关部门调查。

次日，无界新闻、合肥网等媒体报道，e 租宝位于广东东莞、佛山和安徽、上海等地的多处办公地点接连被警方查封，已确定 e 租宝及关联公司涉嫌非法集资，e 租宝官网已经显示无法打开。此外，e 租宝位于安徽蚌埠的母公司安徽钰城集团被拆牌。

随后，e 租宝宣布全面暂停业务，并引发群体性事件，位于安徽省蚌埠市工农路的钰诚集团 e 租宝（蚌埠）办公区域现场一片混乱，投资人在忙着搬电脑空调等“抵消品”来挽回损失。

由于“e 租宝”交易金额和用户量巨大，此案引发了投资人的恐慌，并出现了“泼红油漆”等非理性抗议维权活动。舆论认为，“e 租宝被调查”事发突然，相关部门应周密部署、慎重从事，否则可能会引起巨大的社会震荡。此外，此案还引发全国舆论对于互联网金融的恐慌心理，也暴露了互联网金融行业的诸多问题。

3. 安徽“雾霾”话题

近些年来，“雾霾”话题屡屡登上舆情高峰。安徽省的多地区也是常常在重度污染地区排名中出现，而省会合肥于 12 月 11 日更是以空气质量污染指数 294 排名全国城市第一，引起了不少网民的注意，舆情热度有所上升。

作为全国范围内的热议话题，有数据显示，网民较关注雾霾危害及防霾方法，包括“雾霾可行性解决措施”“因雾霾学校停课”“防雾霾口罩”“防雾霾面罩”等。

4. 合肥少女毁容案

2012 年，发生在合肥的“少女周岩毁容案”引发了社会广泛关注。合肥 17 岁中学生陶汝坤因求爱不成，将汽油泼向 16 岁少女周岩，并点火将其烧成重伤。

2015年5月15日上午，合肥市蜀山区法院对此案民事赔偿一审宣判，受害人周岩获赔172万多元。原告、被告均对判决不满意，依法向合肥市中级人民法院提起了上诉。

2015年11月26日上午，合肥市中级人民法院二审开庭审理此案。

除了案件最新进展外，媒体报道多聚焦于受害方，报道标题中较多出现的词汇有"受害女孩称不再有恨""20岁女孩的期许我都有""周岩情绪激动""被毁容的这四年"等，配图多同时呈现少女毁容前后照片。由此引发舆论的另一波热议，但舆论热议的持续性与之前相比较低。

5. 安徽省"全面二孩"政策

10月29日，党的十八届五中全会公报指出，促进人口均衡发展，坚持计划生育的基本国策，完善人口发展战略，全面实施一对夫妇可生育两个孩子政策。各地方省市均对这项国策进行落地，其中，安徽省的"抢生将受罚"引发舆论热议。安徽省卫计委在其官网发布《安徽积极做好全面两孩政策实施前期相关准备工作》一文，文章明确指出，在国家和安徽省尚未出台生育新政之前，仍按照以往口径严格执法，如果出现违法生育或提前抢生，依然属于违法生育，应接受相应处罚。

有网民认为，倘若遵照"对抢生不进行处罚"的做法，势必带来"良性违法"的后果，这对正在全面施行依法治国的中国而言无疑不利，甚至导向用政策代替法律的不良效应；倘若严格执行即将废止的法律条文，不仅法理上存在瑕疵，对于抢生的夫妇似乎也不公正，且降低了中央政策的善意。

舆论呼吁从中央到地方能够加快法律法规的修订，尽量缩短政策过渡期，从而为民众尤其是那些生育意愿较为强烈的高龄产妇合法生育创造政策条件。

6. 安徽阜阳发生4.3级地震

3月14日14时13分，安徽省阜阳市市辖区发生4.3级地震，震源深度10千米，震中位于阜阳市区以北约11公里处。截至当天21时，阜阳地震受灾人口4.15万人，房屋倒塌155间，严重受损4152间，一般受损6927间。受伤15人中，2人经抢救无效死亡，13人受轻伤。

地震发生后，阜阳市政府及时启动阜阳市地震应急预案四级响应，成立抗震救灾指挥部，并立即部署进行灾情核查，下发《关于切实做好地震后相关工作的紧急通知》，全力组织人员救治。

由于地震级别较小、应急得当、且对“会发生更大地震”等不实信息做到了及时辟谣，因此灾情并没有引发群众大的心理恐慌和次生舆情。

7. 安徽万亩袁隆平超级稻减产绝收，涉虚假宣传

2015 年 2 月 10 日，中国之声《新闻纵横》首先发布隆平稻种绝收的负面报道，不过该报道并未引发市场的广泛关注。4 月 9 日，《南方周末》刊发《安徽万亩“隆平稻种”减产绝收争议超级稻》的报道，将种子供货方隆平高科推上风口浪尖。

《南方周末》的该篇报道提到安徽多地种植的“两优 0293”超级稻出现大面积减产绝收、“两优 0293”亩产量与试验田中超级稻产量的差距、“两优 0293”内外包装对种子抗性的标注不一致等，由此质疑生产种子的隆平高科涉嫌虚假宣传、隐瞒品种缺陷。

该报道一出，立即引发舆论的高度关注，多家媒体随即加入追踪报道，报道取向从灾害原因、超级稻的认定、隆平高科以袁隆平形象宣传“两优 0293”，到科学研究与商业推广间的关系，乃至中国农业政策，不一而足。

在一片争议声中，隆平高科 4 月 12 日晚间宣布停售这一杂交水稻种子，并将筹建种子行业灾后救助基金。

8. 央视曝光“垃圾山”藏身合肥城市森林公园

7 月 30 日《焦点访谈》节目报道：合肥市规划局网站显示，有片面积一两千亩的空地，属规划中的合肥市城市森林公园，总占地面积 8.6 平方公里，约一万三千亩。然而，这片区域每天进进出出的都是倒垃圾的车，只要交个百八十块钱，就可以将垃圾倒在这里。公园内已形成“垃圾山”，东西宽约六七百米，南北长四五百米，高约一二十米，旁边还有一个水塘。

由于该地西与董铺水库隔路相望，北距大房郢水库仅数百米之遥，舆情聚焦于大面积“垃圾山”是否会影响水质、相关部门监管是否有问题以及后续处理工作会如何进行。

7 月 31 日上午，庐阳区委、区政府通报称，此处位于水库下游，并非水源地保护区域。大杨镇居民施某、吴某夫妇系城市森林公园房屋征迁项目拆迁户，自 2004 年征迁启动后一直未搬迁，后在该处低洼地私设渣土场接收渣

土和建筑垃圾，并以此牟利。公安机关就此立案，涉案人员被控制，并责成其立即清运该处渣土和建筑垃圾，后续将依法严肃查处。此外，将就该案所反映的庐阳区城管部门监管不力等情况进行严肃查处。

舆论对此通报内容存疑，认为其避重就轻、语焉不详，另外也没有后续进展的通报。

9. 淮南女大学生扶老事件

9月8日，淮南师范学院学生袁某发微博称，当日扶摔倒老人被讹，寻找目击者证清白。有网友在微博表示，她是目击证人，可证袁某清白。然而之后，又有3名目击者称曾听到袁某承认撞人。9月21日，警方认定袁某骑车经过老人身边时相互有接触，袁某承担主要责任。

由于此事“一波三折”，存在舆情反转，从而成为全国关注的舆情事件。随着事件进展，舆论先后聚焦于“老人道德缺失影响社会风气问题”“证人证词是否可信问题”“大学生的诚信问题”等，也有一些网友热议“谁主张谁举证，不该由学生自寻证人”“拒绝二次伤害、舆论审判”等。

10. 于英生杀妻案

5月15日，安徽蚌埠“于英生杀妻案”疑凶武钦元强奸案一审公开宣判，被告人武钦元因强奸罪被安徽芜湖市中级人民法院判处死刑，剥夺政治权利终身。此事再度掀起了对这一冤案的重新探讨。

1996年12月2日，蚌埠市民韩某在家中遇害，20天后，其丈夫于英生涉嫌故意杀人被批捕，后被判处无期徒刑。2013年8月13日，安徽省高院认定于英生故意杀妻事实不清、犯罪证据“不具有唯一性和排他性”，宣告于英生无罪。

自2013年于英生再审被判无罪后，媒体对案件的报道标题从“安徽公务员杀妻案”逐渐转变为“于英生杀妻冤案”，而众多媒体的跟进报道让警方刑讯逼供、检察院退查两次、现场他人指纹被藏匿、DNA鉴定被忽略等诸多细节浮出水面，引发舆论强烈质疑。

11. 安徽沱湖、天井湖遭跨境污染事件

宿州市泗县和蚌埠市五河县相邻，大量下泄的上游污水团让五河县的“两湖”流域遭受到多年来最严重的一次污染事故，造成9.2万亩水域被污染，涉及渔民907户，其中专业养殖户220户，直接经济损失1.9亿元。

安徽省政府责成蚌埠市和宿州市政府开展调查，对相关责任单位、责任人实施责任追究。鉴于此次鱼损主要是自然灾害所致，经反复沟通、协商，由蚌埠市和五河县政府依法依规、公平合理地给予渔民适当的补助，并负责做好受损渔民安抚和恢复生产工作。宿州市政府承诺于7月25日前给予蚌埠市1600万元资金援助。

在判决结果之前，媒体报道多聚焦于泗县与五河县双方各执一词，并援引此前的跨境污染案例作背景叙述，网民多关注生态污染以及水安全等问题。

12. 安徽砀山虐童案

安徽宿州砀山县，1名6岁女童被曝遭亲生母亲及其情人虐待，女童伤口被撒盐，双手被放在开水中泡。2016年2月26日，案件在安徽省宿州市中级人民法院开庭审理，女童生母刘瑶（化名）与其同居男友汪宏（化名）涉嫌故意伤害罪同堂受审。3月18日，法院以故意伤害罪分别判处两被告人有期徒刑二年零四个月和二年零二个月。

虐童案屡发不止，砀山虐童案与南京虐童案等其他各地虐童案联系在一起被热议，舆论聚焦未成年人的生理和心理安全，呼吁能从社会多方面加强对未成年人的保护。

13. 六安“3·11”持枪劫持人质案

2015年3月11日上午，安徽省六安市皋城路大桥发生持枪劫持人质事件。嫌犯屠某持枪拒捕，并劫持人质躲入六安皋城路大轿西头一家网吧内，经过近八个小时的对峙后，在警方及其家人的劝说下，主动释放人质，弃械投降。

14. 安徽24家企业状告省政府，法院判决政府违法

安徽省24家花炮企业抱团状告安徽省政府一案，于2015年4月20日，在合肥中院作出判决，认为“安徽省人民政府办公厅转发安徽省安全监管局等部门关于烟花爆竹生产企业整体退出意见的通知”行为违法，并要求安徽省人民政府于判决生效后60日内采取相应的补救措施。据隶属于安徽日报报业集团的中安在线发布消息称，在2015年上半年，安徽省政府71次被状告，比2014年同期多了30件。

“民告官、官败诉”成为舆情发酵的热议点，也反证出百姓法治意识的增强和“民告官”维权渠道的通畅，凸显了政府依法行政、规范用权的水平与能力提升，彰显了依法治国的积极意义。

15. 强拆现场拆迁户痛哭，干部大笑：不服告政府

2015年6月16日晚，各大网站纷纷转发了一则《强拆现场拆迁户痛哭 干部大笑：不服告政府》的新闻和视频，引起舆论的强烈关注和热议。新闻内容及视频显示，6月9日9时安徽省阜阳市颍东区一家澡堂被强拆，拆迁户哭诉：我们这些老百姓容易吗？你政府拆我的房子，你必须拿你们的拆迁手续给我们看看。该干部面带笑容说：其他别讲了，你起诉就行了。6月17日当地官方将涉事人予以处理。

在“人人都有麦克风”的时代，“有图有视频有真相”很容易形成舆情事件热点。一边是拆迁户哭一边是干部笑，反差强烈的画面引燃舆论的怒火。从官方的危机应对效果来看，当地迅速对涉事官员做出停职检查的处理赢得网民肯定，但是应对还有一些提升空间。在传统媒体和网络媒体还未介入的6月13日，就有网民在新浪微博、优酷视频网发布相关信息，且点击量巨大，而当地却未有回应。从舆情传播链看，类似事件大都经历“网民曝光—媒体围观—官方调查—查处”这一过程，在此过程中，网民发挥了重要作用，网络监督力量正不断增强。

16. 默克尔与李克强共赴合肥访问

10月29日，德国总理默克尔开启了第八次正式访华行程。此次访华引起

舆论关注的是，10 月 30 日，李克强总理将专门陪同默克尔赶赴家乡安徽访问，这是李克强担任总理后首次陪同外国领导人到外地访问。

抵达合肥后，李克强第一站陪同默克尔来到合肥学院，这所学校是安徽省与德国下萨克森州友好省州合作的重点建设项目，而 2015 年则是合肥学院中德合作 30 年。当天下午，李克强同默克尔参观合肥市大圩镇沈福村卫生所，并前往村民沈自根家，和村民们交流。

媒体报道除行程记录外，多解读李克强的“家乡外交”、分析“李克强为什么要带默克尔来合肥”等等。

17. 安徽百所公立医院启动医改试点，均将取消药品加成

4 月 1 日起，安徽省 100 所城市公立医院全部启动“三同步”综合改革，同步实施取消药品加成、调整医疗技术服务价格、实行药品耗材带量采购三项政策措施，力争破除公立医院目前“以药养医”的格局，建立合理科学的公立医院运行机制。

有报道指出，所谓药品加成，是指医院在销售药品过程中对药品加价出售的一种手段。现在决定取消药品加成，并提高诊疗费、手术费、护理费等医疗技术服务价格，意在打破备受诟病的“以药养医”的机制。舆论热议点在于“政策是否能落实”以及“公立医疗回归公益性”等。

18. 安徽芜湖一餐馆液化气罐爆炸，造成 17 人死亡

10 月 10 日 11 时 57 分，芜湖市镜湖区杨家巷一私人小餐馆发生液化气罐爆炸，瞬间引发大火，截至当日 22 时，已造成 17 人死亡。根据现场勘验、调查询问情况，初步判定为瓶装液化石油气泄漏遇明火爆炸，导致事故发生。

网上的一段现场视频显示，通向事发地点的巷子非常狭窄，上方布满了电线，当时现场浓烟滚滚，有不少市民仍聚集在巷子里围观拍照。这期间发生一次爆炸，声响巨大，随后，围观的市民四处逃散。

媒体报道聚焦于“小店无证经营”“摊点群安全隐患”“安全意识缺失”等，网民舆论“指责政府监管不力”“质疑群众救援失当”“呼吁关注小吃街安全”以及“事后处置”等等。

就官方应对而言，救援方案和救援行动行之有效，官方媒体第一时间发声，详述事件进展，遏止了谣言产生，控制住了舆情走向。然而，仅有事后

完美的处置是不够的，如何能在事前就将安全隐患扼杀在摇篮中，保证生产生活“零风险”，则引人深思。

19. 合福高铁全线开通运营

6月28日，合肥至福州高铁开通运营。开通后，福州至合肥最快列车的运行时间由原来的8小时缩至4小时内，福州至北京最快列车的运行时间由原来的10小时以上缩至8小时内。合福高铁向南直达福州市，向北通过合蚌高铁与京沪高铁连接，形成北京至福州的高速铁路大通道，沿途与沪昆、东南沿海等多条快速铁路相连，融入全国快速客运网。

这条被誉为“中国最美高铁”的线路与沪昆高铁在上饶形成十字交叉，构建起闽赣皖3省高铁沿线城市联盟，“5小时生活圈”覆盖福州、南昌、合肥等省会城市，并从海西经济区、环鄱阳湖经济圈和江淮城市群辐射覆盖至“珠三角”“长三角”及黔中城市群。

此外，福建、江西和安徽的不少城市之间也将会形成“周末旅游圈”“一日旅游圈”，连接“跨省游”变为“周边游”，这将会极大地促进闽赣皖3省旅游业的发展，加快“海峡西岸经济区”和“中部崛起”战略的实施。

正如上所述，媒体报道多聚焦于合福高铁线路开通运营后所带来的种种价值和影响。网民情绪也呈现高涨态势，关注更多的则是沿线旅游风景线路。

20. 安徽芜湖一高考点听力设备故障

6月8日下午，安徽省芜湖市田家炳中学考点高考英语听力播放设备疑出现故障，无法正常播音，大量家长围堵校门要求校方给出解决方案。安徽省市两级主管部门在与家长和考生协商之后，双方决定在10号下午对1200多名考生的英语听力重新考试。

从舆情应对方面看，芜湖市委、市政府接报后，主要领导和分管领导第一时间赶赴现场，听取考生和家长的反映，安排晚餐和茶水供应，来稳定家长和考生情绪；安徽省教育厅的相关负责同志接报后也赶赴芜湖，连夜启动调查程序，采取相关切实措施，维护考生权益。由于舆情应对快速、得当，因此并未引发更进一步的危机事件。

二、舆情调查

合肥市民对2015年全国“两会”关注度与媒体报道评价的舆情调查

安徽大学舆情与区域形象研究中心

摘要：全国“两会”，参政议政。每年的三月，首都北京都会迎来一年中最重要的政治会议。人大代表、政协委员履行职责，共商国是。媒体高度关注两会，大篇幅报道“两会”，“两会”成了媒体的新闻“战场”。安徽大学舆情与区域形象研究中心在全国“两会”闭幕一周后做了合肥市民对2015年全国“两会”关注度与媒体报道评价的舆情调查。

现将本次调查的主要发现摘要如下，以供有关部门领导决策参考：

1. 合肥市民对“两会”具体所指认知度不足，只有41.98%的合肥受访市民能准确说出“两会”分别是指全国人民代表大会和政治协商会议；58.02%的受访市民说不出“两会”具体指什么。

2. 合肥市民比较关注“两会”中的“反腐倡廉”“养老改革”“环境治理”三个议题。

3. 合肥市民对李克强总理所作的2015年“两会”政府工作报告打分较高，平均分达到8.44（十分制），对本届政府的认同度较高。

4. 合肥市民对2015年中国经济发展和社会改革信心较高，平均打分均达到7.65（十分制）。

5. 合肥市民对今年媒体报道“两会”的表现给予了较高肯定，仅有不到一成的受访市民对媒体报道不满意。

本次调查采用随机抽样办法，运用国际先进的CATI（计算机辅助电话访问）调查设备，安徽大学新闻传播学院的45名访问员成功访问了393名合肥市民，覆盖全市7个行政区域。调查主要涉及三大部分内容：第一，市民对2015全国“两会”的关注度；第二，市民对2015年中国经济社会发展趋势的

报告执笔人：胡牧、周彤、凤仙、徐亦舒、张冠中、董慧琪、崔雯雯、贾南、郭云涛、涂盛雪

信心指数；第三，市民对2015年媒体“两会”报道的评价。

本次调查的被访者涵盖了不同性别、年龄、职业、收入和受教育程度的市民，具有广泛的代表性。其中性别方面，男性占44.78%，女性占55.22%；年龄方面，18～25周岁的受访者占12.47%，25～45周岁的受访者占48.09%，45～65周岁的受访者占22.90%，65周岁以上的占11.20%；职业方面，学生占6.36%，公务员占1.53%，事业单位工作者占8.91%，企业工作者占23.92%，个体户占9.67%，自由职业占17.56%，离退休占21.12%，其他占5.60%，保密占5.60%；月均收入低于1000的占受访者13.74%，1000～3000的占25.19%，3000～5000的占26.46%，5000～7000的占9.57%，7000～9000的占1.78%，9000以上的占6.87%，选择保密的占16.28%；受教育程度方面，初中及以下的占25.45%，高中或中专的占21.37%，大专的占18.83%，本科的占24.17%，选择保密的占7.12%。

一、市民对2015年全国“两会”的关注度

在对受访者进行关于“两会”具体是哪两会的调查中，只有41.98%的合肥受访市民能准确说出“两会”分别是指全国人民代表大会和政治协商会议；58.02%的受访市民说不出“两会”的具体所指（见图1）。

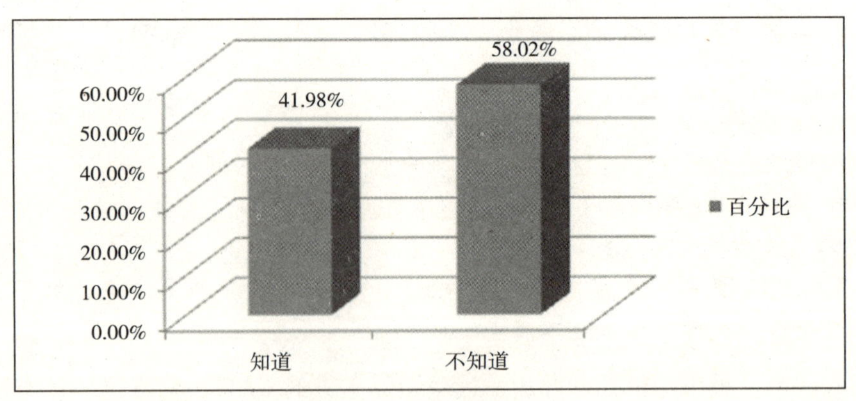

图1　市民对“两会”具体指哪两会知晓度的数据分析

当问及合肥市民对今年“两会”的关注程度如何时，非常关注“两会”的受访市民占11.20%，有16.54%的受访者选择比较关注。另外，对“两会”关注度选择一般和不太关注的受访市民也分别占到了25.19%和

15.01%。有32.06%受访者完全不关注此次“两会”（见图2）。我们将全国“两会”的关注度与受访市民的年龄和受教育程度做了相关性分析，结果显示，年龄越大对“两会”的关注度越高（见表1），学历越高越关注两会（见表2）。

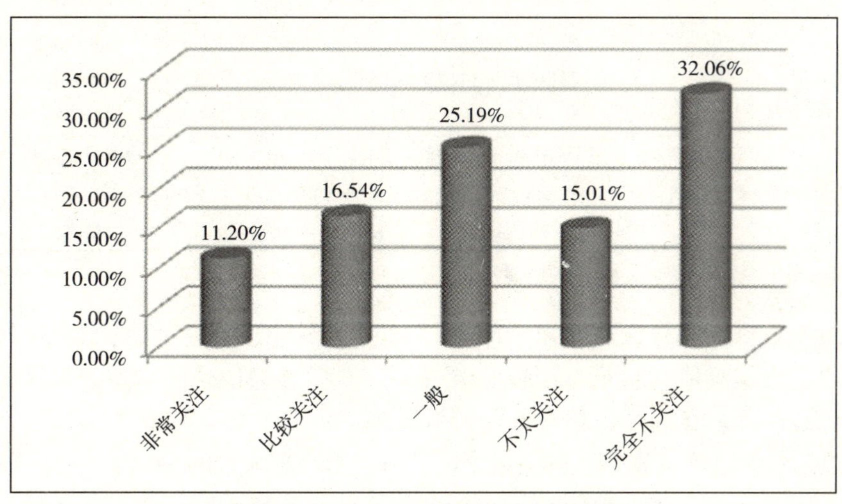

图2　市民对今年“两会”的关注程度数据分析

表1　年龄与两会关注度的双变量相关性分析

相关性

		q003. 您对今年“两会”的关注程度如何?	q014. 您的年龄?
q003. 您对今年“两会”的关注程度如何?	Pearson 相关性	1	-0.278**
	显著性（双侧）		0.000
	N	372	372
q014. 您的年龄?	Pearson 相关性	-0.278**	1
	显著性（双侧）	0.000	
	N	372	372

**在0.01水平（双侧）上显著相关。

表 2　受教育程度与两会关注度的双变量相关性分析

相关性

		q003. 您对今年“两会”的关注程度如何?	q017. 您的受教育程度?
q003. 您对今年“两会”的关注程度如何?	Pearson 相关性	1	−0. 292**
	显著性（双侧）		0. 000
	N	365	365
q017. 您的受教育程度?	Pearson 相关性	−0. 292**	1
	显著性（双侧）	0. 000	
	N	365	365

** 在 0. 01 水平（双侧）上显著相关。

对于从哪些媒介渠道获知“两会”信息（多选），在受访的合肥市民中，选择通过传统媒体（报纸、广播、电视）来获取相关信息的人数占据了大半，其中通过电视来获取相关信息的受访者最多，占据了总人数的 29. 51%；其次是通过门户网站来获取信息的受访市民，占到受访总人数的 24. 1%（见图 3）。

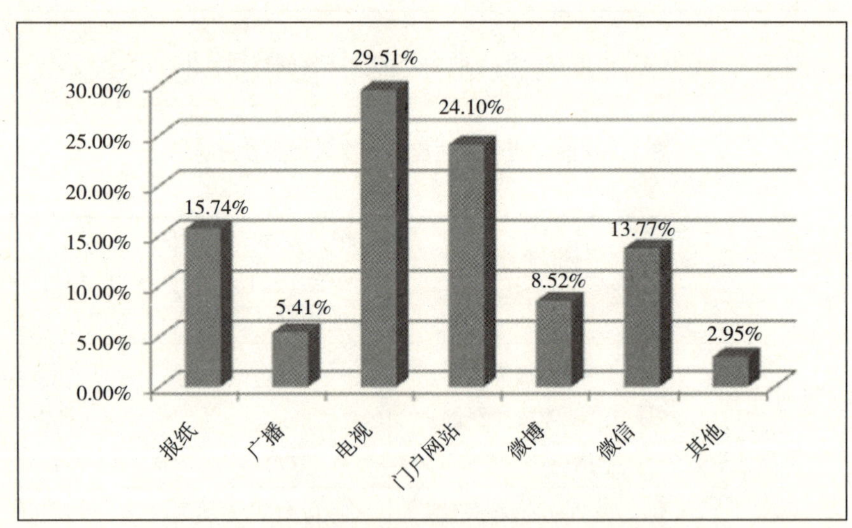

图 3　市民获取“两会”信息的媒介渠道的数据分析

在市民比较关注的“两会议题”中，受访市民表示关心最多的是“反腐倡廉”“养老改革”“环境治理”三个议题，分别占受访总人数的 15. 49%、14. 62% 和 13. 38%。而对于财税改革的关注程度最小，仅有 4. 82% 的受访者表示关注该议题。另外，有 2. 77% 的受访市民选择了对其他议题比较关注

（见图4）。

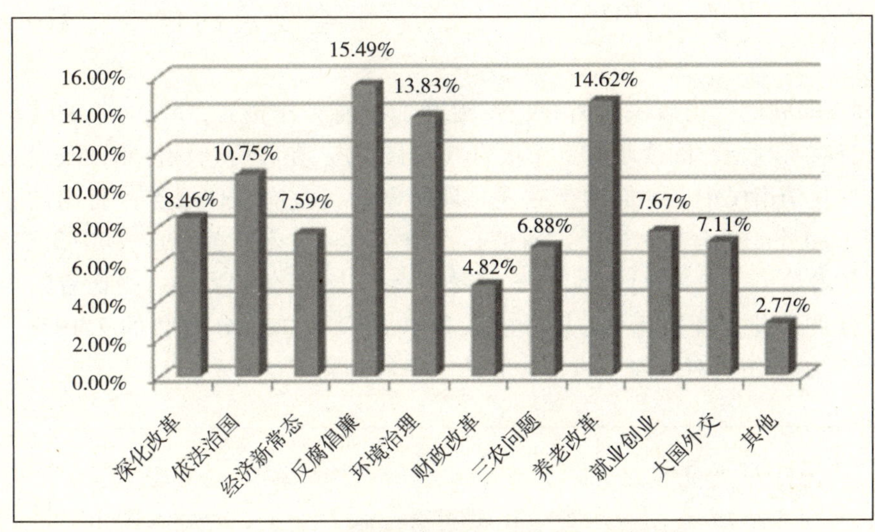

图4　市民比较关注的“两会议题”的数据分布

就如何看待今年勤俭办“两会”的措施的满意度调查中，超过七成的受访市民都表示满意。其中非常满意的占35.58%，比较满意的占36.33%。不清楚和认为一般的分别占13.86%和13.11%。只有1.12%的受访市民表示不太满意。由此看出，今年勤俭办“两会”的措施得到了绝大多数市民的认可，受访市民表示良好的会风应该继续保持和发扬（见图5）。

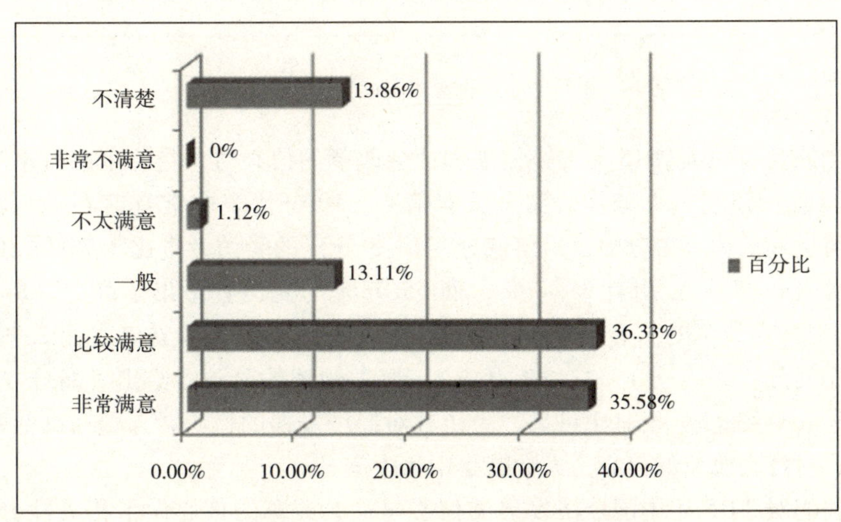

图5　您如何看待今年勤俭办“两会”的措施?

二、市民对2015中国经济、社会发展的信心指数

47.94%的受访市民收听/收看/阅读了政府工作报告，52.06%的受访市民没有收听/收看/阅读政府工作报告（见图6）。在收听/收看/阅读政府工作报告的受访市民中，他们给李克强总理所做的《政府工作报告》打出的平均分是8.44分（1分代表完全没有信心，10分代表非常有信心）。其中25.18%的受访者给出了8分，而28.06%的受访者给出10分。另外，受访者给出的最低分是4分，且给出4～6分的人数共计只占总打分人数的7.19%。而83.45%的受访者对政府工作报告表达了他们的高度认可。

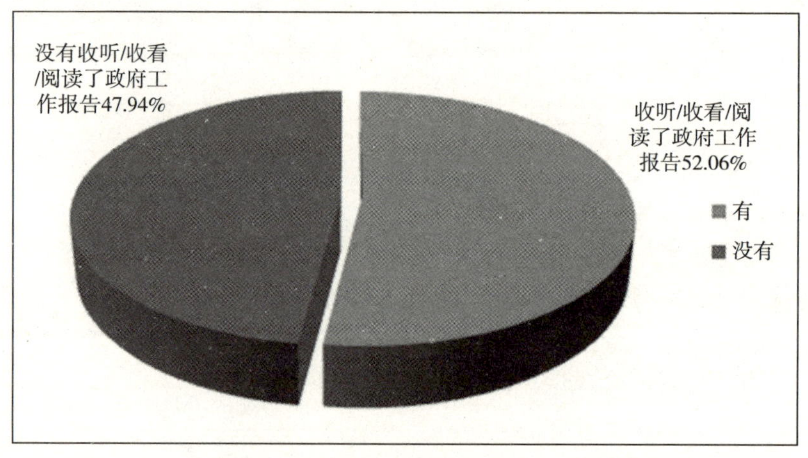

图6 是否收听（收看或阅读）政府工作报告

当谈及对中国2015年经济发展和社会改革的信心时，受访市民打出的平均分均是7.65分（1分代表完全没有信心，10分代表非常有信心）。其中，对经济发展的信心得分中，给出低分（1～3分）的受访者占比3.74%，给出中间分（4～7分）的有31.47%，而55.43%的受访者给出了高分（8～10分）。对社会改革的信心得分中，给出低分（1～3分）的受访者占比2.99%，给出中间分（4～7分）的有37.46%，而52.44%的受访者给出了高分（8～10分）（见图7）。相对比可见，受访者对经济发展的信心，人数往高低两端分散；对社会改革的信心，人数略集中于中间分。

我们对2015年中国经济发展的信心与社会改革的信心做了相关性分析，结果发现，对中国经济发展的信心打分越高的对中国社会改革的信心打分也

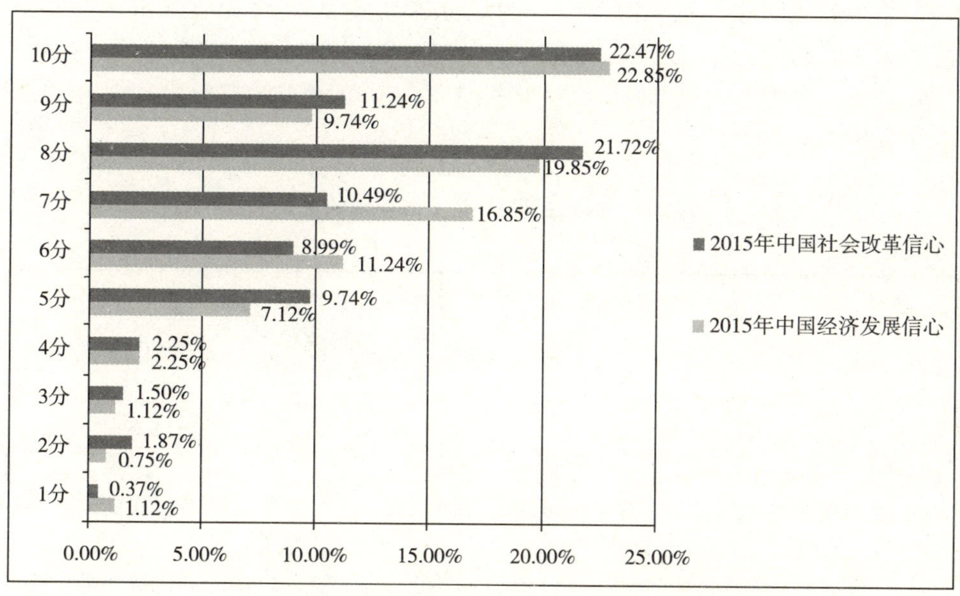

图7 受访市民对2015年中国经济发展和社会改革信心得分分布

越高，两者呈现正相关关系（见表3）。

表3 2015年中国经济发展信心与社会改革信心的双变量相关性分析

相关性

		q006. 对于2015年中国经济发展，您的信心如何？请打分	q007. 对于2015年中国的社会改革，您的信心如何？请打分
q006. 对于2015年中国经济发展，您的信心如何？请打分	Pearson相关性	1	0.636**
	显著性（双侧）		0.000
	N	230	230
q007. 对于2015年中国的社会改革，您的信心如何？请打分	Pearson相关性	0.636**	1
	显著性（双侧）	0.000	
	N	230	230

**在0.01水平（双侧）上显著相关。

同时，我们对2015年中国经济发展的信心与年龄、收入之间的关系做了相关性分析，对2015中国社会改革的信心与年龄、收入之间的关系做了相关性分析，结果如下：年龄越大对中国经济发展信心的打分越高（见表

4)，年龄越大对中国社会改革信心的打分越高（见表5）。收入水平与对中国经济发展的信心呈负相关关系，即收入水平越高对中国经济发展的信心打分越低（见表6）；而收入水平与中国社会改革信心的打分之间无相关关系（见表7）。

表4 2015年中国经济发展信心与年龄的相关性分析

相关性

		q006. 对于2015年中国经济发展，您的信心如何？请打分	q014. 您的年龄？
q006. 对于2015年中国经济发展，您的信心如何？请打分	Pearson 相关性	1	0.236**
	显著性（双侧）		0.000
	N	237	237
q014. 您的年龄？	Pearson 相关性	0.236**	1
	显著性（双侧）	0.000	
	N	237	237

**在0.01水平（双侧）上显著相关。

表5 2015年中国社会改革信心与年龄的相关性分析

相关性

		q007. 对于2015年中国的社会改革，您的信心如何？请打分	q014. 您的年龄？
q007. 对于2015年中国的社会改革，您的信心如何？请打分	Pearson 相关性	1	0.237**
	显著性（双侧）		0.000
	N	233	233
q014. 您的年龄？	Pearson 相关性	0.237**	1
	显著性（双侧）	0.000	
	N	233	233

**在0.01水平（双侧）上显著相关。

表6　2015年中国经济发展信心与月平均收入的相关性分析

相关性

		q006. 对于2015年中国经济发展，您的信心如何？请打分	q016. 您的月平均收入？
q006. 对于2015年中国经济发展，您的信心如何？请打分	Pearson 相关性	1	−0.166*
	显著性（双侧）		0.014
	N	217	217
q016. 您的月平均收入？	Pearson 相关性	−0.166*	1
	显著性（双侧）	0.014	
	N	217	217

*在0.05水平（双侧）上显著相关。

表7　2015年中国社会改革信心与月平均收入的相关性分析

相关性

		q007. 对于2015年中国的社会改革，您的信心如何？请打分	q016. 您的月平均收入？
q007. 对于2015年中国的社会改革，您的信心如何？请打分	Pearson 相关性	1	−0.073
	显著性（双侧）		0.294
	N	211	211
q016. 您的月平均收入？	Pearson 相关性	−0.073	1
	显著性（双侧）	0.294	
	N	211	211

三、市民对于2015年媒体两会报道的评价及意见

在电访中，问及“您对今年媒体的‘两会’报道总体上满意度如何”这个问题，被访市民选择“非常满意”“比较满意”“一般”三个选项的有239人，占总被访市民的89.51%；选择“不太满意”和“非常不满意”的受访

市民仅有2人，占总被访市民的0.74%；选择“不清楚的”有26人，占总被访市民的9.74%。近九成的受访市民对媒体今年的“两会”报道表示满意（见图8）。但同时有部分受访市民对媒体的“两会”报道还提出了改进的建议，如媒体应该更加关注“两会”的民生提案，更加关注基层问题的“两会”呈现，报道的涉及面应该更加宽泛些，对于部分议题的报道力度也要加大。

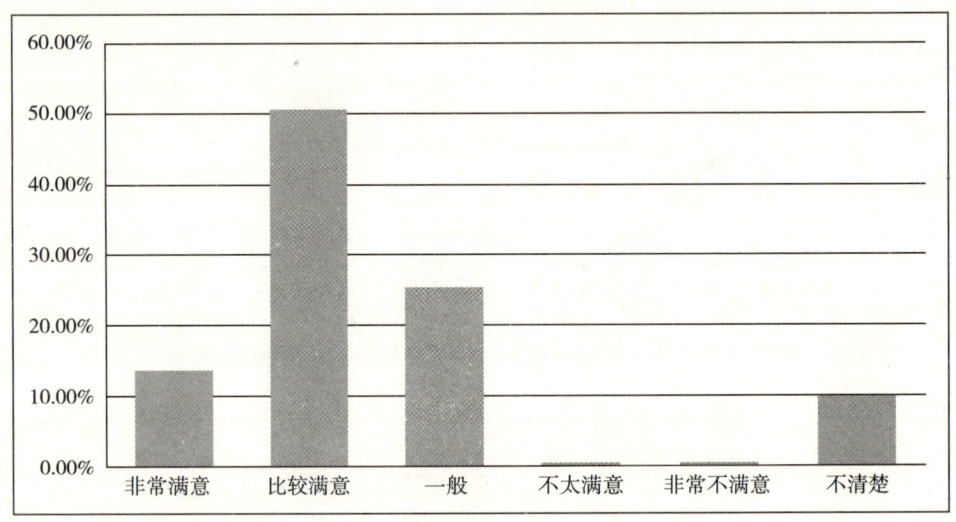

图8　受访市民对2015年媒体的“两会”报道总体上的满意度

受访市民在被问及是否对媒体在“两会”期间对明星委员报道满意时，有“19.48%”的被访市民对此表示满意，有31.84%的受访市民表示不满意，还有48.69%的受访者表示“不清楚”。其中部分选择不满意的受访市民给出了理由，例如在“两会”中不应模糊新闻议题的焦点，一些“两会”新闻的娱乐化倾向明显，甚至有部分新闻报道为了追求轰动效应而故意夸大事实。

合肥市民关于“成都女司机变道被打”事件的舆情调查

安徽大学舆情与区域形象研究中心

2015年5月3日下午，成都市三环路娇子立交桥附近发生一起打人事件：一名女司机被后方轿车司机逼停后拖出车外，男司机连续击打女司机头面部，导致女司机肩膀骨折、脑震荡，身上多处瘀青。事件视频在网络上发布后，人们先是对男司机张某下手之狠表示震惊；然而当张某的行车记录仪上记录的女司机别车视频出来以后，舆论又转而谴责女司机卢某违章驾车、太危险。随着事件关注热度不断升级，部分网友开始“人肉搜索”女司机。卢某的身份证信息、名下车辆状况、违章情况、开房记录、婚恋情况等均被曝光。

类似的交通事故每天都会发生，但是在舆论中产生如此大范围讨论的却不多。在此次事故中，除了“随意变道”“被打”这样的信息，在网友的讨论中我们多次看到对“女司机”的消极评价。在百度上搜索“女司机”，大部分的标题是“惹不起的女司机”“天生的马路杀手”“女司机驾车出糗失败集锦”“彪悍”等，都是很明显的负面评价。随后，网络上便流出了“珍爱生命，远离女司机”的段子。然而，2015年江苏省交管部门统计数据则显示，约95%致人死亡和重伤事故都是由男司机造成的，而女司机引发的交通事故主要以追尾和碰擦等轻微事故为主。

新闻报道中把性别作为标签放在标题中，以获得更多关注的情况有很多，尤其当女性当事人在新闻中处于强势地位时，往往以女性性别来强调差异；在热点新闻中，为博取眼球而将女性做标签。在女性处于强势地位的新闻报道中，会特别强调女性的性别，而对男性性别不做强调。在百度新闻中，搜

报告执笔人：谢小娟、王文俊、俞翠红、刘高见

索新闻标题关键词“博士”找到相关新闻约1270000篇；同时，搜索关键词“女博士”找到相关新闻约31600篇。但是，搜索关键词“男博士”却只找到相关新闻3210篇。与此相同，搜索关键词“公务员”，找到相关新闻约1280000篇；搜索关键词“女公务员”，找到相关新闻约13800篇；而搜索关键词“男公务员”只找到相关新闻3440篇。

新闻报道强调客观性、真实性，但是作为社会公器的新闻报道中常常会被有意或无意掺杂个人情感，并对舆论产生引导作用。这种带有个人主观情绪的情感的加入，使新闻报道无法做到绝对客观，而是带有一定的主观性，不能够平等地对待社会上的人群，对一部分的人造成歧视。那么关于“成都女司机变道被打”事件，媒体报道是否客观公正？安徽大学舆情研究中心根据舆情监控系统展开了对合肥本地市民如何看待“成都女司机变道被打”事件的电话访谈调查研究。

安徽大学舆情与区域形象研究中心于5月10日上午9：00—11：30，下午2：00—17：30，5月11日上午9：00—11：30，下午16：30—19：00，进行了“合肥市民对‘成都女司机变道被打’事件的认知和态度的舆情调查”。我们希望通过调查，了解合肥市民对“成都女司机变道被打”这件事的态度，对媒体关于此事的报道的评价，以及对“女司机”群体的印象。

本次调查的被访者涵盖了不同性别、年龄、受教育程度、职业和收入的市民，具有广泛的代表性。其中性别方面，男性占42.33%，女性比男性多出14.34%；年龄方面，0～15周岁的受访者占2%，16～25周岁的受访者占16%，26～35周岁的受访者占31%，36～45周岁的受访者占20%，46～55周岁的受访者占11%，56～65周岁的受访者占6%，65周岁以上的占9%，选择保密的占2%；受教育程度方面，小学及以下的占6%，初中学历的占13%，高中或中专的占19%，大专的占23%，本科学历的占25%，硕士研究生以上学历的占6%，选择保密的占8%。

职业方面，学生占5.94%，事业单位工作者占13.86%，公务员占1.73%，企业人员占29.7%，个体户占10.15%，自由职业占8.17%，离退休占13.86%，其他占7.92%，保密占8.66%；

收入方面，月均收入低于1000元的占受访者占12%，1000元～2000元的占6%，2000元～3000元的占11%，3000元～4000元的占19%，4000元～5000元的占1.78%，5000元～10000元的占8%，10000元以上的占4%，选择保密的占31%。

一、合肥市民获知信息的渠道及其对媒体报道的评价

通过分析调查数据，我们发现，在知道“成都女司机变道被打”事件的280名受访者中，近七成的受访者通过微博、微信、互联网等新媒体了解事件的进展。其中有40.6%的人通过新闻网站或论坛了解事件，通过微信了解事件的占17.66%，通过微博了解详情的占11.93%，通过电视了解的占16.06%，通过报纸知晓的占5.28%，通过广播和听别人说的途径各占4.13%（见图1）。

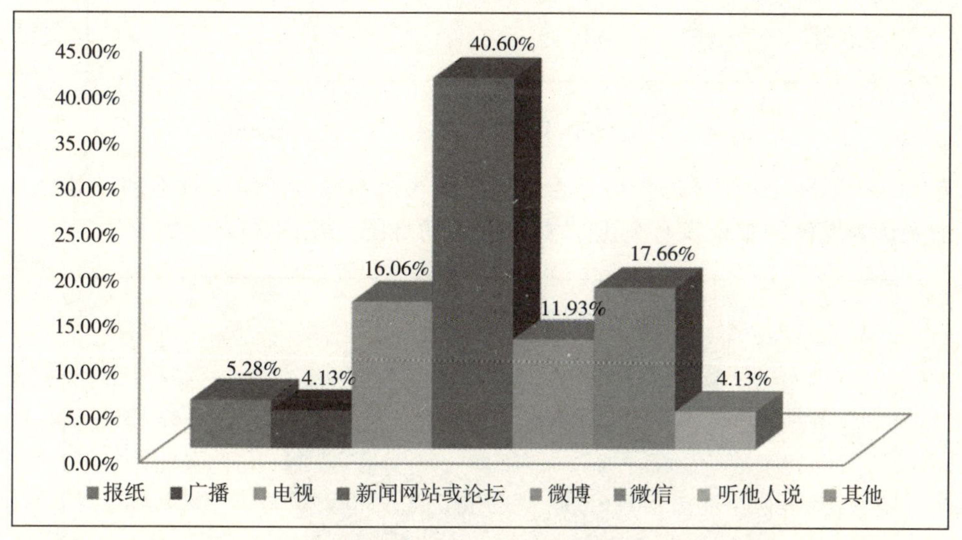

图1　市民获知信息的渠道数据分析

“女司机变道被打事件”在媒体的报道和网友的“人肉搜索”中不断推进，社会舆论也发生了明显的反转。受访者对媒体对此事的报道评价不一，有三分之一的人不太清楚媒体的报道内容，虽有37.86%受访者认为媒体客观公正地报道了事件的真相，但仍有21%的受访者认为日常道路驾驶中前车变道情况时有发生，媒体以此为题进行报道是“小题大做、博人眼球”；另有近10%的受访者认为媒体对此事的报道“偏袒一方，有失公允”（见图2）。

在此次媒体报道中，媒体的报道的倾向性也备受关注，超过四成的人认为媒体的报道强调了女司机这一群体，利用“女司机”这一标签来吸引注意力，部分女性受访者表示这样的报道“不公平”，“凭什么要针对女司机”。

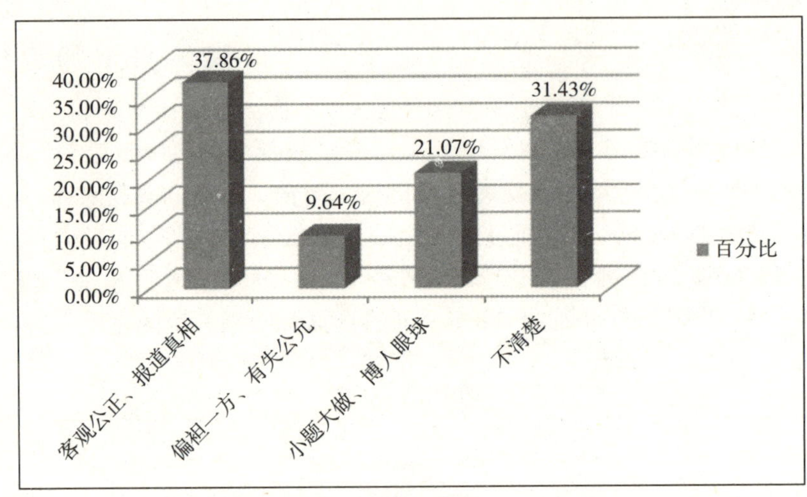

图2　市民对媒体关于此事报道的评价的数据分析

有31.43%的人对媒体的报道是否强调了女司机不是太清楚，有不到三分之一的人认为媒体的报道没有突出“女司机”的身份（见图3）。

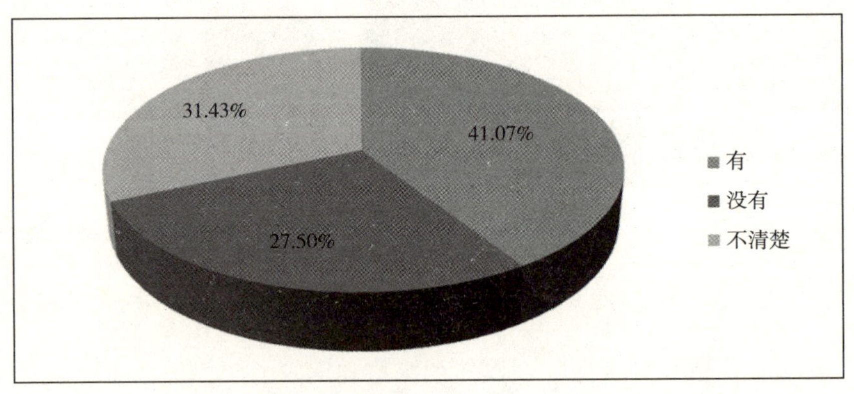

图3　市民对媒体报道是否强调了女司机这一群体的看法

二、合肥市民对“成都女司机变道被打”事件的认知情况和态度分析

接受电话访问的404名合肥市民，有将近70%的受访者知道这件事，不知情的受访者共124位，占30.69%。在知道此事的受访者中，72.5%的人明确表示不赞同男司机的打人行为，19.64%的受访者认为不好说，有少

数受访者表示自己有“路怒症”，所以赞同他的打人行为（7.86%）（见图4）。

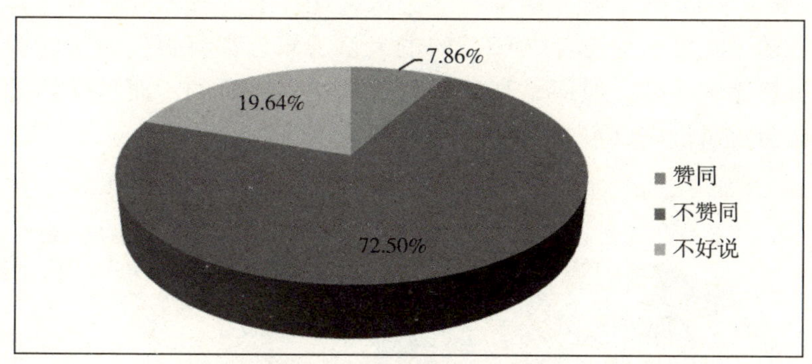

图4　市民对是否赞同男司机打人行为的看法

我们调查的受访者中大多数人都知道男司机行车记录仪上记录的别车视频，其中51.4%的人看过这段视频，另有66名选择了没看过但是知道大概内容，占总人数的23.5%。没看过也不知道视频内容的受访者有70人，所占比例为25%（见图5）。

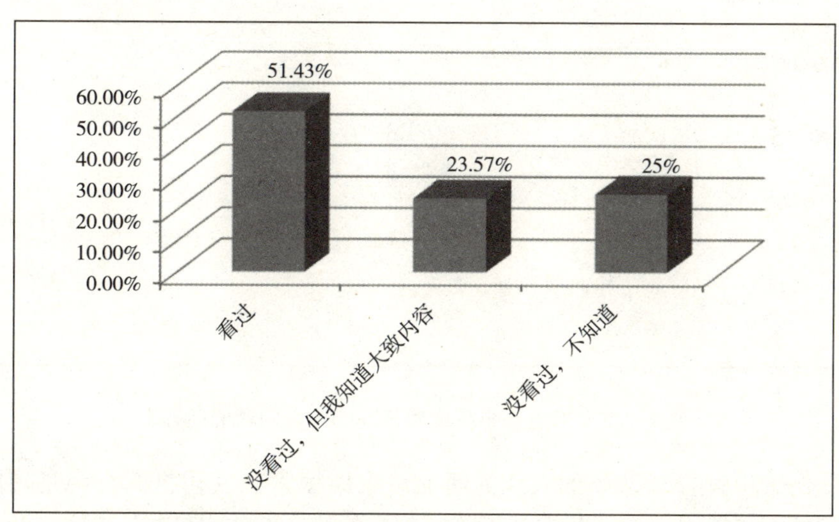

图5　市民对是否看过男司机行车记录仪上记录的别车视频问题的回答

“目前舆论对此事的看法您同意以下哪些选项?”这道多选题中，认同度较高的是女司机违反交通规则应当受到处罚和男司机行为粗暴应当受到处罚这两项，所占比例分别为38.3%、35.2%。认同度较低的是女司机违规，活该被打和男司机情绪激动，可以理解，两项各占7.7%、14.7%。有其他看法的占3.8%（见图6）。这一结果与“您认为这件事的责任方在哪一方”的结果类似，知道此事的受访者中62.7%的人认为双方都有责任。认为责任在女司机的虽然比例不高，但还是高于认为责任在男司机的。而且受访者中有更多的人认为女司机应负主要责任（见图7）。

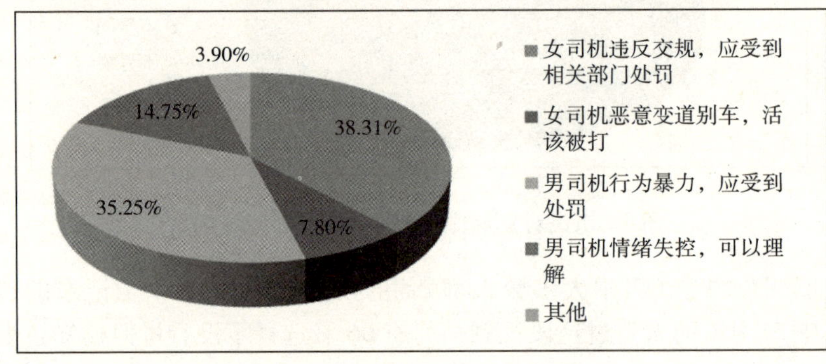

图6 市民对舆论的看法的数据分析

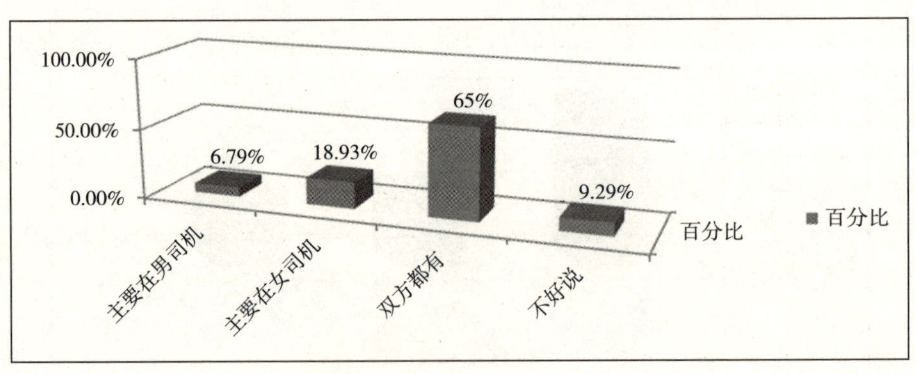

图7 市民对这一事件的责任在哪一方问题的回答

受访者中只有9.29%的人认为网友“人肉搜索”女司机的行为是揭露事实真相的正义行为，大部分人都不认同网友的这一做法。112人在这一题中选择了侵犯他人隐私，是违法行为，所占比例为40%；63人选择了无聊找事，没多大意义，比例为22.5%；还有79人认为不好说，比例为28.2%（见图8）。

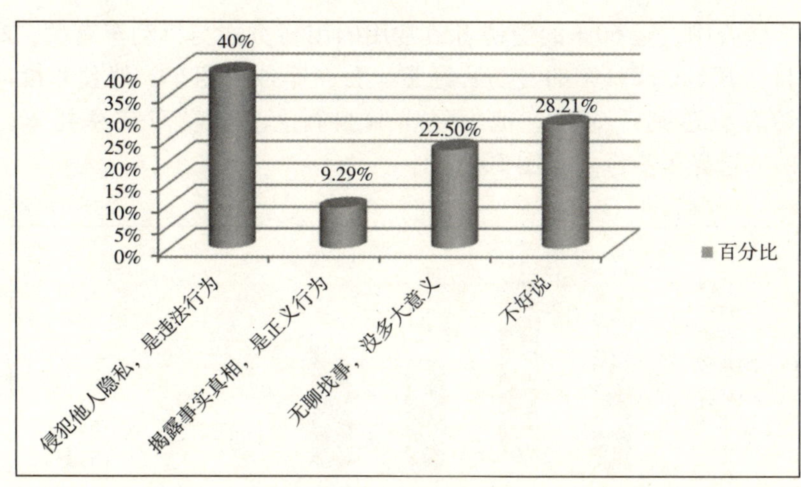

图 8　市民如何看待网友对女司机进行人肉搜索行为

三、合肥市民对“女司机”群体的印象

这件事情发生以后，网络上掀起了对“女司机”这一群体在安全文明驾驶方面的讨论。我们在问卷中也特别提出合肥市民对“女司机”群体的印象如何，超过一半的受访者认为虽然女司机的驾驶技术有好有差，但是能遵守交通规则，文明驾驶；15%左右的受访者认为他们平常碰到的女司机，不论驾驶技术如何，都不能做到文明驾驶，经常不遵守交通规则，很危险。另外32.67%的受访者表示在日常生活中对女司机的驾驶技术和遵守交规方面没有留意（见图9）。

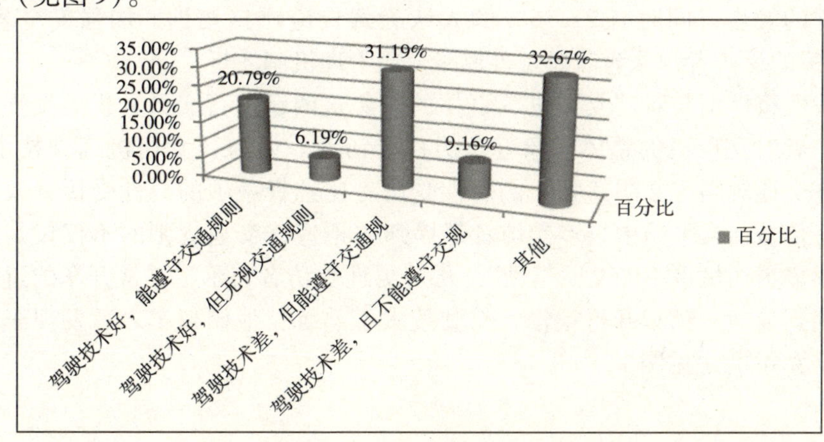

图 9　市民对女司机群体的印象数据分析

本次调查中，近60%的受访者最常用的出行方式与机动车有关，29.1%的人是自己开车；32.1%的受访者经常坐公交车或出租车；驾驶非机动车出行的受访者也达到了32%，他们经常骑自行车、电动车或摩托车；还有17.5%的人选择了步行（见图10）。

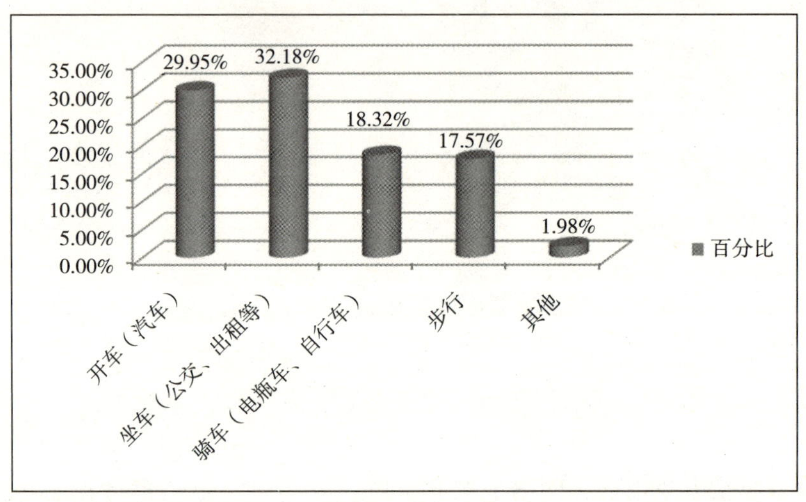

图10 受访市民最常使用的交通出行方式数据分布

针对本次“成都女司机变道被打”事件，当被问及“您认为如何维系道路交通安全”时，大部分受访者同时选择了四项，他们认为维系道路交通安全需要各方共同协作。28.9%的受访者认为这个需要驾驶员“文明自律、提升驾驶道德修养”；25.21%的人认为要靠“交管部门严格执法”才能避免类似事件的发生；同时有21.76%的人认为驾校应严格培训，加强安全教育；22.44%的受访者则认为需要完善道路交通管理机制才行。

我们将性别与对“女司机”群体的印象这两题进行交叉分析后发现，女性受访者对女司机的整体印象好于男性受访者。认为“女司机驾驶技术好，能遵守交通规则，文明驾驶”的女性受访者比选择该项的男性受访者人数多出了一倍。而且采访中很多受访者都提到“不遵守交通规则的不仅仅是女司机，很多男司机也不能文明驾驶”。部分男性受访者表示，平常开车的过程中经常遇到前面一辆车开得很慢，驾驶技术不熟练，他们超车之后发现车上往往都是女司机（见图11）。

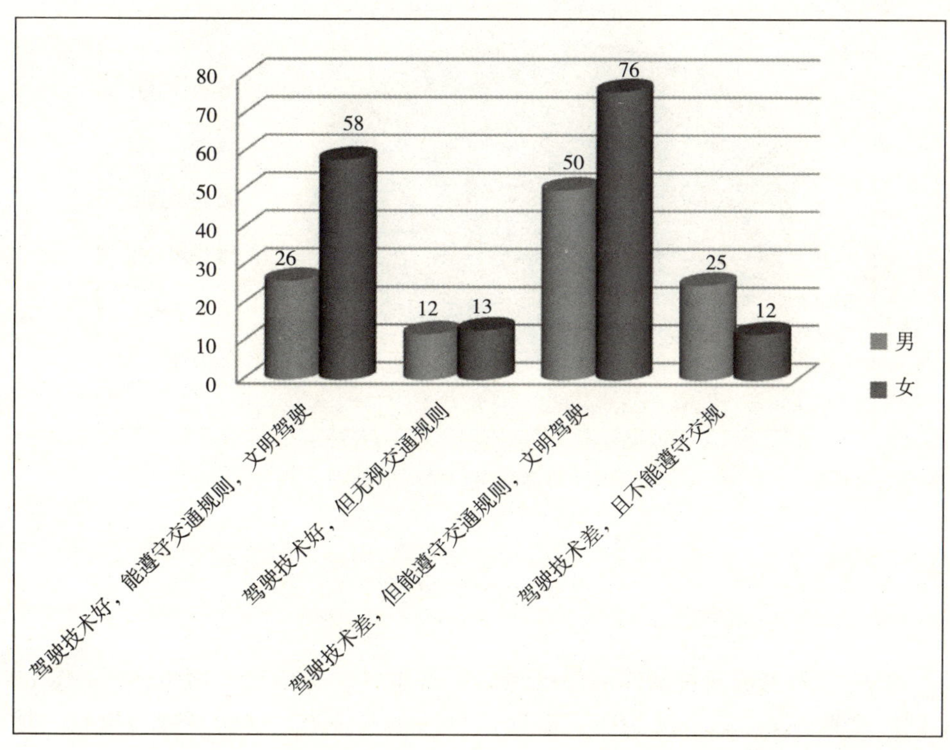

图 11　性别与对“女司机”群体的印象的交叉分析

四、合肥市民遇到类似事件的处理方式

通过对本次电话访问的 404 份有效问卷进行分析整理，我们总结出合肥市民在遇到类似违规的行为时采用最多的处理方式是避让、劝说。

极小部分市民选择“别车”，用相同的方式进行回击，此部分所占比例仅为 0.7%；3% 左右的市民表示很少遇到这种情况；约 5% 的市民表示会采取拍照等行为发布至网上，或告知交警部门进行处理；约 7% 的市民不知道如何处理；约 23% 的市民选择沟通说理，与女司机展开交流，进行劝服；35% 的市民会忍让避开，“事不关己高高挂起”或者“大事化小小事化了”是大部分市民的选择（见图 12）。

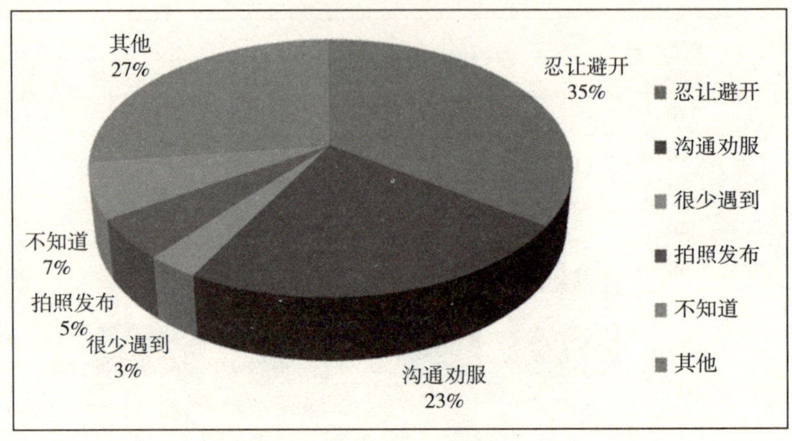

图12 市民对遇到类似情况的处理方式

五、分析研判

1. 受访者主要通过新闻网站或论坛了解事件，微信和微博也占了一定的比例，说明新媒体日益成为市民获取信息的主要渠道。受访者通过电视、报纸和广播等方式了解信息的比例较低，这和现代人生活方式与信息接触方式的转变有关。

2. 受访者对如何评价媒体对此事的报道评价不一。有三分之一的人对此事不太清楚，超过三成受访者认为媒体客观公正地报道了事件的真相，相比之下近两成的受访者认为媒体的报道“小题大做、博人眼球”，少数受访者认为媒体对此报道“偏袒一方，有失公允”。这从侧面说明了市民对此次事件中媒体的新闻报道和评论不能取得一致的认同。谈及媒体对此事的报道倾向，有41%的市民认为媒体在此次事件中突出了“女司机”的形象，以此为标签进行报道。但是另一方面有31%的市民对媒体的报道不是太清楚，有28%的市民不认为媒体的报道突出了“女司机”形象。

3. 在本次事件中，因为涉及此事件的女性群体司机较为突出，成为舆论关注的焦点和讨论的话题，结合近年来女司机群体在驾驶中事故频发，因此当被问到日常生活中民众对女司机的印象时，大部分都关注女司机的驾驶技术和道路文明驾驶问题，其中有超过三分之一的人认为女性群体司机驾驶技术差，但能遵守交通规则，文明驾驶。有20.79%的人认为驾驶技术好，能遵守交通规则，文明驾驶，在平时驾驶中没有遇到类似暴力事件；只有6.19%

的人认为女司机“驾驶技术好，但无视交通规则”，但是有三成左右的人对女司机的驾驶技术和文明驾驶问题没有特别留意和关注。综上所述，大部分合肥市民认为女司机虽然驾驶技术差，但是能够文明驾驶、遵守交通规则，整体印象偏正面。

4. “成都女司机变道被打”事件，争议四起，舆论哗然。近70%的市民知晓此事，超七成市民不赞同男司机的打人行为。随着媒体对此事的持续报道，事件继续发酵。目前合肥市民较认同的舆论观点是：女司机行为不当应受处罚，男司机使用暴力应受处罚。65%的市民认为此事双方均有责任。对于网友对女司机的人肉搜索，40%的市民认为侵犯他人的隐私，属于违法行为；22.5%的市民认为无聊找事，没多大意义；28.2%的市民认为不好说。

5. 抛开情绪化的批评与道德审判，通过对本次电话访问的404份有效问卷进行分析整理，发现面对此种情况，合肥市民看法不一。“避让、劝说，事不关己高高挂起”或者“大事化小，小事化了”是大部分市民的选择。

6. 在本次电话采访中，有市民提到“路怒症”现在很常见，但是驾驶员应该文明自律、提升驾驶道德修养，努力克制这种不良情绪；另外，驾校在培训过程中应该要求更严格，对安全教育更重视；交管部门应该严格执法，完善道路交通管理机制，多方协作，尽量避免此类事件的发生。

合肥市民关于全面放开二孩政策的舆情调查

安徽大学舆情与区域形象研究中心

摘要： 2015年10月29日，《中国共产党第十八届中央委员会第五次全体会议公报》宣布："全面实施一对夫妇可生育两个孩子政策，积极开展应对人口老龄化行动。"这是继2013年十八届三中全会决定启动实施"单独二孩"政策之后，中国人口与生育政策的又一次历史性调整。至此，实施了35年的独生子女政策正式宣告终结。

安徽大学舆情与区域形象研究中心在《公报》发布一天后，即做了合肥市民关于"全面放开二孩政策"的舆情调查。

现将本次调查的主要发现摘要如下，以供有关部门决策参考：

1. 在这次调查中，"70后""80后""90后"适龄生育人群小孩为独生子女的占51%，其中男孩占比55.8%，女孩占比44.2%。

2. 符合政策适龄生育群体中，愿意生二孩的占24.5%，而不愿意生二孩的占50%，暂时不清楚的为24.5%。

3. 在愿意生二孩的群体中，希望隔三年要二孩的占比最高，为26.4%，其次是隔5年要二孩的占17%，同时选择顺其自然的也占17%。

4. 在愿意生二孩的受访群体中，接近一半的人认为"一个孩子太孤独"是想生二孩的主要原因；而在那些不想要二孩的受访者中，认为"养育孩子成本高，不能提供更优越的生活"是最主要原因，占比45%；其次有36%的受访者认为，夫妻双方没有充足的时间和精力照顾孩子。

5. 近七成的受访者在是否生育二孩的问题上，与子女或父母没有冲突，绝大多数父母认为这个问题应尊重子女的意愿。

本次调查采用随机抽样法，运用国际先进的CATI（计算机辅助电话访问）调查设备，安徽大学新闻传播学院的52名访问员成功访问了403名合肥

报告执笔人： 周彤、贾南、邹君然、王秋婷、郭云涛、涂盛雪、王青龙

市民，覆盖全市7个行政区域。调查主要涉及三大部分内容：第一，合肥市民的二孩生育意愿；第二，影响合肥市民生育二孩的因素；第三，合肥市民希望政府出台的配套措施。

本次调查的被访者涵盖了不同性别、年龄、职业、收入和受教育程度的市民，具有广泛的代表性。其中性别方面，男性占36.23%，女性占63.77%；年龄方面，15周岁以下的受访者为0，16~25周岁的受访者占12.41%，26~35周岁的受访者占32.75%，36~45周岁的占17.62%，46~55周岁的占14.14%，56~65周岁的占11.17%，66周岁及以上的占11.91%。

在受访者的职业方面，学生占3.72%，企业人员占30.27%，事业单位工作者占12.16%，公务员占1.74%，个体户占11.17%，自由职业者占8.44%，离退休人员占18.61%，其他占9.18%，选择保密的占4.71%；在月均收入方面，低于1000元的占受访者的8.93%，1000~2000元的占8.93%，2000~3000元的占16.63%，3000~4000元的占19.85%，4000~5000元的占11.66%，5000~10000元的占10.17%，10000元以上占4.71%，选择保密的占19.11%；受教育程度方面，小学及以下学历占比9.93%，初中学历为11.91%，高中或中专学历为20.84%，大专学历为26.55%，本科学历为23.57%，硕士研究生及以上学历占4.71%，除此之外有2.48%的受访者选择保密。

一、合肥适龄生育市民的二孩意愿

在对受访者进行关于“全面放开二孩政策”的舆情调查中，“70后”“80后”“90后”受访群体中目前无子女的为87人，占比34.4%；育有1个子女的为129人，占比51%；育有2个子女的为35人，占比13.8%；而育有3个子女及以上的有2人，占比0.8%。

在目前小孩是独生子女的受访群体中，育有男孩的家庭有72户，占比55.8%，育有女孩的家庭有57户，占比44.2%。

在符合二孩政策的受访群体中，有意愿要二孩的有53人，占比24.54%；不愿意要二孩的有108人，占比50%；不清楚或者一个都不想要的分别是53人和2人，占比24.54%和0.93%（见图1）。

在符合生育政策的适龄合肥市民对于生育第二个孩子与第一个孩子时间间隔的调查中，选择间隔3年的占比最高，为26.4%；其次是选择间隔5年

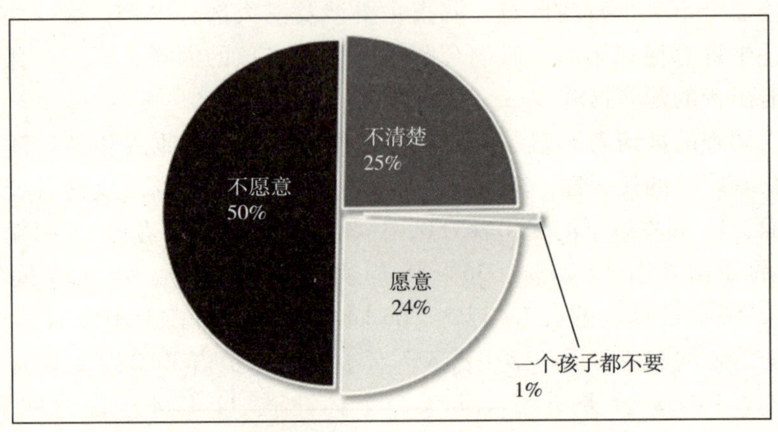

图1　符合生育政策的合肥市民生育二孩的意愿调查

的和选择“顺其自然”的，占比均为17%；间隔时间的平均值为3.16年（见图2）。

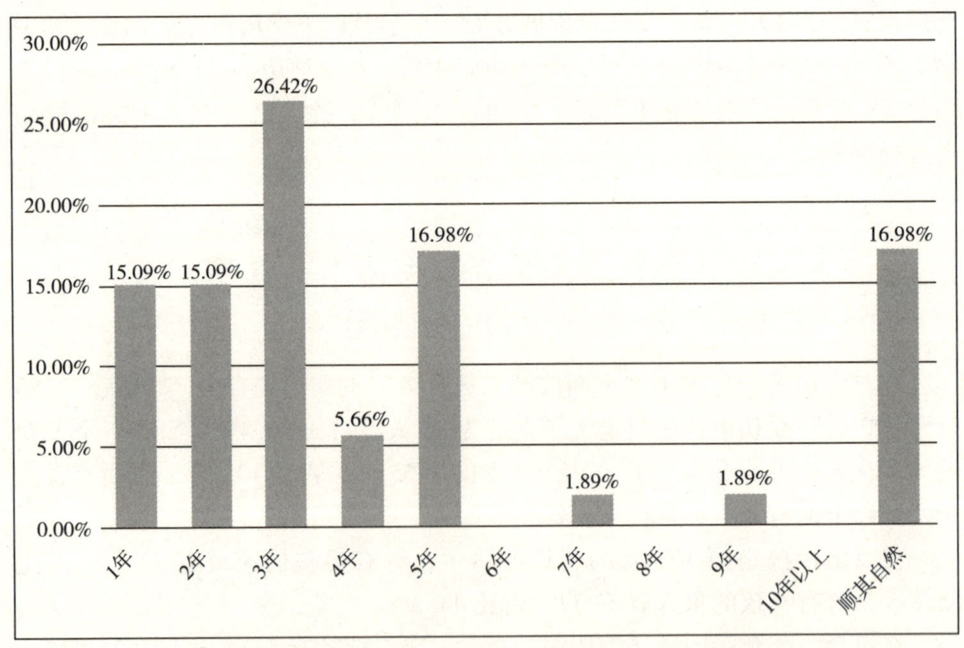

图2　符合生育政策的适龄合肥市民生育第二个孩子的时间间隔调查

我们将头孩的性别与生育意愿做了相关性分析，发现在符合生育政策的受访市民中，头孩是男是女对是否生育二孩的意愿影响并不大。

二、影响合肥市民生育二孩的因素

“全面二孩”政策出台后，对于不愿生育第二个孩子的影响因素中，45%的受访者认为不愿要二孩的原因是“养育孩子成本高，家庭不能提供更优越的生活”；36.25%的受访者认为“自己工作忙，没有充足的时间和精力照顾第二个孩子”；6.88%的市民从孩子的成长角度认为“两个孩子会分散家人的关爱，不利于孩子的健康成长”；而5.63%市民认为“生孩子太痛苦”（见图3）。

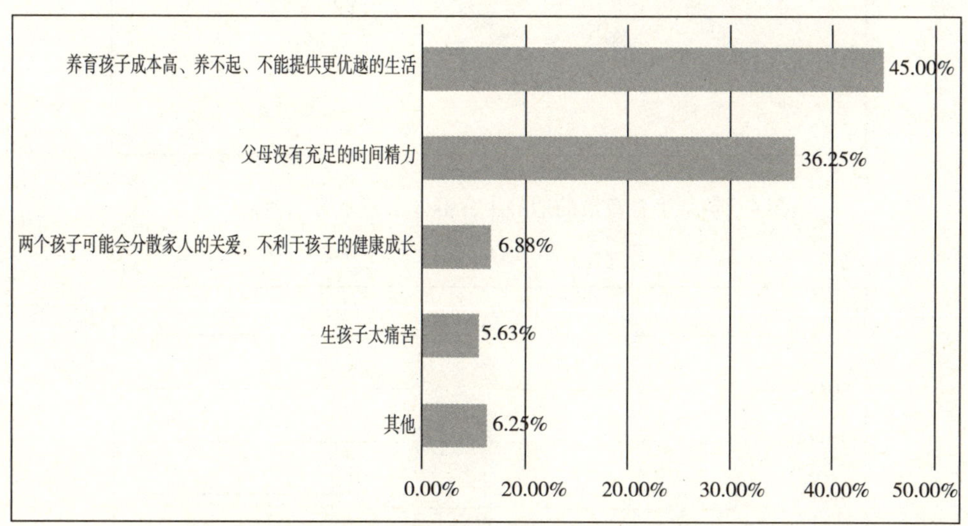

图3　阻碍符合生育政策的适龄生育群体生育二孩的因素

“全面二孩”政策出台后，对于有生育二孩意愿的市民中，近半数的受访者（48.5%）认为“一个孩子太孤单，两个孩子好做伴”；18.81%的受访者从养老的角度认为两个孩子以后可以分担赡养父母的压力，而同样比例的受访市民认为生育第二个孩子是因为“喜欢孩子”；还有12.87%的受访者认为“生育两个孩子可以降低失独的风险”（见图4）。

同时，调查中我们发现，近七成的受访者在是否生育二孩的问题上与子女或父母没有冲突，绝大多数父母认为这个问题应尊重子女的意愿（见图5）。

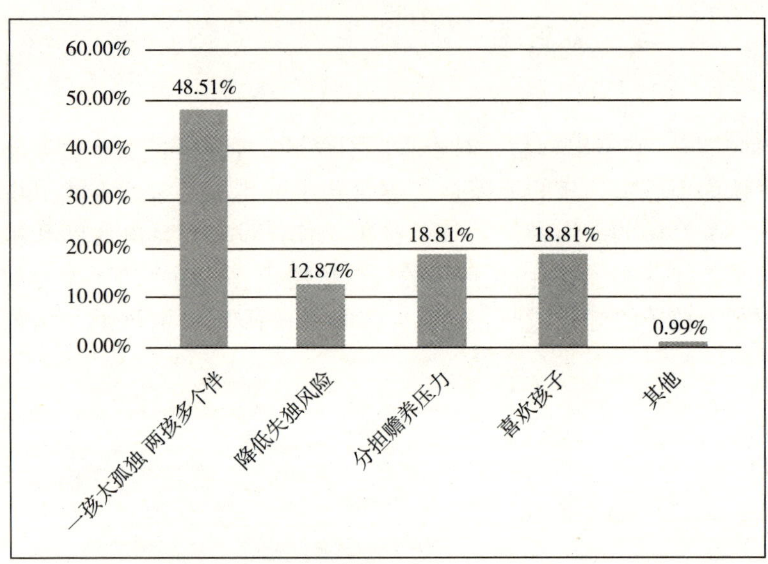

图4　符合生育政策的适龄生育群体愿意生育二孩的因素

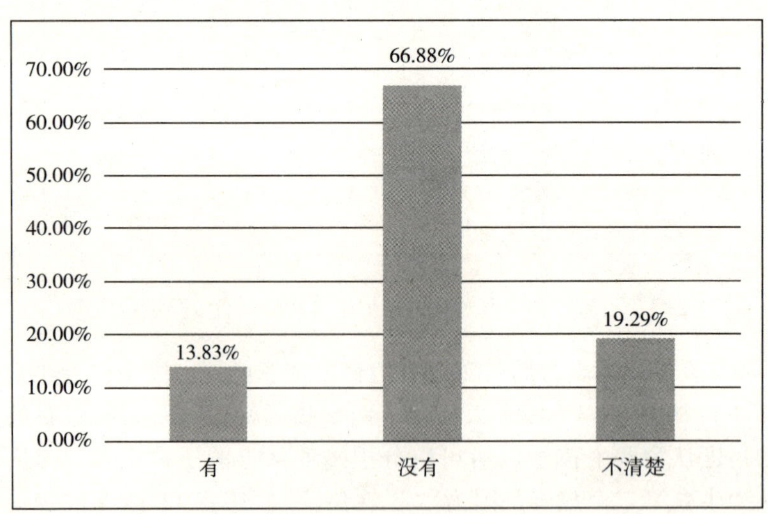

图5　受访市民对子女与父母在生育二孩的想法上有无冲突问题的回答

三、合肥市民对于二孩政策配套措施的建议

在回答“全面二孩政策放开之后，您希望政府会出台哪些配套措施”这个问题时，受访者给出了很多建议。主要集中在以下几个方面：政府应加大补贴，在教育和医疗方面多一些优惠政策；提高福利保障和生活质量，出台配套的养老措施，减轻子女的赡养负担，完善社会服务体系；也有受访市民认为应该延长产假，保障女性权益，比如生育保险；还有部分受访者希望实施二孩政策的具体程序能有所简化。

合肥市民关于天然气阶梯价改政策的舆情调查

安徽大学舆情与区域形象研究中心

摘要：2015年8月，合肥市发改委在下半年工作意见的报告中提出，合肥将推行民用天然气阶梯价格改革方案。11月1日，合肥市阶梯式天然气价格两套方案公布，合肥市物价局将于11月10日上午举行听证会，广泛听取社会各界的意见和建议。安徽大学舆情与区域形象研究中心随即做了合肥市民对天然气阶梯价改政策的舆情调查。

现将本次调查的主要发现摘要如下，以供有关部门决策参考：

1. 在对合肥市居民去年或以往一年天然气的花费情况调查中，除不清楚的以外，年均天然气使用花费多处在200~400元、400~600元和800元以上这三个价格区间，分别占18.32%、15.22%、14.60%，这与家庭人口数量成相关关系。

2. 56.52%的受访市民表示不知道合肥将实行天然气阶梯价格政策，知悉天然气价改方案的受访市民占样本总量的43.48%；

3. 对天然气阶梯价改政策，43.17%的受访市民表示支持，29.19%的受访者不支持该政策，另有27.64%的受访者对此问题不表态；

4. 在对目前天然气公司的服务满意度问题调查中，61.80%的受访市民表示比较满意或非常满意，对天然气公司服务评价一般的占25.47%，另有4.97%的受访者持不太满意或不满意的态度，7.76%的受访者表示不清楚。

本次调查采用随机抽样办法，运用CATI（计算机辅助电话访问）调查设备，安徽大学新闻传播学院的45名访问员成功访问了410名合肥市民，覆盖全市7个行政区域。调查主要涉及三大部分内容：

第一，合肥市民天然气使用状况；第二，合肥市民对天然气阶梯价改政策的态度和意见；第三，合肥市民对天然气公司的工作情况的满意度调查。

报告执笔人：周彤、马欣欣、钟婷、郭艳君、丁家佳、侯普曼、李敏、程红

本次调查的被访者涵盖了不同性别、收入的市民，具有代表性。其中性别方面，男性占41.1%，女性占58.9%；在家庭月平均总收入方面，低于3000元的占受访者的10.00%，3000～6000元的占28.78%，6000～9000元的占18.05%，9000～12000元的占8.29%，12000～15000元的占3.41%，15000～18000元的占3.90%，18000元以上的占1.46%，选择保密的占受访者的26.10%。

一、合肥市民天然气使用状况

本次调查的410个样本，使用天然气的家庭占比78.5%，不使用天然气的家庭占比21.5%（见图1）。

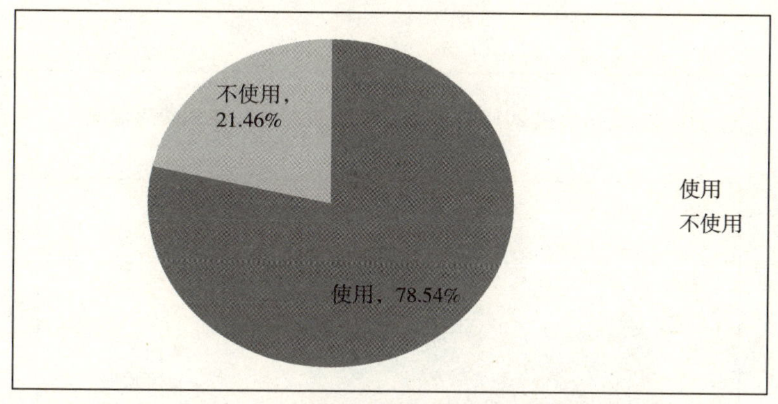

图1　受访市民使用天然气情况

在使用天然气的家庭中，常住人口为3人的最多，占38.5%；常住人口为1人的占6.5%；2人的占14.0%；4人的占21.4%；5人的占15.5%；6人的占3.1%；7人及7人以上的占0.9%。

对去年或以往家中天然气一年的花费调查中，一年花费在0～200元的占7.1%；200～400元的占18.3%；400～600元的占15.2%；600～800元的占9.6%；800元及以上的占14.6%；不清楚的占35.1%（见图2）。

对于这些花费，65.5%的受访者认为自家的天然气用费可承受，17.4%的受访者认为自家用费过高，另外17.1%的受访者表示不清楚（见图3）。

在对未使用天然气的受访者的调查中，不使用天然气的原因有以下几类：一是老旧小区没有安装天然气管道；二是使用其他方式，如电、液化气等；

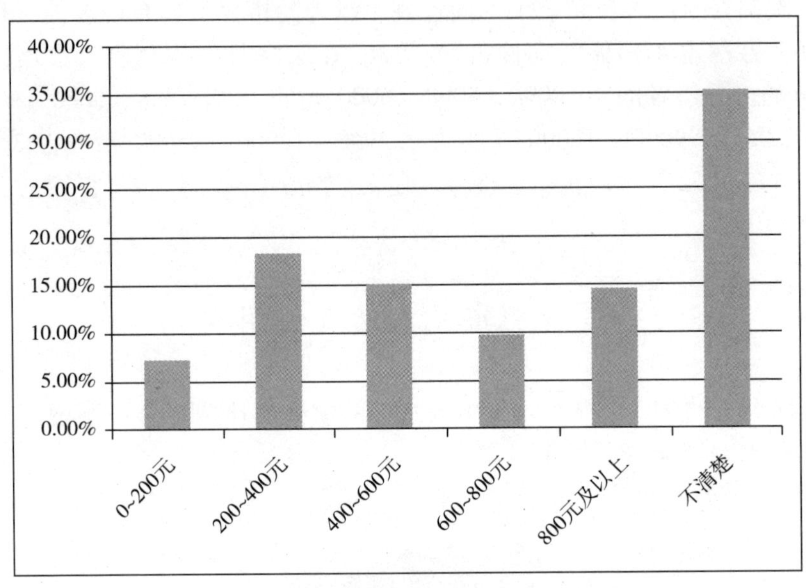

图2 受访市民2015年或以往家中天然气一年的费用情况

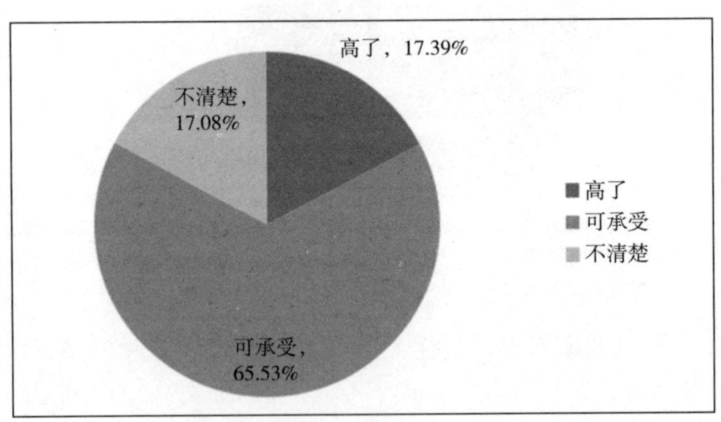

图3 受访市民对目前天然气价格的承受程度

三是没有用的需求，如不在家用餐。

二、市民对2015年合肥天然气价改的意见

关于天然气价改的意见调查中，43.4%的合肥受访市民知道天然气价改这一消息，56.6%的受访者表示不知道价改这一消息（见图4）。可见，市民

在获知天然气价改政策的渠道上显得闭塞，有关方面对于价改的前期宣传工作做得不足。

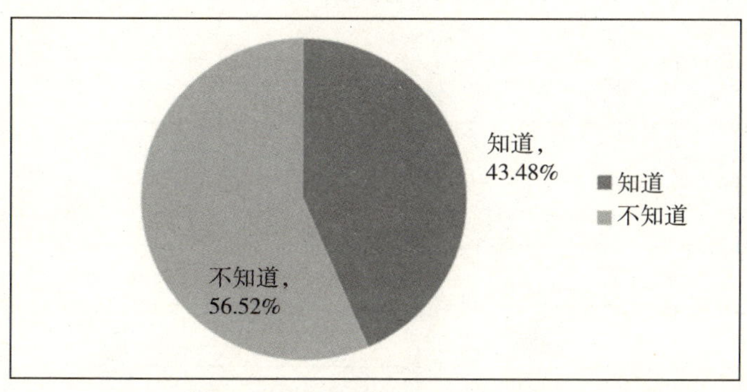

图4　受访市民对是否知晓天然气价改问题的回答

合肥市民对天然气价改的态度为：43.2%的受访市民支持天然气价改，27.6%的受访市民对天然气价改不表态，29.2%的受访市民不支持天然气价改。不支持价改的理由分为三类：一是维持现状就挺好；二是怕变相涨价；三是家庭收入不高，担心价改后增加家庭经济负担（见图5）。

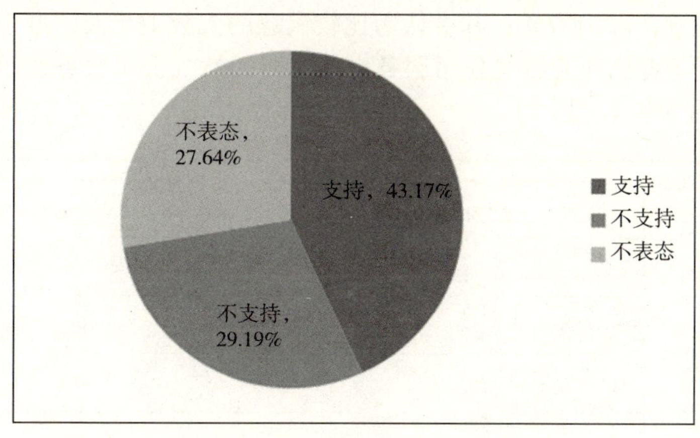

图5　受访市民对天然气价改的态度

三、合肥市民对天然气公司的态度调查

使用天然气的受访群体中，认为目前合肥市天然气价格一般的为194人，占比60.3%；18%的受访者表示目前天然气价格偏高；只有5.3%的受访者认

为目前天然气价格高（见图6）。

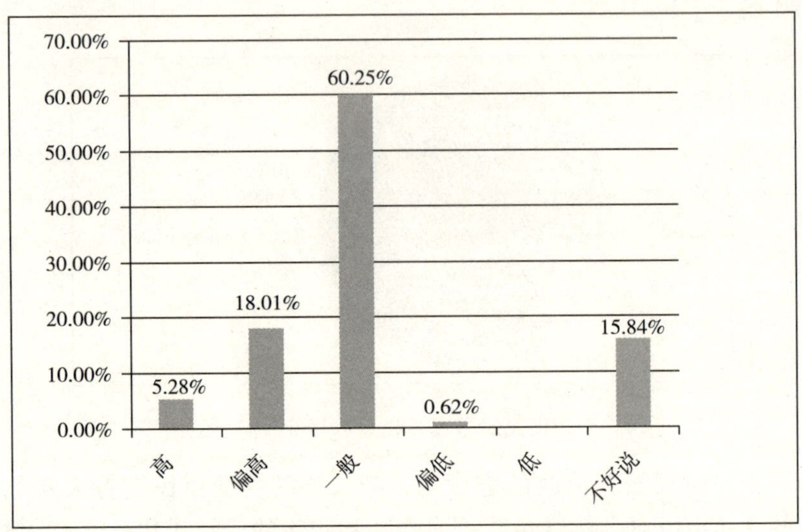

图6　受访市民对目前天然气价格的态度

在对天然气公司的服务满意度的调查中，有 199 位受访者对天然气公司服务表示满意，占 61.7%；其中认为比较满意的人数 165 人，占 51.2%；有 25.5% 的受访者认为天然气公司服务一般；对天然气公司服务表示不满的共 16 人，只占 5%（见图7）。

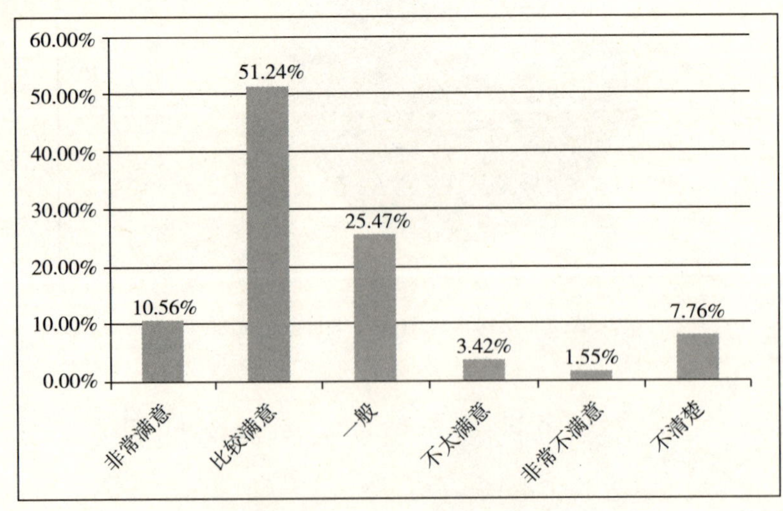

图7　受访市民对天然气公司服务的满意度

在对天然气使用成本透明度的调查中，22.4%的人认为其使用成本公开透明，18.3%的人认为天然气使用成本不透明，59.3%的人表示不清楚（见图8）。

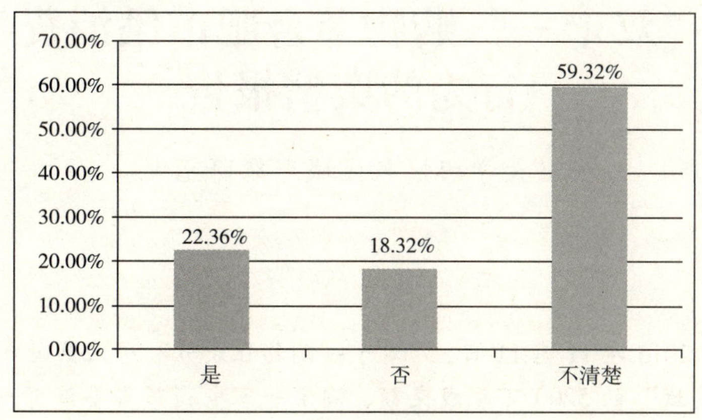

图8　受访市民对天然气使用成本透明度的关注情况

在对家庭使用天然气的受访者调查中，49.7%的受访者表示家庭未来的天然气使用量会保持不变；104名受访者预计未来家庭天然气使用量会呈上升的趋势，占比32.3%（见图9）。

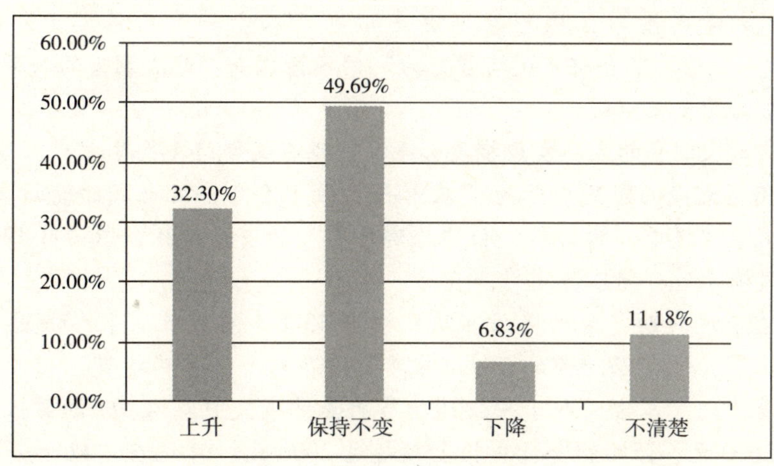

图9　受访市民对未来天然气使用量趋势的预测情况

“双十一”购物节合肥市民消费行为的舆情报告

安徽大学舆情与区域形象研究中心

摘要： 2015 年 11 月 11 日，“双十一购物狂欢节”进入第七年。从 2009 年“淘宝商城”的 5200 万元成交额、淘宝一家电商孤军奋战开始，到今年“天猫商城”交易额超过 912 亿元，京东、苏宁、国美、当当、一号店等国内大型电商悉数加入，线下大量实体店铺纷纷打折优惠促销，232 个国家参与其中。“双十一”俨然变成全民购物狂欢节。合肥市民在“双十一”当天网上购物的参与度如何？七年间，合肥市民参与“双十一”网络购物的行为又有何变化，感受如何？

安徽大学舆情与区域形象研究中心在“双十一”后第二天，即做了“‘双十一’购物节合肥市民消费行为”的舆情调查。此次调查的人群皆为有过网购行为的合肥市民。

现将本次调查的主要发现摘要如下，以供有关部门决策参考：

1. 有近九成的市民表示为“双十一”做了准备，近七成的受访者表明，他们采用了“提前加购物车”和“抢购物券”的省钱措施，但仍有 12.8% 的市民“没有做过任何准备”。

2. 在有过网购行为的受访市民中，有 43.8% 的男性从未参加过“双十一”购物节，仅有 27.3% 的女性从未参加过“双十一”购物节。

3. 在参与了本次“双十一”购物节的受访市民中，34.5% 的男性购物金额超过 2000 元，15% 的女性购物金额超过 2000 元，可见在“双十一”购物中合肥男性更舍得花钱。

报告执笔人： 郑晖、贾南、邹君然、王雅琪、郭云涛、王青龙

4. 在参与了本次“双十一”购物节的合肥受访市民中，服饰、鞋、包是选购的重头戏，女性中有49.6%购买了服饰、鞋、包，36.7%的男性选购此类商品；26.3%的女性购买了日化类商品，18.4%的男性购买此类商品。可见快速消费品仍然是合肥市民网购的主流类别。

5. 数据显示，25周岁以下和35周岁以上的受访人群中有近八成在当天购买总金额在1000元以下。“80后”的受访群体，购物总金额在1000元以上的占44.7%。可见，“80后”消费群体在“双十一”当天的购买力较强。

6. 有六成的市民表示可能会继续参加今后的大型网络促销活动，甚至有三成的市民表示一定会参加类似活动，证明“双十一”购物节活动的影响力持续性强，多数市民表示还会继续参加购物节活动。

本次调查采用随机抽样法，运用国际先进的CATI（计算机辅助电话访问）调查设备，安徽大学新闻传播学院的38名访问员成功访问了400名合肥市民，覆盖全市7个行政区域。调查主要涉及三大部分内容：合肥市民对“双十一”购物节的认知度与参与度，2015年“双十一”购物节合肥市民的消费行为分析，合肥市民对“双十一”购物节的感受。

本次调查的被访者涵盖了不同性别、年龄、职业、收入和受教育程度的市民，具有广泛的代表性。其中性别方面，男性占36%，女性占64%；年龄方面，15周岁以下的受访者为0.75%，16~25周岁的受访者占18.50%，26~35周岁的受访者占43.50%，36~45周岁的占14.75%，46~55周岁的占8.50%，56~65周岁的占3.75%，65周岁以上的占2.50%，保密的占7.75%。

在受访者的职业方面，学生占3.50%，企业人员占39.25%，事业单位工作者占13.50%，公务员占2.75%，个体户占8.50%，自由职业者占7.00%，离退休人员占6.00%，其他占8.50%，选择保密的占11.00%；在家庭月均收入方面，低于3000元的占受访者的6.00%，3000~6000元的占21.75%，6000~9000元的占16.00%，9000~12000元的占10.75%，12000~15000元的占4.25%，15000~18000元的占2.50%，18000元以上的占5.25%，选择保密的占33.50%。

受教育程度方面，小学及以下学历占比3.75%，初中学历为3.00%，高中或中专学历为15.50%，大专学历为26.00%，本科学历为33.75%，硕士研究生及以上学历占5.75%，除此之外有12.25%的受访者选择保密。

一、合肥市民对“双十一”购物节的认知度与参与度

“双十一”购物节发展至今已有七年，在有过网购行为的400个合肥受访市民中，从未参与该类活动的市民为33.25%，超过三成；参加了1～2次“双十一”购物节活动的比重最大，接近四成；值得注意的是，有近一成的市民参加了5次以上的购物节活动，忠诚度较高。

在参加过“双十一”网络购物活动的267位受访者中，超过七成的市民也参与了2015年的活动，接近三成的市民未参加2015年的相关活动。

在比较了“参加了1～2次”与“参加了2015年‘双十一’购物活动”的市民人数后，发现相当比例的合肥市民2015年第一次参加“双十一”购物节活动（见图1）。这与2015年“双十一”购物节期间活动的宣传力度、购物优惠政策以及支付方式的拓展等密切相关。

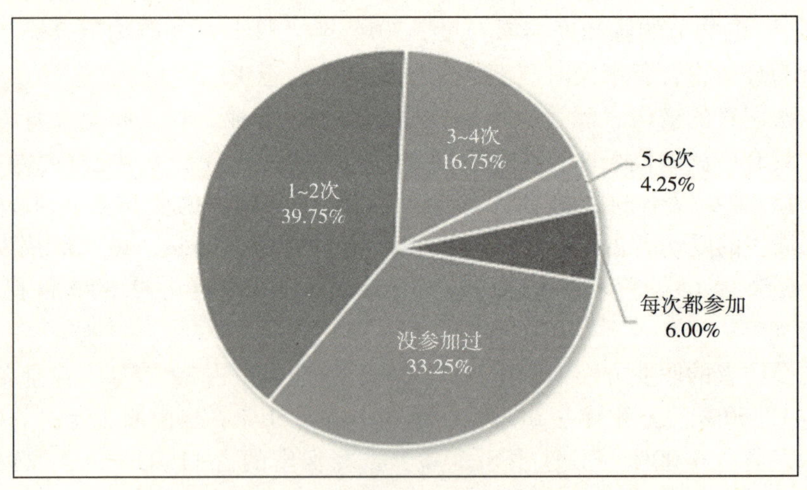

图1 合肥市民参与“双十一”活动频率的数据分布

本次“双十一”购物节，前期预热时间长，准备活动多。在调查活动前期是否为网购做了准备时，近七成的受访者表明，他们采用了“提前加购物车”和“抢购物券”的省钱措施，有13.62%的人事先进行了不同网站间的比价；5.8%的市民事先搜集了“省钱攻略”；但仍有12.8%的市民“没有做过任何准备”（见图2）。

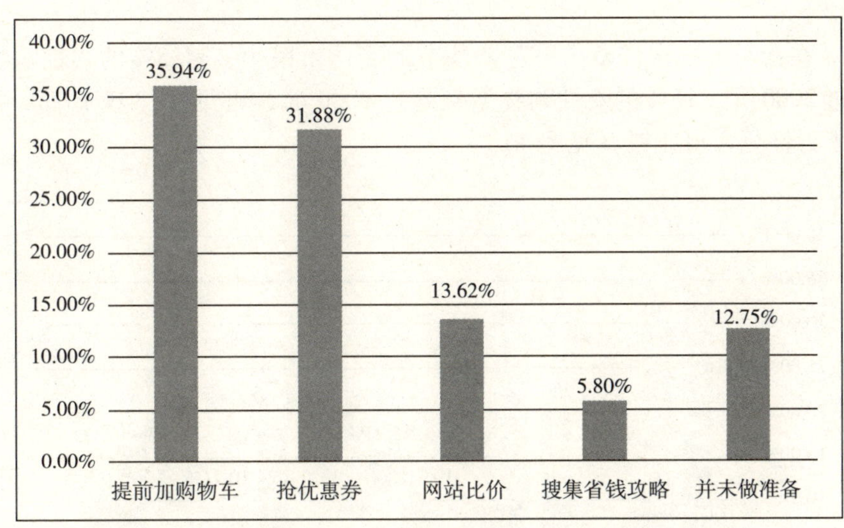

图2 2015年“双十一”购物节提前所做准备措施的情况

二、2015年“双十一”购物节合肥市民的消费行为分析

1. 在有过网购行为的受访市民中，有43.8%的男性从未参加过“双十一”购物节，仅有27.3%的女性从未参加过“双十一”购物节（见图3）。

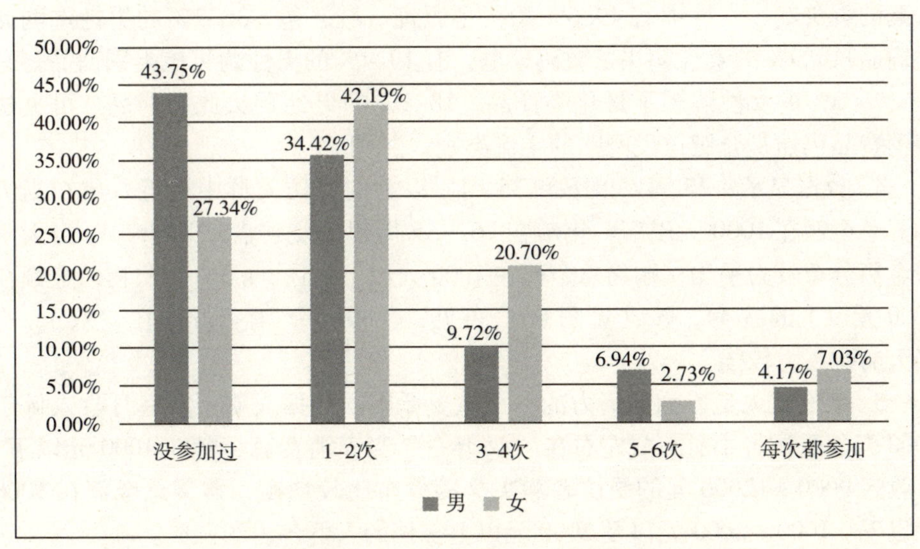

图3 参加“双十一”购物节次数的性别差异

2. 在参与了本次“双十一”购物节的受访市民中，34.5%的男性购物金额超过2000元，15%的女性购物金额超过2000元，可见在“双十一”购物中合肥男性更舍得花钱（见图4）。

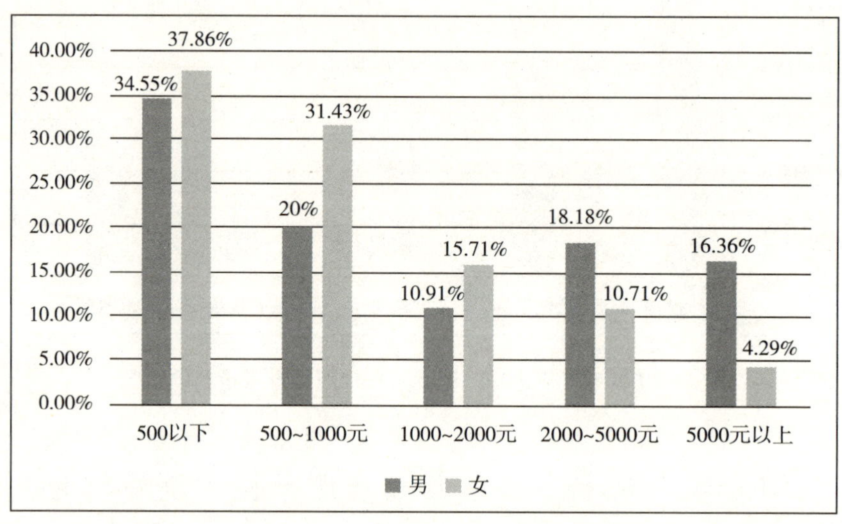

图4 “双十一”期间消费金额的性别差异

3. 在参与了本次“双十一”购物节的合肥受访市民中，服饰、鞋、包是选购的重头戏，女性中有49.6%购买了服饰、鞋、包，36.7%的男性选购此类商品；5.9%的女性购买了数码家电，有19.4%的男性购买该类别商品。另外，26.3%的女性购买了日化类商品，18.4%的男性购买此类商品。可见快速消费品仍然是合肥市民网购的主流类别（见图5）。

4. 数据显示，25周岁以下和35周岁以上的受访人群中有近八成在当天购买总金额在1000元以下。年龄在26~35周岁的受访者“双十一”当天消费金额分布较为平均，购物总金额在1000元以下的占54.3%，购物总金额在1000元以上的占44.7%（见图6）。可见，“80后”消费群体在“双十一”当天的购买力较强。

5. 家庭收入是影响购买力的一个重要原因。数据表明：家庭月收入低于9000元的受访者中有八成左右在“双十一”当天消费总金额在1000元以下。月收入9000~12000元的受访者购买金额分布比较均衡，购买总金额在1000元以下、1000~2000元以及2000元以上三档的人群各占约三成。

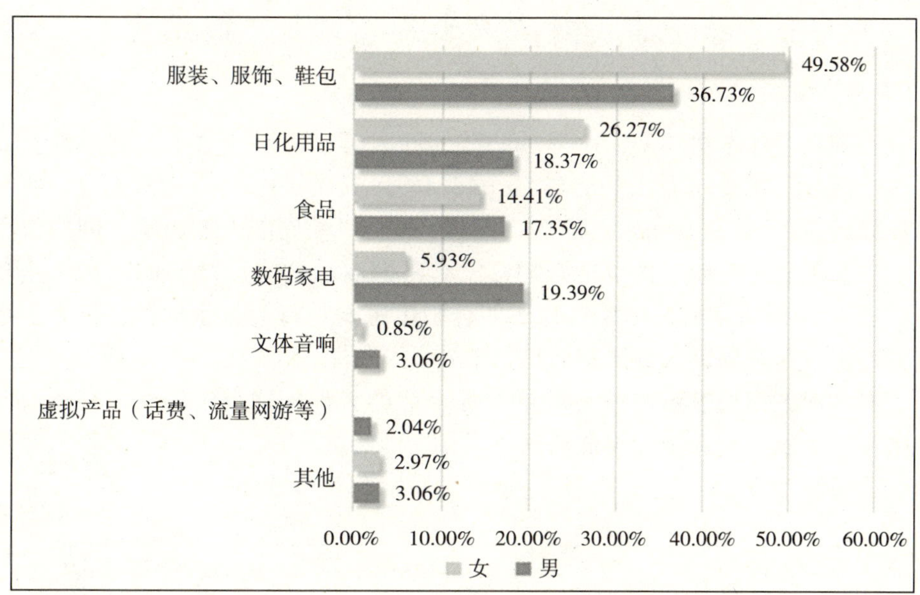

图5 “双十一”期间的商品消费类别的性别差异

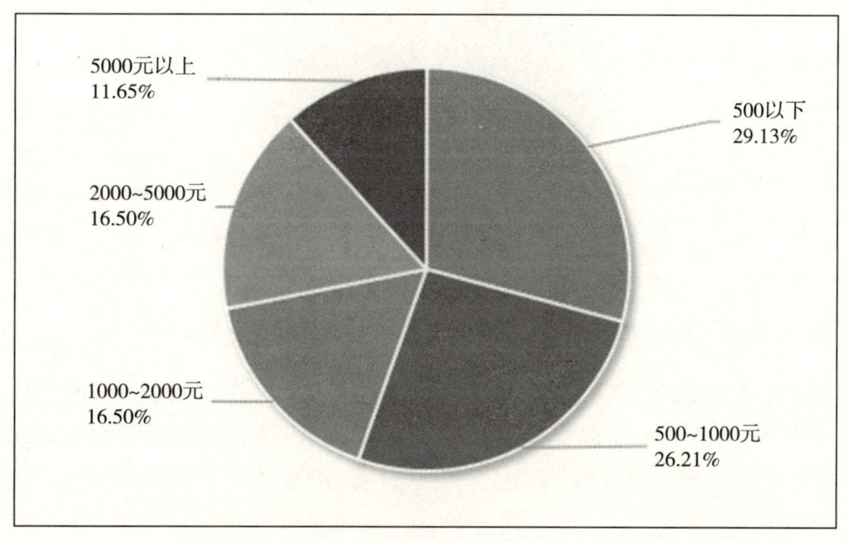

图6 26岁至35岁的市民在2015年“双十一”期间消费情况

三、合肥市民对“双十一”购物节的感受

在问到参加本次“双十一”购物节的原因时，选择“这个时间段确实需要这个商品”的受访者比例最高，占42.4%；其次是由于“价格便宜，所购物品以后备用”，占受访市民的37.33%；选择“受周围人的影响，网购气氛浓烈”“完全受促销广告价格影响，没有考虑商品的实用性”的市民比重较少，分别为12.8%和5.07%。这表明合肥市民购物行为趋于理性，仅有少数人受广告宣传及周围人的影响而盲目消费。

有六成的市民表示可能会继续参加今后的大型网络促销活动，甚至有三成的市民表示一定会参加类似活动（见图7）。这说明“双十一”购物节活动影响力持续性强，多数市民表示还会继续参加购物节活动。

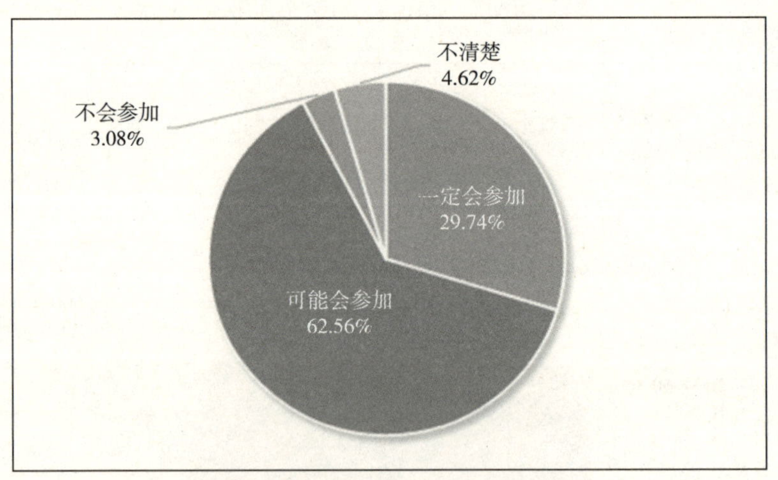

图7　继续参加“双十一”活动的受访市民人数比例

在没有参加2015年“双十一”购物节的97名受访市民中和在未参加“双十一”购物节的146名受访市民中，都仅有4%的受访市民将网购风险高作为未参加网络购物活动的原因，可见合肥市民对网购的支付方式信任度较高。

在电话采访中，当问及对2015年“双十一”购物节的感受时，大多数受访市民认为当天的优惠力度没有宣传所说的那么大，“价格并没有便宜多少，只是噱头”，存在提高原价再降价的现象；另外有部分受访市民反映在参与当

天抢购时出现网络拥堵、付款较慢的现象，导致秒杀的商品抢不到；基于往年的“双十一”抢购经验，有市民担心快递速度可能比较慢。另外，有少部分受访的合肥市民出于对商品质量的考虑，认为当天线上促销商品质量没保障，只敢在“双十一”当天买一些小商品；还有一些受访市民坦诚自己参加“双十一”的活动，是受周围的朋友的影响而“跟风参加”；对于参加多年“双十一”活动的受访市民中，有近四分之一的市民对 2015 年的“双十一”活动没有什么特别的感受。

合肥市民关于最低工资标准调整政策的舆情调查

安徽大学舆情与区域形象研究中心

摘要：根据《中华人民共和国劳动法》和《最低工资规定》（原劳动保障部令第21号），结合省经济社会发展状况，安徽省政府决定，自2015年11月1日起，调整全省最低工资标准。其中，调整之后，合肥市区的最低工资标准为每月1520元。安徽大学舆情与区域形象研究中心随即做了合肥市民对最低工资标准调整政策的舆情调查。

现将本次调查的主要发现摘要如下，以供有关部门决策参考：

1. 42.33%的受访市民表示完全不知道最低工资标准调整这一政策，知道最低工资标准调整政策的受访者占总数的57.67%。

2. 在对最低工资标准调整周期的态度调查中，有40.34%的受访市民表示两年的周期合理；其次有28.33%的受访者表示不应该有固定周期，要视情况及时调整；而在对此次上调幅度的态度调查中，有占62.66%的受访者认为合理。

3. 在最低工资标准调整对于受访者自身影响程度的调查中，有7.73%的受访者表示，这一政策对他们自身有较大的影响，并且从与受访者职业情况的相关性分析中我们推断出，事业单位人员与企业人员认为调整政策对自身的影响较大。但比重最大的仍是影响不大或完全没有影响，占比66.97%。

4. 在对目前工资的满意度问题调查中，有23.39%的受访者表示对目前的收入非常满意或比较满意，而对工资满意程度一般或不满意的受访者比例则达到了76.61%，大部分受访者希望个人月收入能够提高1000元左右。

本次调查采用随机抽样办法，运用CATI（计算机辅助电话访问）调查设备，安徽大学新闻传播学院的48名访问员成功访问了404名合肥市民，覆盖全市7个行政区域。调查主要涉及三大部分内容：

第一，合肥市民对于最低工资标准调整政策的知悉及了解状况；第二，

报告执笔人：谢小娟、张静、陈小庆、王玉珏、杨黎、刘超宇、许珊珊

合肥市民对最低工资标准调整政策的态度和意见；第三，合肥市民对于自身收入情况的满意度调查。

在此基础上，我们对于合肥市民对政策的知悉情况、收入水平及影响程度的相关性进行了分析。

本次调查的被访者涵盖了不同性别、收入的市民，具有代表性。其中性别方面，男性占 44.55%，女性占 55.45%；在个人月平均收入方面，低于1000 元的占受访者的 9.87%，1000～2000 元的占 10.63%，2000～3000 元的占 21.52%，3000～4000 元的占 14.68%，4000～5000 元的占 9.37%，5000～6000 元的占 6.84%，6000～7000 元以上的占 2.78%，7000 以上的占 5.06%，选择保密的占受访者的 19.24%。

一、合肥市民对最低工资标准调整政策的知悉及了解状况

本次调查的 404 个样本，完全不知道最低工资标准调整政策的受访者占42.33%，而知道最低工资标准调整政策的受访者占总数的 57.67%，超过了完全不知道的比重。其中在知道政策的受访者中，不太了解该政策的受访者占 23.51%，一般了解的占 14.60%，比较了解的占 16.83%，而非常了解该政策的仅占 2.72%（见图 1）。

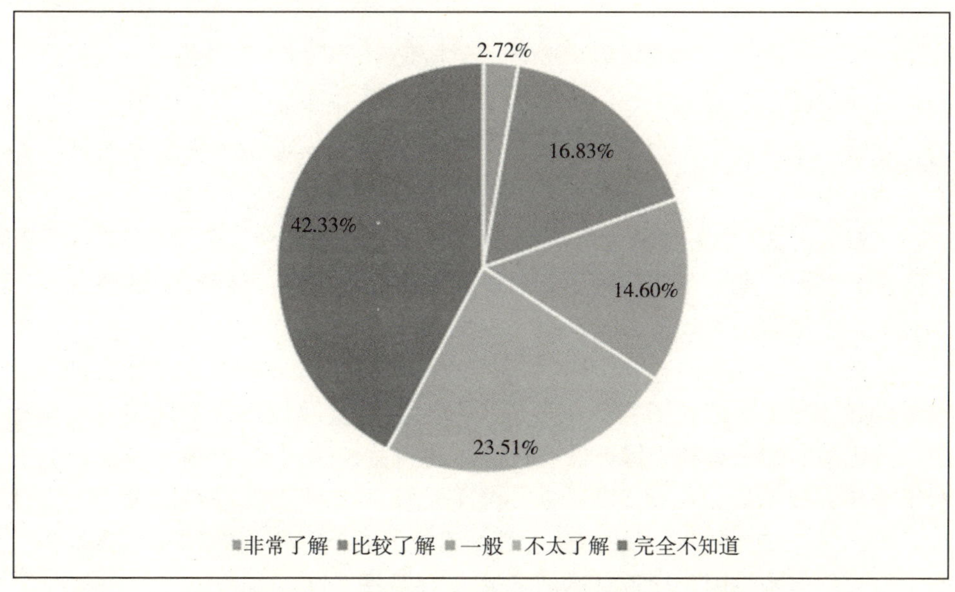

图 1　受访市民对于最低工资标准调整政策的了解程度

影响最低工资标准调整的因素很多，而最低工资标准是综合考虑经济发展水平、物价水平、平均工资水平和失业率等指标来制定的。标准的调整既要与 GDP 增长保持同步，又不至于因通货膨胀导致劳动者相对收入降低。

在对合肥市民认为哪些因素能够影响最低工资标准调整政策的调查中，受访者认为与物价水平、经济发展水平、平均工资水平这三个因素有关的比重较高，分别是 27%，24% 和 19%，其他几项内容虽然都会对政策产生影响，但受访者认为影响并不大（见图 2）。

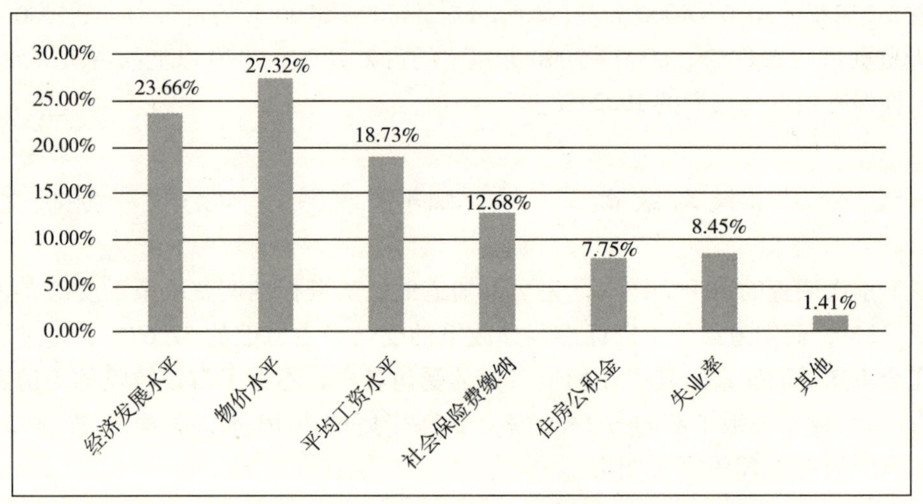

图 2　受访市民认为对最低工资标准调整政策的影响因素

最低工资标准调整的同时会增加用人单位的工资成本，那么是否又会对用人政策产生影响呢？在最低工资标准调整政策对企业用人政策是否产生影响的调查中，合肥市民认为并无太大影响的占比最多，达到了 46.35%，认为影响一般的占 33.48%，认为影响较大或很大的比重较少，分别为 17.60% 和 2.68%。由此可见，在大多数受访者的观念中，最低工资标准的调整总体来说对用人单位的用人政策影响较小（见图 3）。

最低工资标准的调整作为一种政府的调控政策，又必然会对社会秩序及经济发展等产生一定的影响。在最低工资标准调整政策产生的现实意义调查中，占比最多的是有利于保证低收入群体的利益，达到 36.73%；其次认为有利于缓和劳资矛盾，占比 21.73%；再次是认为有利于促进经济发展，占比 21.54%。而受访者普遍表示，通过最低工资的调整并不能在缩小贫富差距上产生很大的影响，因此比重只达到了 15%（见图 4）。

在合肥市民认为这一调整政策对哪些人群影响较大的回答中，认为对企

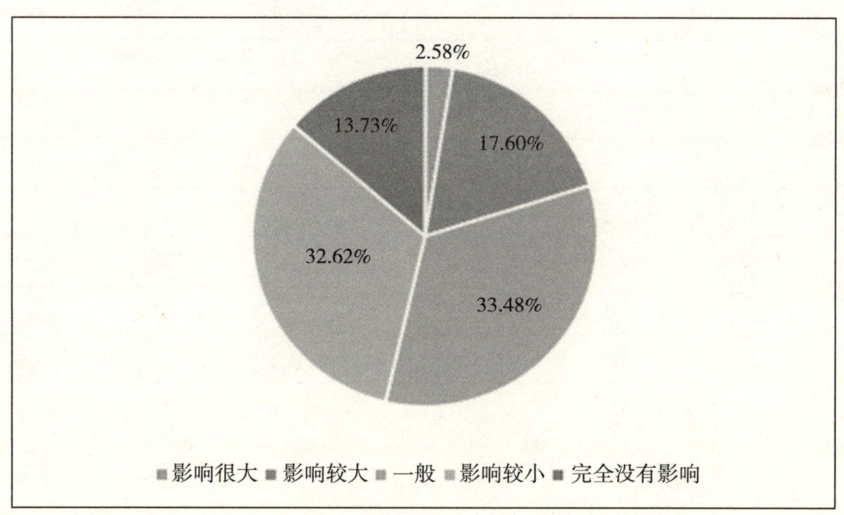

图3　最低工资标准调整政策对企业用人政策的影响

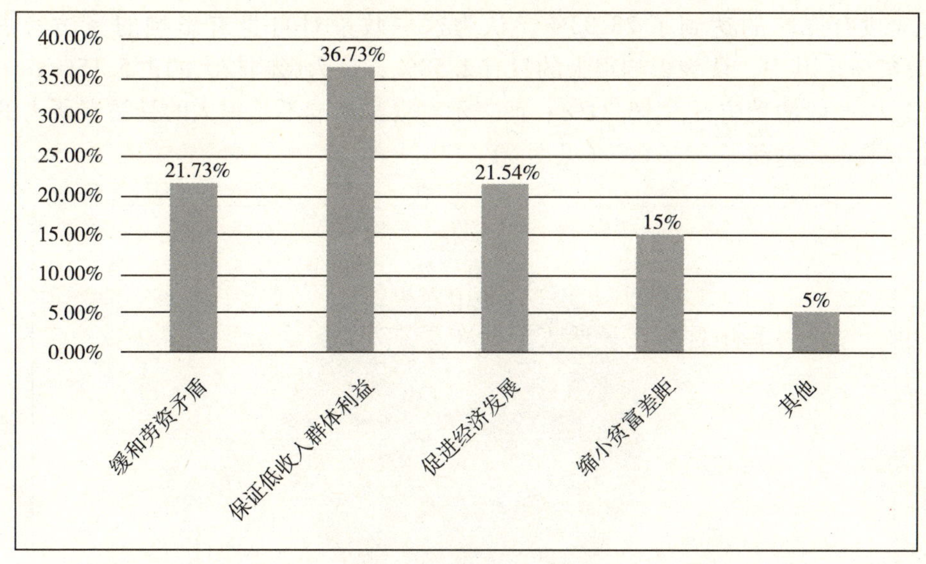

图4　最低工资标准调整政策产生的现实意义

业人员的影响最大，占30.34%；其次是事业单位人员，占17.08%；再次是离退休人员，占13.48%。而在合肥市民认为这一政策对自身的影响程度调查中，职业分布最多的也是企业人员和事业单位人员（见图5）。

在参与调查并且知道这一政策的受访群体中，认为最低工资调整对自身

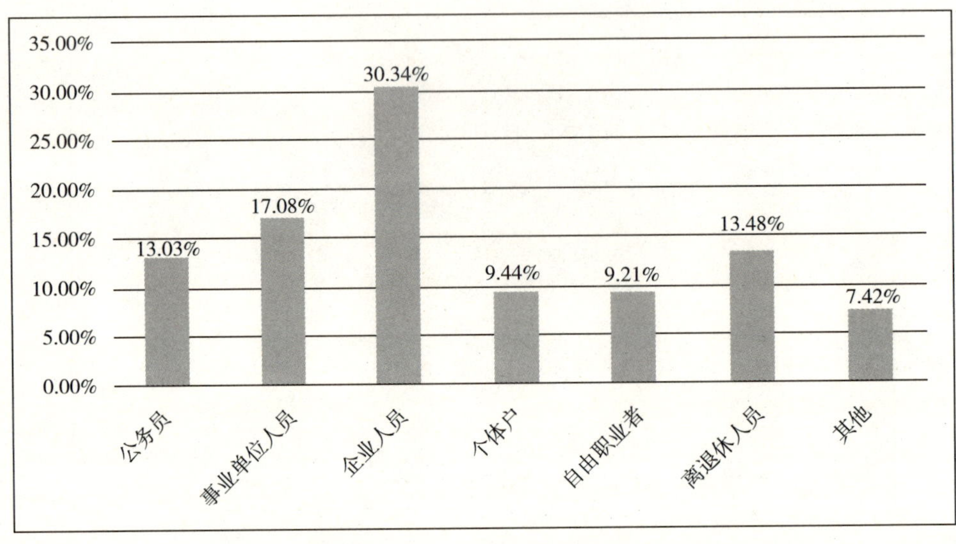

图5　受访市民对最低工资标准调整影响人群的调查情况

完全没有影响的达到了28.33%，认为这一政策对自身有影响的受访者占71.67%。其中，认为影响很大的只有2.58%；认为影响较大的占5.15%；表示影响一般的受访者占16.31%；而表示对自身影响不是很大的受访者所占的比重最多，达到了47.64%（见图6）。

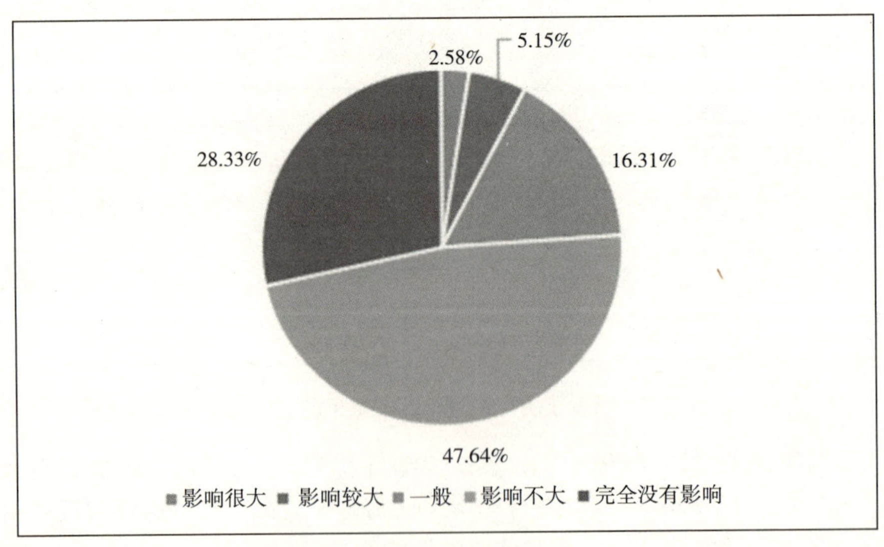

图6　最低工资标准调整对自身的影响程度调查情况

二、合肥市民对最低工资标准调整政策的态度和意见

在对于最低工资标准调整周期是否合理的调查中，有94名受访者认为调整周期合理，占40.34%；有119名受访者表示调整周期不太合理，其中49名认为调整周期太长，占21.03%，4名认为调整周期太短，占1.72%；66名受访者表示应视情况而调整，占比28.33%（见图7）。

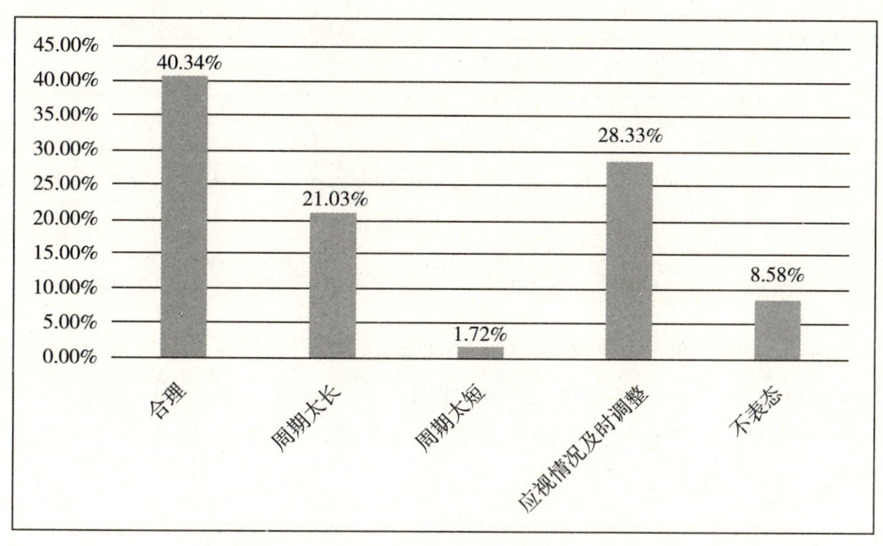

图7　受访市民对于调整周期是否合理的评价情况

对于最低工资标准调整幅度是否合理的态度调查中，有146名受访者认为调整幅度合理，占62.66%；认为不太合理的有44名受访者，其中4位认为调整幅度过大，占1.72%，40名认为调整幅度过小，占17.17%（见图8）。

在回答"最低工资标准调整，您是否还有其他建议"这个问题时，受访者给出了很多建议。主要集中在以下几个方面：其一，有受访者表示应该考虑低收入者的实际劳动时间，保障夜班和加班工资；其二，受访者建议，虽然政府发布了政策，但有些企业不一定会执行，对于这种情况政府要加强监控；其三，受访者表示要继续提高最低工资标准，不断缩小与目前的物价水平的差距。

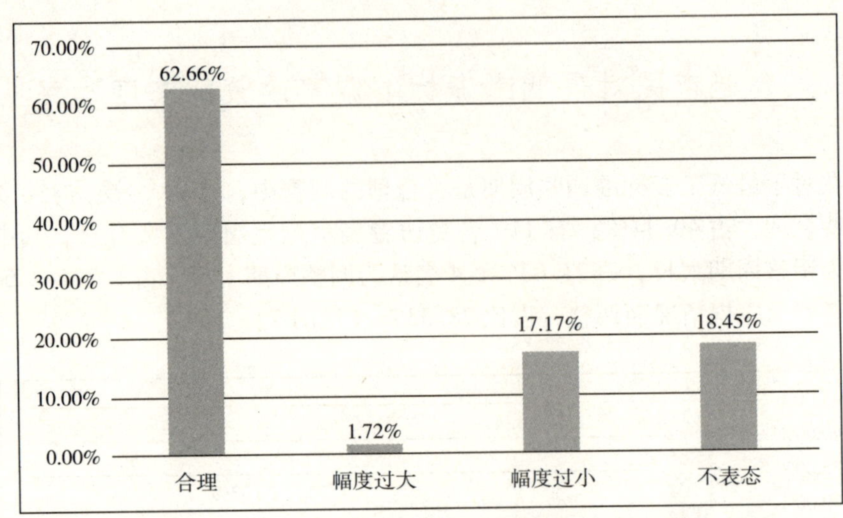

图8　受访市民对于调整幅度是否合理的评价情况

三、合肥市民对自身收入情况的满意度调查

受访市民中的职业类型有学生、事业单位人员、企业单位人员、公务员、个体户、自由职业者、离退休人员和其他。其中比重较大的有，事业单位43人，占10.64%；企业人员178人，占44.06%；离退休人员55人，占13.61%（见图9）。

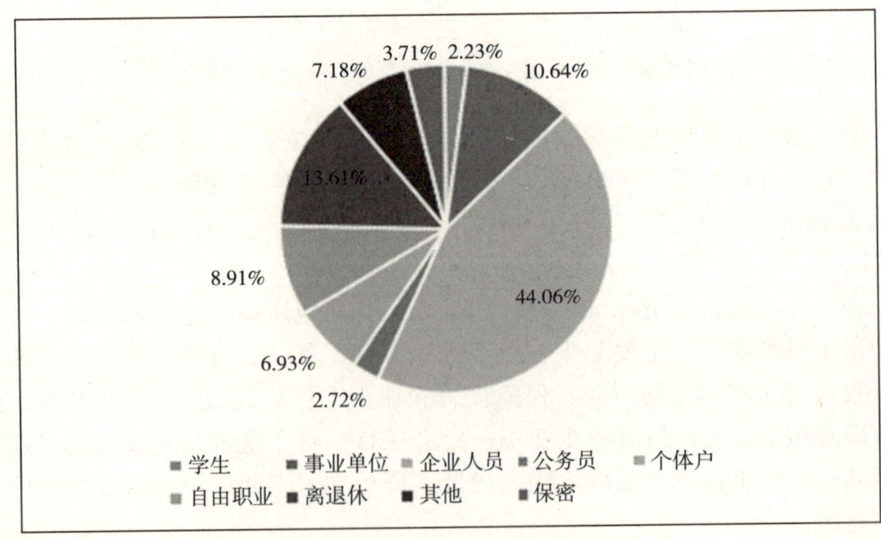

图9　受访市民的职业类型分布

在对个人月收入状况的调查中，占比重较大的是 2000～3000 元，共有 85 人，占 21.52%；3000～4000 元的共有 58 人，占 14.68%；1000～2000 元的共 42 人，占 10.63%（见图 10）。

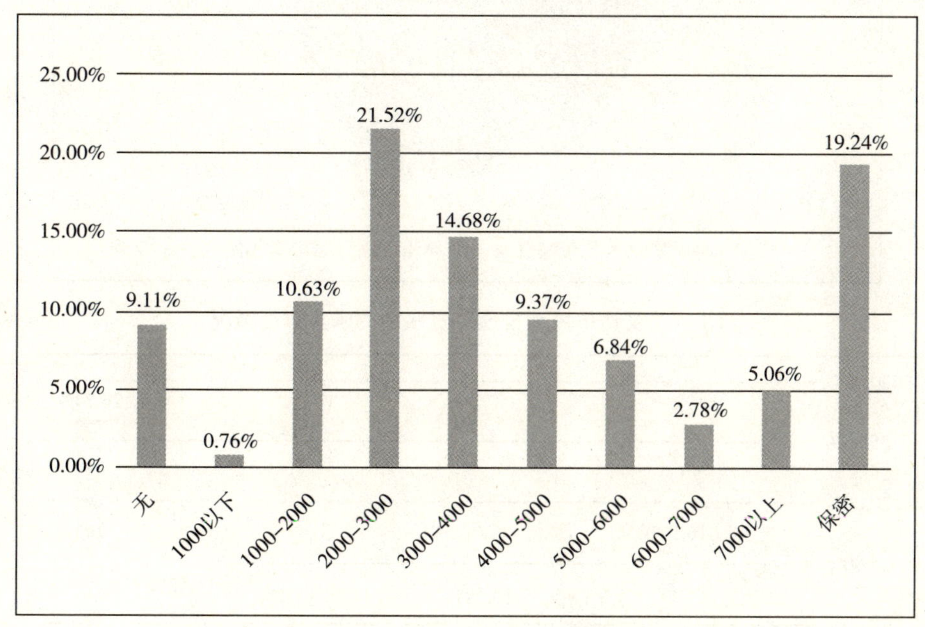

图 10　受访市民的个人月收入情况

在合肥市民对自己工资水平的满意程度调查中，表示程度一般的最高，占到 41.23%；对自己的工资水平表示不满意的占 35.38%；比较满意的占 22.28%；非常满意的只占到了 1.11%。总体来看合肥市民对于自身工资水平的满意程度并不高，而在对受访者的进一步了解中，我们得知导致他们对于工资水平产生不满的原因主要有：现有工资水平不足以缓解车贷或房贷的压力；物价较高、生活水平降低等（见图 11）。

在合肥市民对于工资期待值的调查中，所占比重较大的是 3000～4000 元，占 16.16%；8000 元以上的占 11.42%；5000～6000 元的占 10.58%；不表态的则有 96 人，占 26.74%（图 12）。

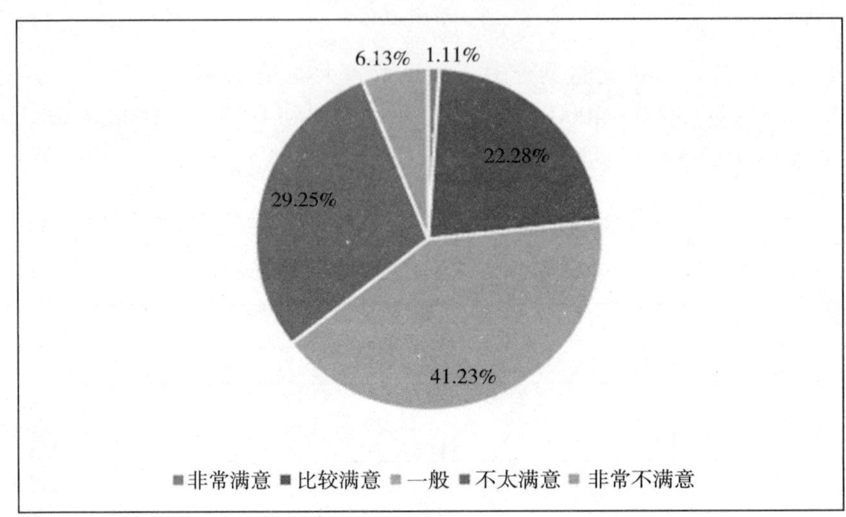

图 11　受访市民对自己工资水平的满意程度情况

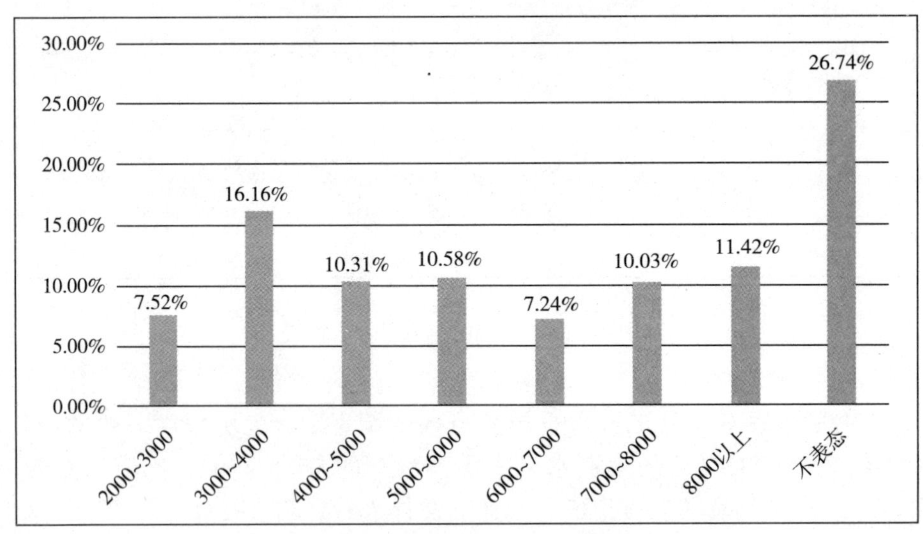

图 12　受访市民对于工资的期待值

四、合肥市民对政策的知悉情况、收入水平及对自身影响程度的相关性分析

（一）合肥市民收入情况与政策知悉情况的相关性分析

在两个因素的相关性分析中我们发现：（1）“完全不知道”这一选项在

收入 1000 元以下及 2000 ~ 3000 元这两个区间中占比要高于同区间的其他选项，分别是 18. 18% 和 25. 45%；而这一选项在 4000 ~ 5000 元和 5000 ~ 6000 元这两个区间中占比最低，分别是 4. 85% 和 3. 64%。（2）“比较了解”这一选项在 4000 ~ 5000 元和 6000 ~ 7000 元这两个区间的占比最高，在 1000 ~ 2000 元的区间中占比较高；而在 2000 ~ 3000 元和 7000 元以上的区间中占比最低。

由此可以得出，工资收入为 2000 ~ 3000 元这一区间的受访者对于最低工资收入的知悉率最低；对知悉率较高的受访者收入大多分布在 2000 元以下及 4000 元以上的这些区间。此外，知悉率较低的收入群体，其职业分布主要在离退休人员中。

（二）合肥市民职业分布情况与自身影响程度的相关性分析

在认为对自己影响较大的这一选项中，职业分布最多的是事业单位人员、企业职工，占比为 16. 67% 和 66. 67%；而认为对自己完全没有影响及影响很小的职业分布主要是公务员、个体户以及自由职业者，分别占 7. 77%，12. 04% 及 10. 45%。

因此我们可以推断出：在受访市民中，事业单位人员与企业职工认为最低工资标准调整政策与他们自身的关系更密切，政策的调整更有可能影响到他们的收入水平。

（三）合肥市民目前月平均收入与工资期待值的对比分析

在对于合肥市民目前月收入与期待值的对比分析中，我们发现：收入为 1000 ~ 2000 元的受访者期待值最高的是 2000 ~ 3000 元，占 41. 86%；收入为 2000 ~ 3000 元的受访者期待值为 3000 ~ 4000 元，占 47. 06%；收入为 3000 ~ 4000 元的受访者期待值为 4000 ~ 5000，占 29. 31%；收入为 4000 ~ 5000 元的受访者期待值最多的是 7000 ~ 8000 元，占 32. 43%；收入为 5000 ~ 6000 元的受访者期待值最多的是 6000 ~ 8000 元，两个期待值区间占比相同，都为 29. 63%；而能拿到 6000 元以上的受访者普遍希望自己的工资可以达到 8000 元以上。

从上调幅度上来看，月收入为 1000 ~ 4000 元的受访者希望目前的月工资可以上涨 1000 元左右，而收入为 4000 元以上的受访者，大部分期望值要比目前收入高出 2000 元左右。

合肥市民关于“延迟退休政策”认知态度的舆情调查

安徽大学舆情与区域形象研究中心

摘要： 2015年11月，人社部透露正在制定渐进式延迟退休方案，方案将适时向社会公开征求意见。自2008年11月人保部社会保障研究所第一次提出“延迟退休”的可能开始，近年来关于“延迟退休”的方案设计和实施步骤，引发市民的普遍关注，相关争议持续不断。11月5日人社部公布延迟退休的年龄规定，使得这一事件成为11月的热点舆情。

安徽大学舆情与区域形象研究中心在“延迟退休政策”公布后，针对合肥市民做了“延迟退休政策”认知及态度的舆情调查。

现将本次调查的主要发现摘要如下，供有关部门领导决策参考：

1. 在对合肥市民进行“延迟退休政策”认知的舆情调查中，有一半以上的受访者认为自己不了解目前的“延迟退休政策”。

2. 有超过一半的合肥受访市民表示支持相关政策，但有接近一半的受访者表示不支持，意见对立十分明显。

3. “50后”（65岁以上）受访者更加赞同“延迟退休”政策；“70后”（35~45岁）与“60后”（46~55岁）更加不赞同延迟退休政策，也不愿意延迟退休；公务员群体更愿意延迟退休，企业员工和自主创业人员更加不愿意延迟退休。

4. 多数市民对“延迟退休”的相关政策持理解或赞成态度，但是对“延迟退休”的实际落地持反对态度。不同职业群体反对该政策出台的理由较为一致，都认为延迟退休会对自己未来的晚年生活造成负面影响；但是在赞成政策出台的原因方面，不同职业群体和年龄群体呈现差异。相关部门应当有针对性地对相应人群采取劝服策略。

5. 市民对退休年龄的期望值集中51~60岁的年龄段，与国家现行退休年

报告执笔人： 刘丽、侯普曼、李敏、程红、鲁曼、戴淑文、赵雅婷、尹凯、洪安、王家丽

龄的划分一致。受访市民中，事业单位和自主创业的人群更期望在56~60岁退休；公务员人群更期望在61~65岁退休；企业员工更期望在56~60岁退休。

6. 未来的社会保障制度是否健全，是各职业和各年龄段市民选择退休年龄时考虑的最重要因素。

安徽大学舆情与区域形象研究中心于2015年11月23日8：30—11：30、13：30—17：00以及18：30—20：30三个时段，围绕“合肥市民对延迟退休政策的认知与态度”问题进行了舆情调查。本次调查采用随机抽样方法，运用CATI（计算机辅助电话访问）调查设备，成功访问了433名合肥市民，覆盖全市7个行政区域。

调查主要包括三部分内容：

第一，合肥市民对“延迟退休政策”的认知度；第二，合肥市民关于“延迟退休政策”的态度；第三，合肥市民对退休年龄的期望值。

本次调查的被访者涵盖了不同性别、年龄、受教育程度、职业和收入的市民，具有一定的代表性。在受访市民中，男性占42.73%，女性占57.27%；24周岁及以下年龄的市民占受访者总数的11.55%，35~45周岁的市民占24.02%，46~55周岁的市民占17.32%，56~60周岁的市民占5.08%，61~65周岁的市民占3.93%，65周岁以上者占3.93%；收入低于1500元的占受访者的8.08%，1500~4000元的占42.26%，4001~8000元的占21.71%，8001~12000元的占5.31%，12000以上者占4.85%，选择保密的占受访者的17.78%。

一、合肥市民对“延迟退休政策”的认知度

在对合肥市民进行“延迟退休政策”认知的舆情调查中，认为自己了解延迟退休政策的受访者有199人，占45.96%；认为自己不了解的有234人，占54.04%（见图1）。

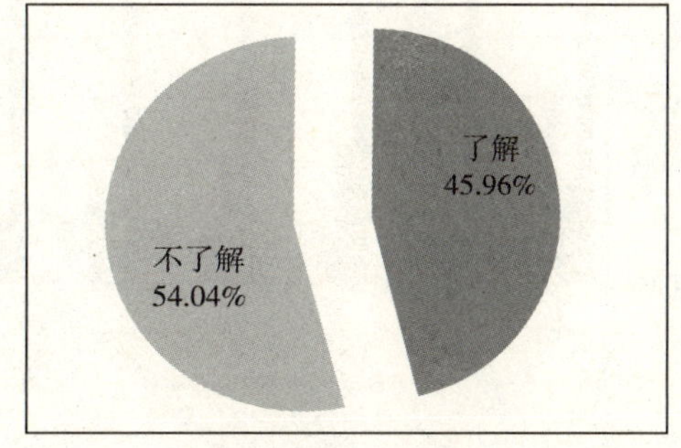

图1　受访市民是否了解“延迟退休政策”的情况

34岁以下的市民对该政策“不了解”比重较大，而35岁以上对该政策“了解”比重较大（见图2）。

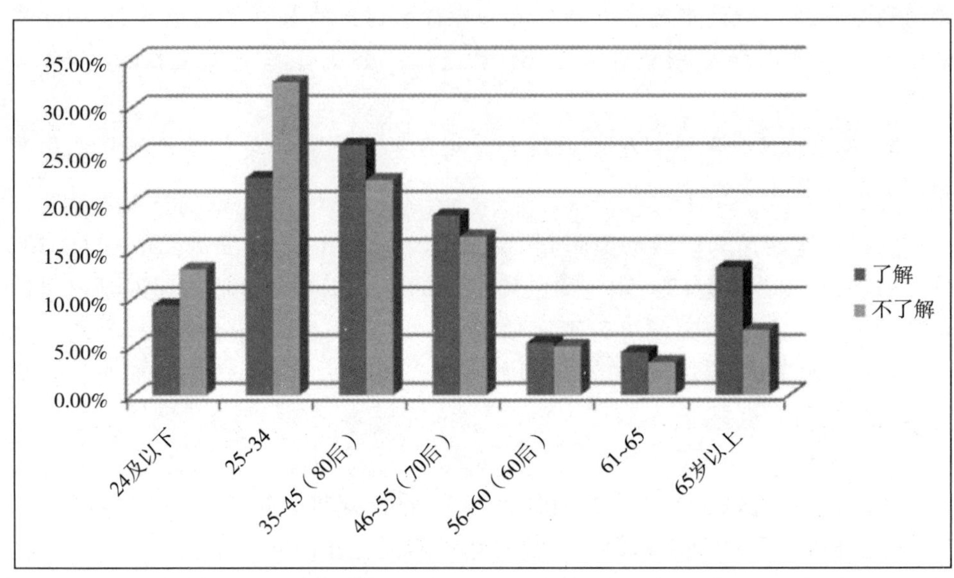

图 2　不同年龄段的受访市民对“延迟退休政策”的了解程度

在对人社部出台该项政策目的的调查中，大部分受访者认为是为了缓解社保支出的财政压力。其中 61～65 岁受访者持此类意见的比重最高，占 77.78%（见图 3）。

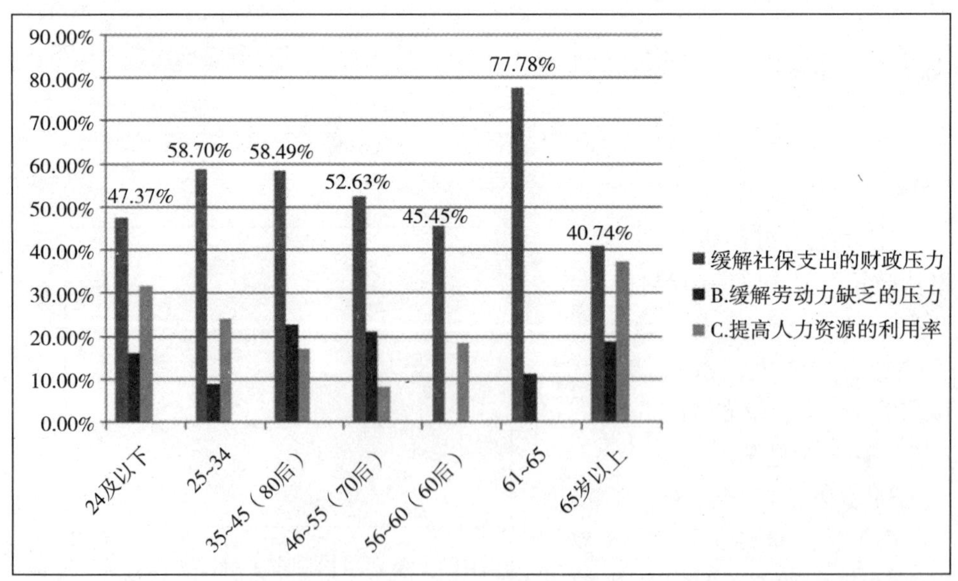

图 3　不同年龄段的受访市民对“延迟退休政策”出台目的的认知

二、合肥市民关于“延迟退休”政策的态度

关于“延迟退休”政策的态度调查中，有49.75%的合肥受访市民表示支持，有40.21%的受访者表示不支持，10.05%的受访者没有发表意见（见图4）。

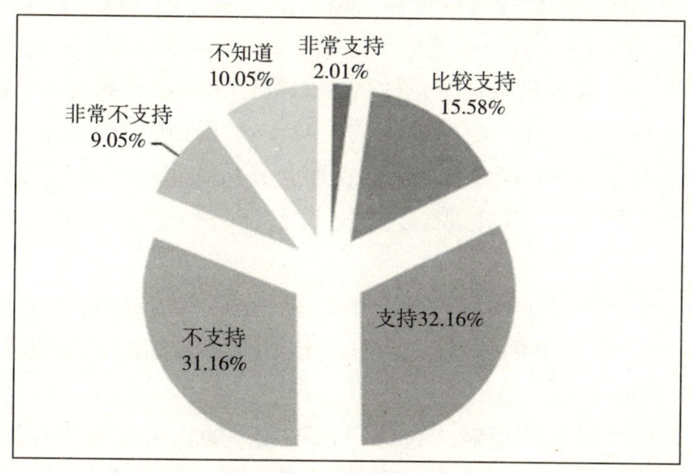

图4 受访市民对“延迟退休”相关政策的态度

在对合肥市民进行延迟退休意愿的调查中，愿意延迟退休的受访者有147人，占比33.95%；不愿意延迟退休的受访者有286人，占比66.05%（见图5）。

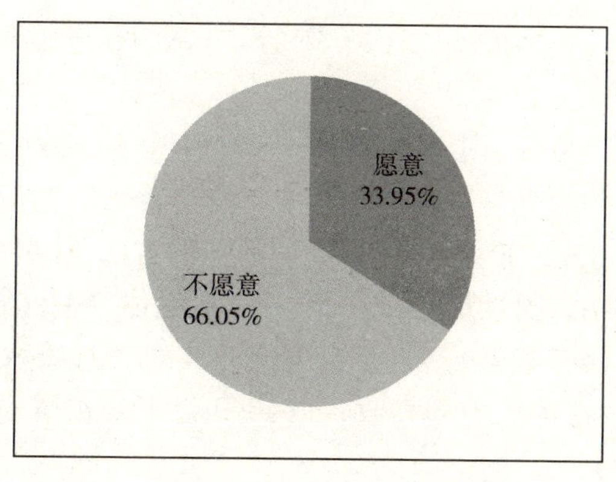

图5 受访市民关于延迟退休的意愿

其中，在愿意延迟退休的人群中，65 岁以上年龄占比最高（58.14%），公务员群体职业占比最高（50%），月收入低于 1500 元的人群占比最高（42.86%）；而在不愿意延迟退休人群中，35～45 岁（72.64%）与 46～55 岁（72.73%）占比较高，企业员工（69.91%）和自主创业者（69.09%）占比较高，高收入群体（月收入 8000 元以上群体）占比最高。

在对是否愿意延迟退休原因的调查中，受访者普遍认为，“身体情况还可以胜任目前工作”是他们选择推迟退休的最重要原因（26.25%）；受访者普遍认为，“要享受退休后的生活”是他们不愿意延迟退休的最重要原因（27.21%）。

在对不同职业是否愿意延迟退休的原因调查中，愿意延迟退休的人群中，事业单位人员和自主创业者更多地强调“身体状况还可以胜任工作”，所以愿意延迟退休（分别占 30.16% 和 30%）；而公务员和企业人员更愿意延迟退休的原因是经济原因，即在职工资比退休工资高（分别占比 26.32% 和 24.06%）；

在不愿意延迟退休的人群中，事业单位、公务员、企业员工和自主创业群体不愿延迟退休的原因均为“要享受退休后的生活”，分别为 28.74%、22.73%、27.30% 和 32.10%。

可见，虽然大多数市民对“延迟退休”政策的相关政策是持赞成态度的，但是对“延迟退休”的实际落地却持有反对态度。不同职业群体在反对政策方面有较强的一致性，都认为延迟退休会对自己将来的晚年生活造成影响；但是在赞成政策方面，不同群体呈现差异，相关部门应当有针对性地对相应人群采取劝服策略。

三、合肥市民对退休年龄的期望值

在本次调查中，市民对退休年龄的期望值集中 51～60 岁的年龄段，这与国家现行退休年龄的划分是一致的。其中，受访者表示期望在 56～60 岁退休占比最大，为 35.10%，希望在 51～55 岁退休的占比 30.48%（见图 6）。

受访合肥市民中，男性更希望在 56～60 岁退休（44.67%）；女性更希望在 51～55 岁退休（40.47%）。月收入稍低的人群（月收入 4000 元以下）大多希望在 51～55 岁退休，中到高收入（4000 以上）的人群大多希望在 56～60 岁退休（见图 7）。

受访市民中，事业单位和自主创业的人群更期望在 56～60 岁退休（分别占 40.54% 和 30.91%）；公务员人群更期望在 61～65 岁退休（占 27.78%）；

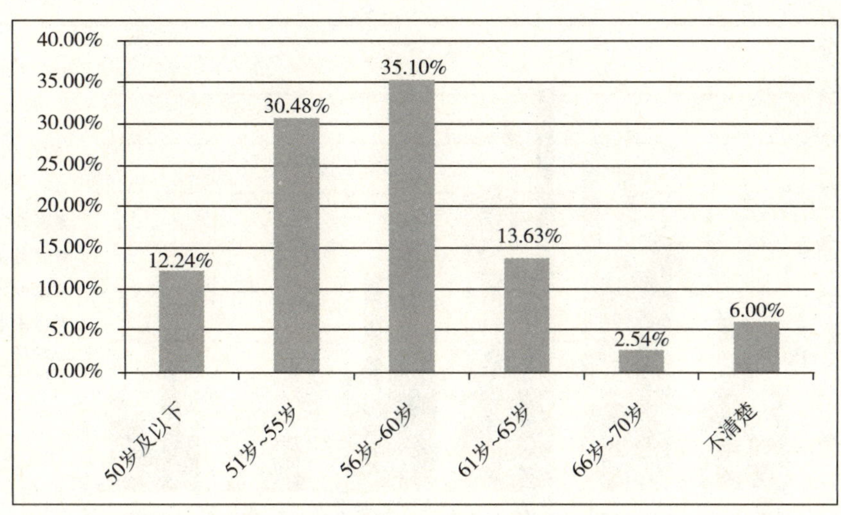

图6　受访市民对退休年龄的期望值

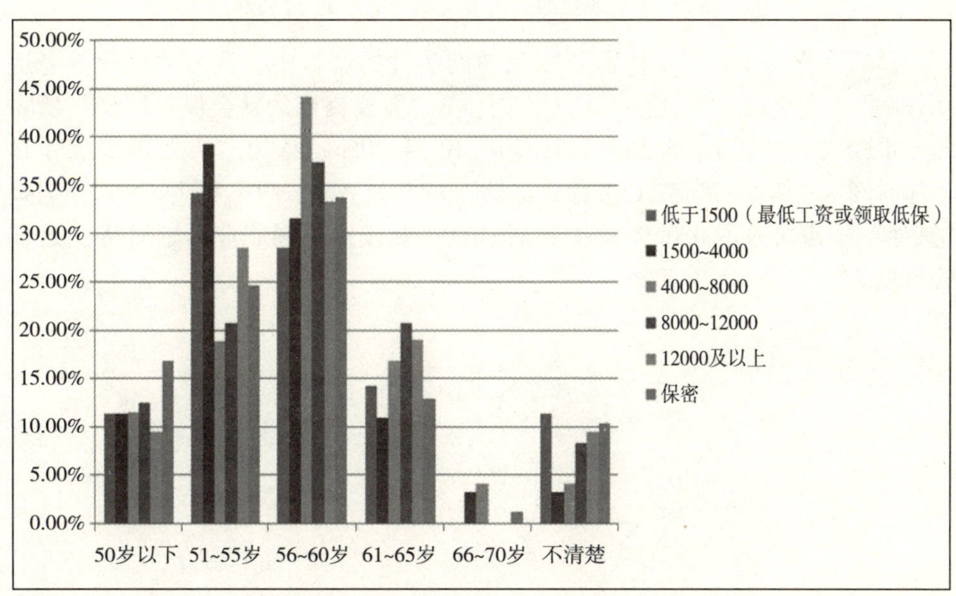

图7　不同月收入的受访市民期望退休的年龄段

企业员工更期望在56~60岁退休（占36.11%）（见图8）。

合肥市民在选择退休年龄时，主要考虑的因素是社会保障制度和工作种类。期望50岁到65岁退休的人群，认为社会保障福利制度对他们的选择影响最大；期望50岁以下退休的人群，主要考虑的因素是工作种类。

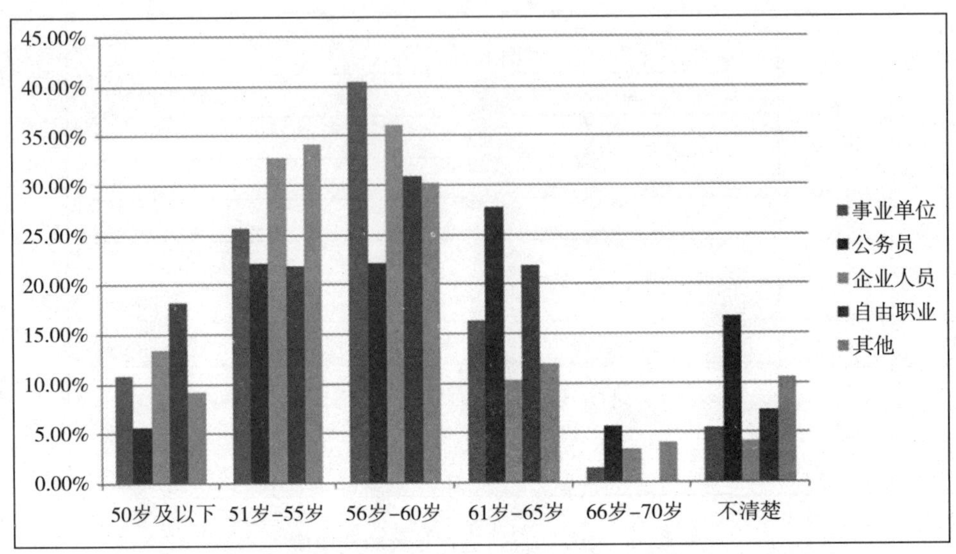

图8 不同职业的受访市民期望退休的年龄段

最后，在关于延迟退休需要哪些辅助条件的调查中，认为“优化养老退休方案”“为年轻人提供更多的工作岗位”“需要良好的社会保障制度”所占的比重较大，分别为65.36%、51.20%和64.20%；认为“需要减少工作日工作时间”“加强对高龄工作者的培训”的分别占39.49%和24.71%；选择“其他”的市民只占0.05%，主要集中为“要按照不同职业区别对待”这样的意见。

三、媒介素养系列调查报告

安徽省大学生媒介素养状况调查研究

童　云　吕　萌　张　阳　李小军

摘要：社交媒体和自媒体的兴起，改变了人际关系结构；大众传播范式的转换，给媒介素养教育提出了新的课题。与以往任何时代不同，大学生群体主动参与媒介活动，以传播主体的姿态活跃在网络社会中。大学生作为新媒介使用的主力军，如何接触、选择、认知媒介，如何分析、理解、甄别信息，如何利用媒介自我发展，协作创新，推动社会进步，是当下媒介素养教育遇到的新现象、新问题。文章以安徽大学生为对象，用实证研究方法，调查安徽大学生媒介素养状况，提出媒介素养教育的对策建议，以供参考。

关键词：安徽大学生；媒介素养；管理；教育

一、引　　言

媒介素养是人们对不同媒介的特质、功能的认知能力，对媒介传播信息的解读、批判能力，以及运用传媒及其信息为个人生存发展和社会进步服务的能力。① 20世纪30年代，英国电影等大众媒介所传播的流行文化泛滥，冲击社会传统文化、价值观念和生活方式，一些学者对此表示担心，1933年利维斯（FR Leavis）和汤普森（Denys Thompson）在《文化和环境：培养批判意识》（*Culture and Environment*：*The Training of Critical Awareness*）中提出媒介素养概念，首次阐述媒介素养教育问题，鼓励学生对各种信息进行“甄辨

基金项目：2014年安徽省教育厅高校人文社科重点研究基地招标项目成果（SK2014A021）。

作者简介：童云，安徽大学新闻传播学院讲师，安徽大学舆情与区域形象研究中心研究员，安徽大学舆情与区域发展协同创新中心研究员；吕萌，安徽大学新闻传播学院副院长，教授；张阳，安徽大学新闻传播学院讲师；李小军，安徽大学舆情与区域形象研究中心研究员，安徽大学舆情与区域发展协同创新中心研究员。

①　刘勇、汪海霞《当代媒介素养教程》第6页，合肥工业大学出版社2007年7月。

和抵制”，训练青少年抗拒大众媒介中提供的“低水平的满足”。70 年代媒介素养成为英国国家教育体系的一部分，在中小学普及。随后媒介素养教育扩散到欧洲、北美、大洋洲、亚洲、拉丁美洲和非洲。1982 年，联合国教科文组织举办“国际媒体教育研讨会”，发表《媒介素养教育宣言》（*Declaration on Media Education*），媒介素养教育逐步成为全球的共识，20 世纪 90 年代后，日本、印度、韩国等亚洲国家已普及。我国学者卜卫 1997 年在《现代传播》发表文章《论媒介教育的内容、意义和方法》，系统介绍媒介教育概念、意义和内容，媒介素养成为一门新兴学科。高校开设媒介素养课程，出版教材和专著。

21 世纪互联网和移动互联网普及。中国互联网络信息中心（CNNIC）发布第 38 次《中国互联网络发展状况统计报告》显示，截至 2016 年 6 月，中国网民规模达 7.10 亿，互联网普及率达到 51.7%，超过全球平均水平 3.1 个百分点；手机网民规模达 6.56 亿。电脑和手机成为人们接触频繁的媒介，以报纸、广播、电视为主体的传播格局被打破，人类进入社交媒体和自媒体时代。一方面，人人都有麦克风，既是信息的接收者，又是信息的传播者，草根群体引发一轮又一轮传播热潮，形成网络社会景观；另一方面，新技术是把双刃剑，网络诈骗、隐私泄露、谣言传播、淫秽色情、黑客入侵、垃圾信息等困扰网民。传播环境发生变化，人们对于媒介的接触、认知、评价、判断和使用，与以往不同，新媒介改变了社会关系、组织形式、生活和生产方式，正在引发一场深刻的社会变革。

我国网民以 10～39 岁群体为主，占整体的 74.7%，其中 20～29 岁年龄段网民占比最高，达 30.4%，大专、大学本科及以上网民占 11.5%①。目前高校大学生以“90 后”居多，他们是新媒介使用的主力军。在新旧媒介融合转型期，各种新现象、新问题层出不穷，面对真假难辨、鱼龙混杂的海量信息、纷繁复杂的传播活动，大学生如何认识、理解、选择媒介，如何分析、判断、甄选信息，规避不良信息的干扰，形成正确的发展观、人生观，成为当下亟待研究的新课题。大学生作为我国社会发展的未来中坚力量，在校期间是他们个体社会化过程的重要阶段，媒介素养的高低不仅关系个人的长远发展，也关系社会发展。高校迫切需要结合实际，研究新媒体环境对大学生的影响，提高其媒介素养和思想道德水平，培养信息社会的优秀人才。本文

---

① 中国互联网络信息中心（CNNIC）《第 38 次中国互联网络发展状况统计报告》，2016 年 8 月 3 日，http://www.cnnic.net.cn/hlwfzyj/hlwxzbg/hlwtjbg/201608/t20160803_54392.htm

通过抽样调查法、焦点小组和深度访谈法，对安徽大学生群体进行调查，了解安徽大学生媒介接触、认知、判断和参与能力，考察其媒介素养的基本状况，提出建议对策，以期对高校媒介素养教育提供借鉴和参考。

根据人们对大学生媒介素养普遍的担忧和认知，本文在调查前提出相关假设如下：(1) 大学生群体对网络和手机依赖程度高；(2) 大学生难以分析和判断鱼龙混杂的网络信息；(3) 大学生缺乏主动利用新媒介的能力；(4) 大学生不太了解媒介素养专业知识。调查主要内容为：安徽大学生媒介接触行为、认知水平、媒介批评能力和媒介参与使用能力。

依据2015年5月教育部统计并公布的普通高校名单，安徽省普通高校共有119所，从分布来看，合肥是全省普通高校数量最多的城市，共有54所。本文根据分级分类原则，随机抽取21所院校各年级、各学科在校大学生和研究生匿名答卷，通过纸质问卷、"问卷星"和手机微信，共计发放问卷565份，收回有效问卷559份，有效回收率98.9%。调查的高等院校有"985""211"类重点高校、普通本科和高职高专，包括中国科技大学、安徽大学、合肥工业大学、安徽师范大学、安徽财经大学、安徽建筑大学、合肥学院、合肥师范学院、皖南医学院、安徽大学江淮学院、安徽师范大学皖江学院、淮北师范大学、新华学院、阜阳师范学院、安庆师范学院、黄山学院、安徽水利水电职业技术学院、安徽广播影视职业技术学院、合肥财经职业学院、合肥三联学院、安徽艺术职业学院等共计21所，其中来自"985"或"211"重点高校的受访者占23.36%，普通本科受访者占65.53%，高职高专受访者占11.11%（见图1）。同时采用焦点小组法和深度访谈法，深入了解大学生的媒介素养概况。

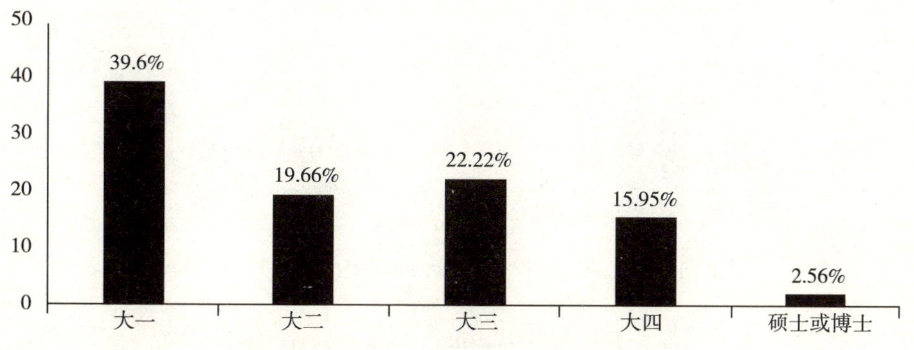

图1 调查对象的年级人数比例

二、安徽大学生媒介接触情况

（一）媒介接触频率

本次调查的安徽省内大学生群体，以“90 后”为主。学校环境相对封闭，寝室大多没有电视机，媒介接触最频繁的是手机和电脑。平均每天用电脑上网的时长在 1 小时以上的是 56.7%，平均每天用手机上网的时长在 1 小时以上的是 95.16%。数据显示，安徽大学生用手机上网比电脑频繁，其中平均每天手机上网 4 小时以上的学生占 58.12%。男生与女生相比，女生用电脑上网 1 小时以下的占 39.82%，手机上网 5 小时以上占 45.7%，女生更喜欢手机上网（见图 2 和图 3）。在焦点小组和深度访谈中，女生们坦言喜欢用手机挑选网店商品，网购商品的时间明显多于男生。女生们还喜欢与朋友聊天、晒照片实时聊心情、订餐；男生们则喜欢用电脑打游戏、看节目、网购、订餐。大一学生课业任务较重，62.59% 的学生平均每天用电脑上网 1 小时以下。平均每天用电脑上网 3 小时以上的，大四学生有 60.72%，硕博士生有 88.89%，主要是写论文、作业和查找学习资料；大四临近毕业的学生则玩电脑游戏、看影视剧。随着年级的增长用电脑上网的时间越长，硕博士生每天使用电脑和手机的时长都在 5 小时以上。在生活方面，受访者认为生活越来越离不开手机。

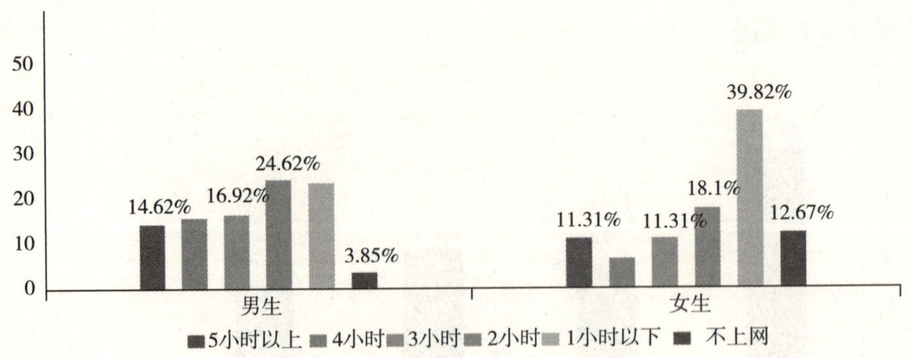

图 2 男女生用电脑上网时长对比

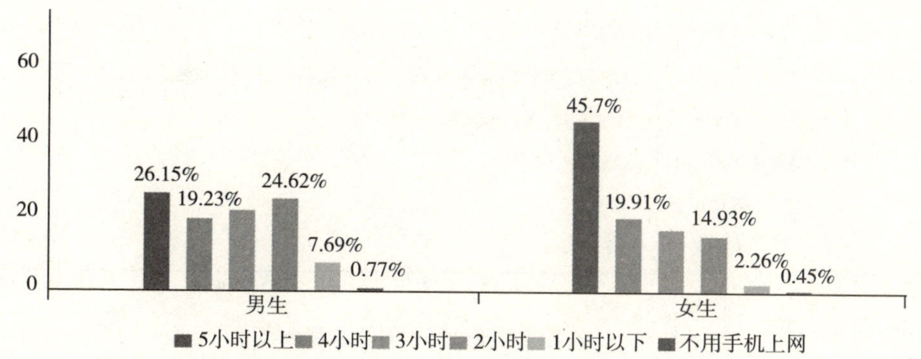

图3 男女生用手机上网时长对比

（二）媒介接触喜好

安徽大学生媒介接触行为中，最喜欢做的事情前三名分别是社交聊天、听音乐、看网络视频节目，其次是网购、查学习资料、浏览新闻、网络游戏、读网络文学、阅读报纸电子版等（见图4）。班级通知和同学交往方式主要通过QQ群或微信群，根据交流内容、班级事务、学习兴趣等不同，班级群又分成若干小组和群。

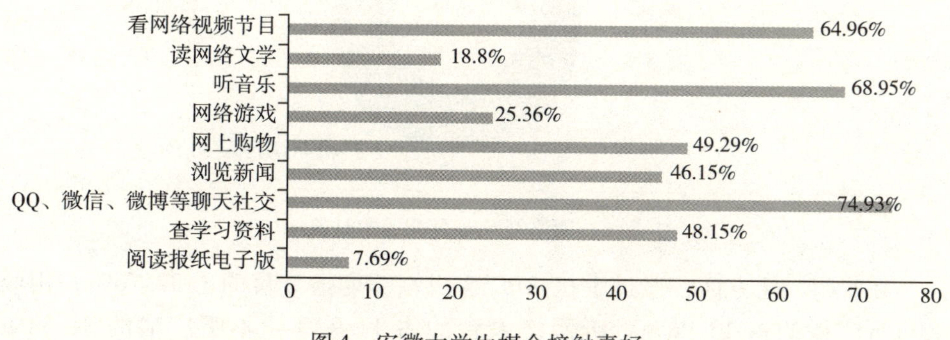

图4 安徽大学生媒介接触喜好

学生平时爱看的节目以真人秀、影视剧、综艺体育节目为主，通过土豆、优酷、爱奇艺等视频网站看影视剧和节目的占55.27%，通过智能手机看节目的占24.5%，即约九成大学生通过电脑、手机和Ipad看节目（见图5）。娱乐目的大于新闻获取，热播电视剧如《甄嬛传》《琅琊榜》等受到受访者欢迎；他们也爱看新闻、纪录片，希望从视频节目中了解社会，获得信息。“90后”生活氛围更倾向于轻松、快乐、个性化。

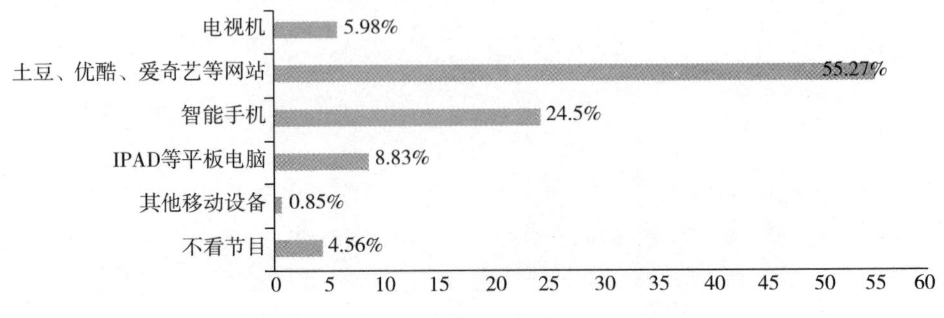

图5　大学生喜欢通过哪种方式看视频节目

在网络视频节目时长方面，调查中不少辅导员老师认为学生爱看碎片化的短视频节目。数据显示，学生用个人电脑观看节目，偏向于看 40-60 分钟及以上内容，主要是影视剧一集的时长，这与电视内容生产方式有关，形成相对稳定的观剧习惯；用手机观看则偏向于 30 分钟以下，微电影等短视频节目受到欢迎，主要来源是网络分享和自制剧（见图6）。

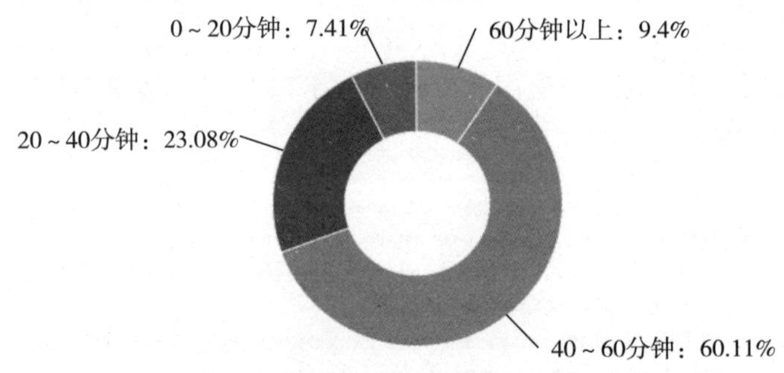

图6　网络视频节目合适的时长

在收听广播方面，通过手机 APP 客户端听广播节目的占 32.76%，用收音机听广播的占 13.96%，听网络电台的占 11.97%，不听广播的 31.34%（见图7）。这与以往认识有所不同，广播业界一直流传着听众年龄层次老化的说法，认为大学生群体听广播的少。调查数据显示，近七成受访者在收听广播节目，虽然收音机听众在迅速减少，但并未流失，年轻听众群体已转移到互联网和手机移动终端，喜欢听书、脱口秀、英语教学类内容。

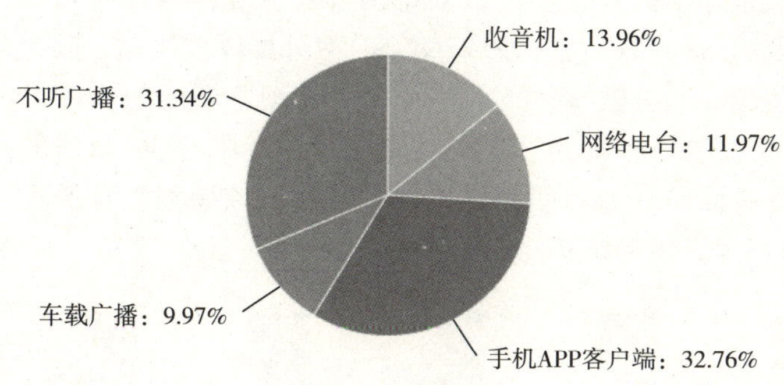

图 7　收听广播的喜好

（三）媒介接触习惯

受访者大多从小在视频影像环境中长大，受视频影响较深，他们的父母使用手机和电脑新媒介较为频繁。相比较于传统媒介，“90 后”大学生对于互联网和移动媒介更具有亲近感。个人电脑和手机既是学习工具，又是社交工具，71.51%的受访者对手机有依赖感。

（四）小结

生活方面，认为手机重要的大学生约有八成，而认为电脑重要的只占约四成，安徽大学生越来越倾向于移动上网，手机智能终端超越电脑成为生活依赖的媒介工具。假设 1 成立。在学习方面，写作业、写论文和查找资料使用频繁的是个人电脑。Ipad 平板电脑等其他移动设备普及度不高，没有成为依赖的工具。随着手机功能日益增多，大学生接触手机愈加频繁。媒体融合环境下，互联网和移动互联网已经代替广播、电视、报纸，成为高校生活的一部分。负面效应是，校园里“低头族”“微信控”随处可见，“没事刷刷手机”，上课玩手机也常见。深度访谈中，约九成受访对象认为，如果出门没带手机会感觉慌张或紧张。因此，合理安排使用手机，避免严重的心理依赖症，回归健康生活，成为大学生需要注意的问题。

三、安徽大学生媒介认知

（一）信源选择

受访者主要从微博、微信的等社交平台获知新闻，其次是新浪搜狐等商业网站，再次是弹出的推送新闻，新华网等官方媒体网站排名第四。硕士生和博士生获取的新闻和信息中22.22%来自海外媒体或网站，其他年级极少甚至没有海外信源。通过微博、微信等社交平台浏览新闻的受访者占多数（见图8）。在接受过“媒介素养”课程教育的受访者中有36.11%的人经常浏览新华网等官方媒体网站的新闻信息；没有接受过该课程教育的受访者中只有21.74%浏览官方媒体网站新闻。

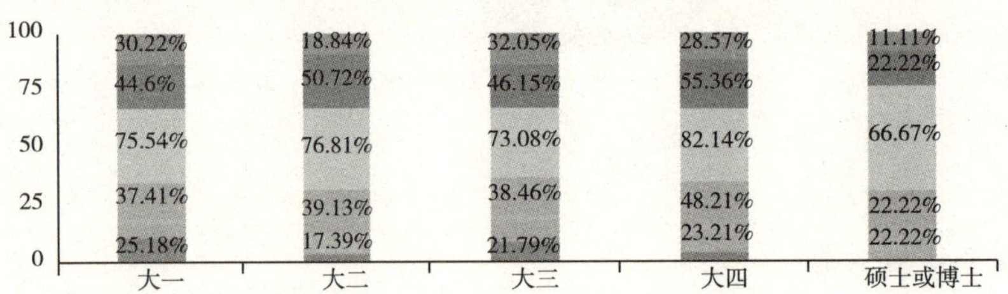

图8　新闻信息的选择

安徽大学生喜欢阅读的网络作品有：网络小说和原创文章、新闻资讯、娱乐休闲类、科普类、专业知识和其他，其中网络小说和原创文章最受欢迎。写手较年轻，内容贴近年轻网民，奇幻、武侠、爱情、都市生活类尤其受到追捧（见图9）。

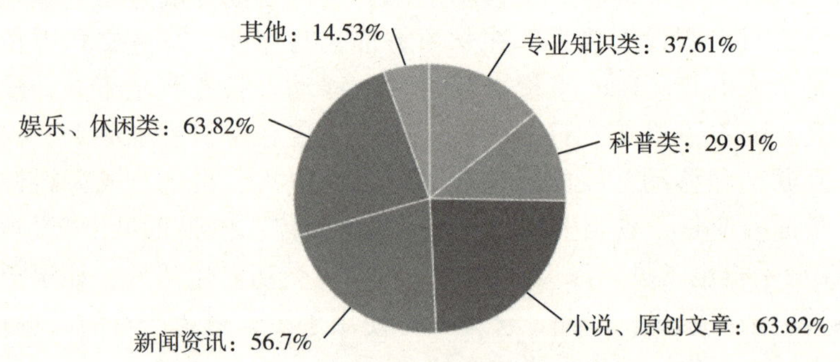

图9　在线阅读的选择

在阅读方式上，63.82%的受访者以纸质阅读为主，23.65%的受访者喜欢手机阅读，5.13%的受访者选择互联网在线阅读；只有3.7%的受访者选择Kindle、汉王等电子书。在电子书及其付费意愿方面，38.75%的受访者愿意为电子书内容付费。受访者爱看电子书的原因是：个性化内容下载，海量储存，携带方便，购买电子版书籍价格比纸质版便宜。电子书的劣势是经济条件限制，有些专业书籍没有电子版，内容资源不足，不能完全满足专业学习的需求，终端价格较贵，电子阅读平台建设还不够完善。

（二）信源认知

近七成的受访者对社交聊天的便捷程度感到满意；近五成的受访者认为网络新闻资讯丰富；仅有36.75%的受访者对网络购物比较满意，认为网购商品便宜，经济实惠（见图10）；遭遇的困扰是，但质低货次，假货多，买到的商品与宣传不符等。

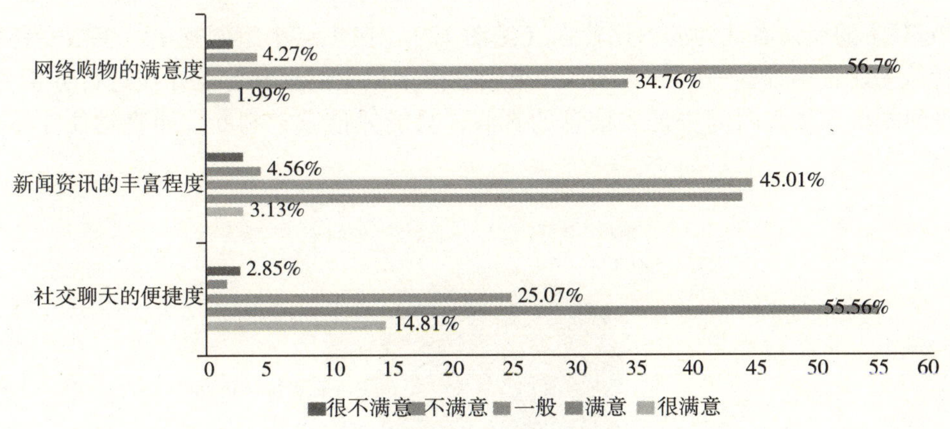

图10 对网络信源的满意度

（三）媒介判断

在一个具体的选项中：如果您的班级群里有同学发一条消息“某学院A同学不幸患白血病，请大家转发并伸出援助之手”，您的第一反应是什么（见图11）。

数据显示，受访者对于手机微信中的转发信息比较慎重，先核实再转发的占70.09%，不转发的占9.4%，只有6.84%学生随手转发，3.99%立刻转发和救助。可见，与假设2不同，大学生对于此类信息已有较好的抵御能力。这类信息被大量媒体辟谣，针对目前社会中流传的典型假消息和谣言，受访者具有警觉和判断能力，但并不能证明对于其他形形色色的谣言都具有较强的分析甄别能力。调查中，约六成受访者曾转发过假消息或谣言。

50.43%的受访者认为自己甄别信息真伪和谣言的能力一般，只有

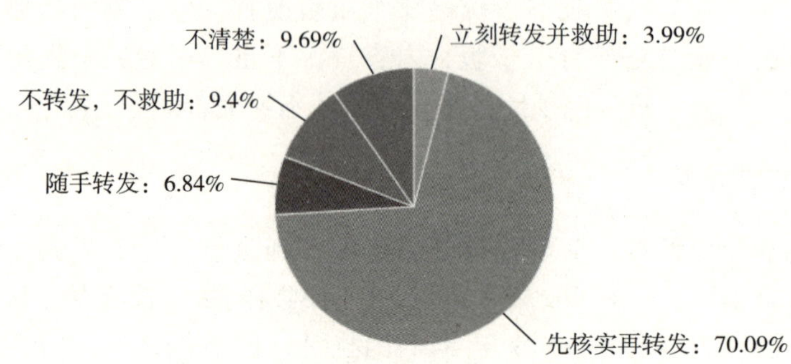

图 11 判断和转发信息行为

36. 75%的受访者认为能力比较强（见图 12）。在焦点小组调查中，多数受访者认为谣言不容易一眼辨认出，必须经过搜索相关信息和专业知识进行分析，平时抽不出太多时间来证实信息的真假，只能凭借直觉判断，而直觉往往不完全可靠。

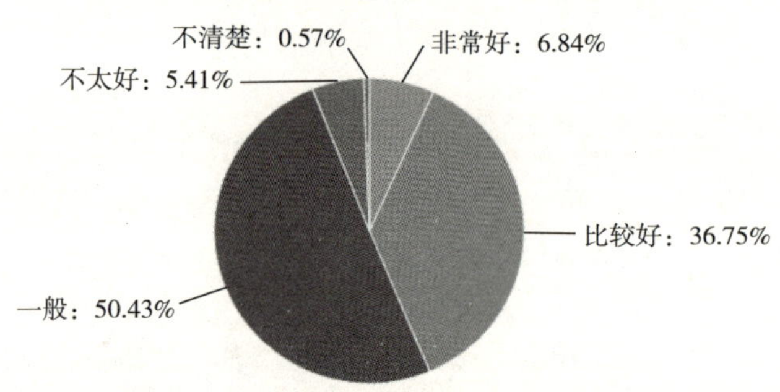

图 12 甄别判断信息真伪和谣言的能力

（四）小结

在新闻、信息和互联网产品内容的选择、认知和判断上，受访者基本上具有认知、分析和判断能力，大学生对自己的媒介认知能力有一定的自信，与假设 2 不同。在深访和焦点小组调查中，受访者普遍认为，互联网信息鱼龙混杂，泥沙俱下，黄赌毒和庸俗信息侵蚀网络，自媒体传播格局中没有把关人，大学生缺乏社会经验和预判能力，容易受到与自身和周围环境关联度高的假消息的蛊惑，虽然事后注意防范，但是当新的不良信息和谣言产生时，一时间会无所适从，特别需要专业的引导和帮助，假设 2 部分成立。

值得补充的是，近年来沉浸式传播和粉丝经济兴起，除被动接收新闻信息外，年轻一代更喜欢选择形式和内容新颖的互联网产品内容。随着 IP（Intellectual Property）概念热，安徽大学生热衷于游戏、网络小说、影视剧等跨媒体 IP 作品。这些作品的特点是：网友原创，小说或游戏提供一个元故事，拍摄成影视剧，制作网络游戏，在不同的媒介平台展开故事情节，内容实现跨媒介无缝延续和传播，吸引大批粉丝参与内容互动和创作。这种叙事方式被美国麻省理工学院 Henrry Jenkins 教授称为“超媒介叙事”。超媒介叙事内容具有极强的内容吸引力、影响力和粉丝黏性，如《剑侠奇缘》《植物大战僵尸》。沉浸在超媒介叙事营造的虚拟空间里的大学生得到愉悦、信心和满足感，他们所喜欢的游戏、影视、人物造型成为生活时尚和话题，愿意为此付费。

四、安徽大学生媒介批评

（一）媒介信息

对于平时浏览新闻时，有没有注意看新闻信息的来源出处的问题，受访者中超半数较为注意，偶尔注意的占 31.05%，有 13.11% 的从没注意过或不知道（见图 13）。

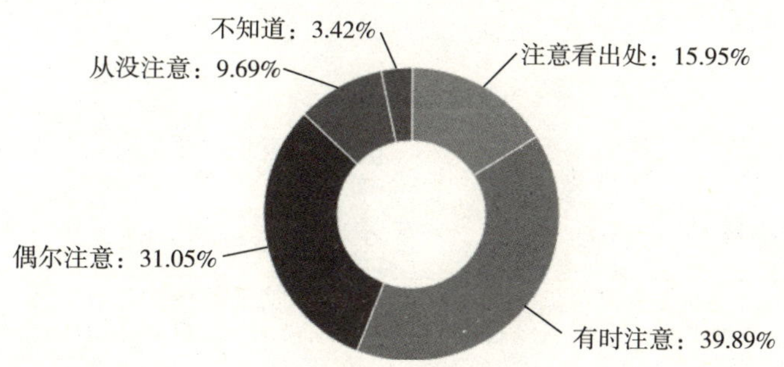

图 13　受访者对新闻来源的态度

针对网络和手机微信中大量的假信息和谣言，一半受访者认为自己的辨别能力一般，43.59% 的人认为自己的辨别能力比较强或者非常强（见图 14）。

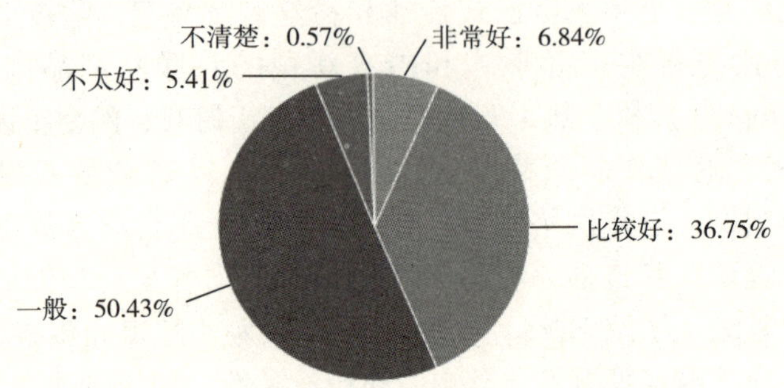

图 14 辨别虚假信息和谣言的能力

对新闻信息真实客观程度的印象，超七成受访者认为报纸、电视、广播等传统媒体的新闻报道比较真实客观；超七成认为网络和手机新闻真实性一般或不太真实。手机新闻的可信度比网络新闻略高一点，这在一定程度上与媒介接触有关，受访者在手机上看新闻的频率越来越比电脑高。在社会真实和媒介真实性比较中，受访者认为网络中所反映的社会生活是真实客观的占17.38%，认为一般的占 56.13%，还有 21.08% 认为不太真实客观（见图15）。

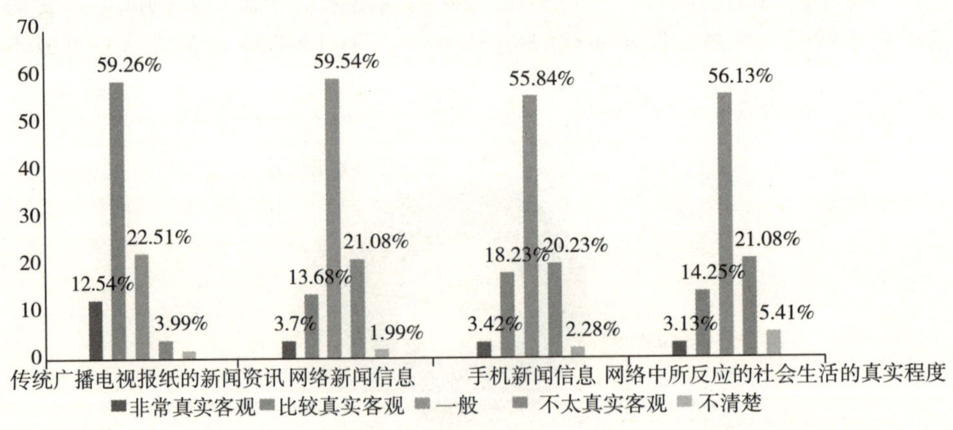

图 15 受访者对各类新闻信息真实客观性的态度

（二）媒介社交

受访者微信好友的数量随年级增长而增长，所关注的微信公众号大多在20 个以下。大一至大四学生约 95% 以上每天看的微信公众号极少，一般为 10个以下；硕博士生略多。公众号选择的标准是贴近性、实用性和个性化、娱乐化。在对待社交媒介的态度方面，85.75%的受访者愿意与他人在线分享信息；67.24%的受访者愿意在网上结识新朋友；近一半的受访者曾经跟不相识的网友交流过心得体会（见图16）。由此可见新一代大学生愿意在网络虚拟空间建立人际关系。

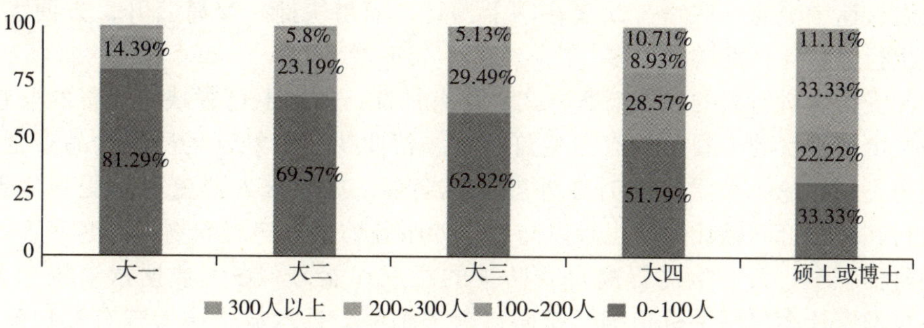

图16　社交网络中的微信好友数量

班级普遍使用QQ群、微信群、微博账号、社区等建立社交圈，通知、公告、作业、考试等在群里发布，高效便捷。微信朋友圈里转发的信息，受访者认为只有9.4%较为可信，认为可信的一般占69.8%，认为不太可信或不可信的占20.8%。对于朋友单独转发的消息，受访者认为有29.63%比较可信或非常可信，略高于前者；微信转发量大且被刷屏的消息，受访者认为可信的只有11.96%（见图17）。可见，受访者对绝大多数微信转发信息持有怀疑态度，具有较强的质疑精神，显示出超越往届大学生的媒介批判意识。

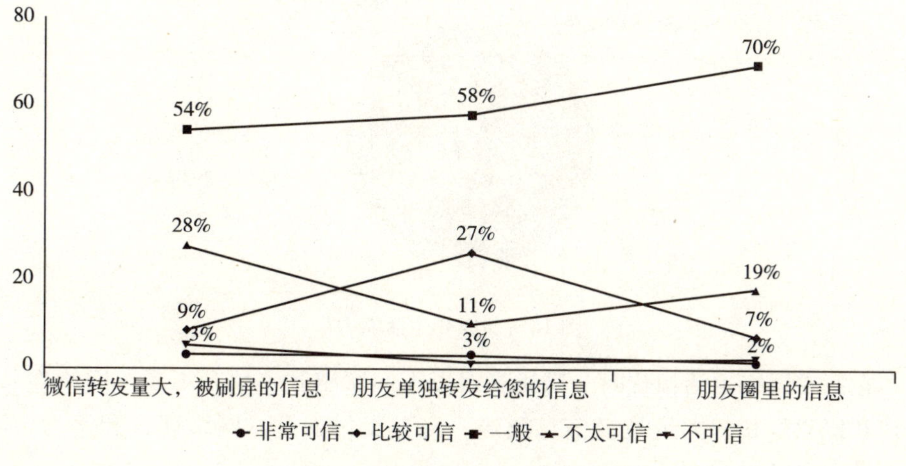

图17　微信朋友圈信息的可信度

（三）媒介生活

随着科学技术的发展，新媒介渗透到衣食住行等各个方面。在调查中，91.17%的受访者有在线预订车票、机票、餐饮和乘出租车的经历，学生出门旅游，途中交通、住宿、饮食在网上预订，简易快捷、交易公开，方便大学生出行，结伴自助游者增多。

受访者对新兴的在线消费方式也存有怀疑，如网上订餐缺乏完善的监管，一些电商平台的小餐馆没有卫生许可证、营业执照和经营场所，食品安全卫生得不到保障。大学生平时在外就餐机会多，比居家人群更容易受到危害。旅行在线预订问题让大学生难以防范，如服务缩水、违规购物、欺客宰客等，陷阱猫腻多。大学生需提高自我防护的意识和能力。在大数据营销概念下，不少商家让客户用手机扫描二维码以获得赠品，近六成受访者曾有过扫商家二维码获得赠品的经历。少数受访者通过网络获得小额贷款。在焦点小组访谈中，多数受访者承认扫码领奖遇到过尴尬，如奖品不适用，男生获赠奶嘴等。少数有网络贷款经历的受访者担心不能及时还款导致信用受损，而此前没有过多考虑。55.56%的受访者认为网络、手机容易让人在虚拟现实中迷失自我。

在受访者中，47.58%的人认为自己利用互联网生活的能力比较强或非常强，45.87%的人认为一般（见图18），可见大多数受访者利用互联网获得日常生活便利，形成新时代的网络生活景观。

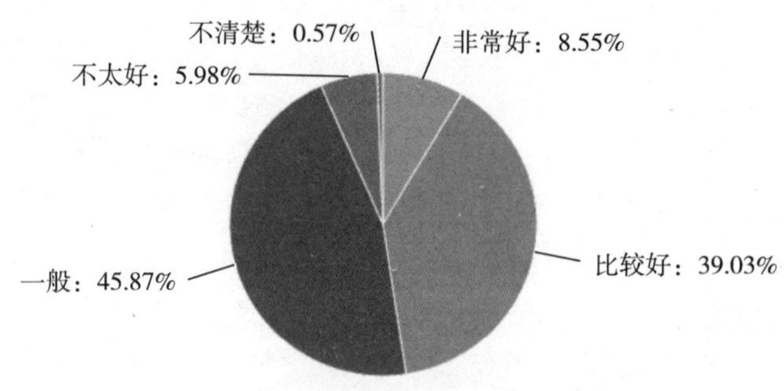

图18 新媒介生活能力

在调查网络生活担忧时，受访者对以下问题感到害怕和不满：网络盗号、欺诈和侵犯隐私，大量垃圾信息泛滥，网上支付安全，网络谣言和暴力、淫秽信息太多（见图19）。

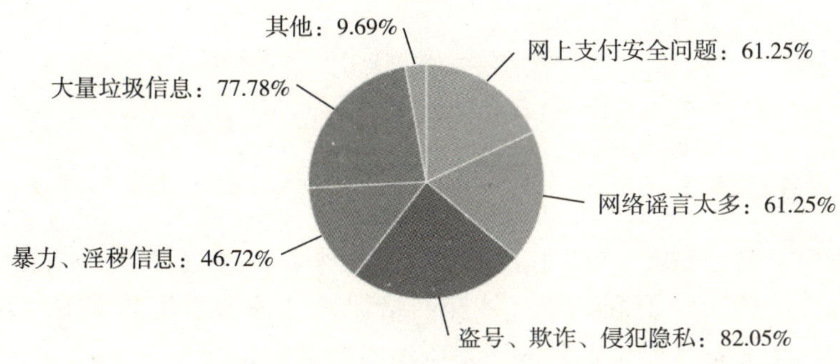

图 19 对网络生活的担忧

（四）小结

新媒介信息在受访者印象中的可信度不高，说明以“90 后”为主体的大学生具有较强的媒介批判意识，善于用批判思维甄别信息。受访者通过搜索引擎、论坛、百度百科主动获知信息，利用新媒介提高生活和学习的效率。相比较而言，大学生群体利用新媒体的能力比社会其他群体更快、更强，很多学生是“技术控”，善于从各种垂直网站获取信息。网络生活的便捷性和个性化对受访者具有很强的吸引力，虚拟世界与现实生活交叉渗透，受访者既依赖又存在批评质疑。

美国心理学家斯坦利·米尔格拉姆（StanleyMilgram）1967 年提出六度空间理论，又称六度分隔理论（Six Degrees of Separation）或小世界理论，即最多通过六个人你就能够认识任何一个陌生人。2011 年 Facebook 与米兰大学联合发布的研究报告认为，在 Facebook 上，任何两个陌生人要建立联系，平均所需要的中转联系人并非 6 个，而是 4. 74 个。社交媒体让原本就“小”的世界变得“更小”①。因为共同喜好而建群，在社交网络中分享心得和经验，这种弱连接的关系网络已成为大学生人际交往的重要组成部分。受访者认为，找实习单位、找工作、考研考博、考公务员等信息可通过弱连接关系获得，比身边的强关系更加有效。

① 谭天《新媒体新论》第 10 页，暨南大学出版社 2013 年。

五、安徽大学生媒介参与使用

（一）在线学习

班级微信群、微博、QQ 群建成学习交流平台，通过计算云将学习资料上传到网盘，方便同学下载共享。社交网络促进老师和学生的交流、互动，营造和谐的师生关系，便于老师对于学生及时帮助和指导。

受访者在线学习主要通过学校图书馆电子资源库查阅资料，校园网分享课程信息，班级同学群共享资料。大一至大四本科生认为自己利用新媒介在线学习的能力一般，硕博士生利用新媒介学习能力普遍较强（见图 20）。除受学校教育外，慕课网、网易公开课等是大学生群体青睐的在线教育平台，对加深专业课程的学习和拓宽知识视野有益，可以自主安排学习时间，选择喜欢的名师，获得国内外高校的优质教育资源。多数受访者还没有形成为电子书付费的概念。

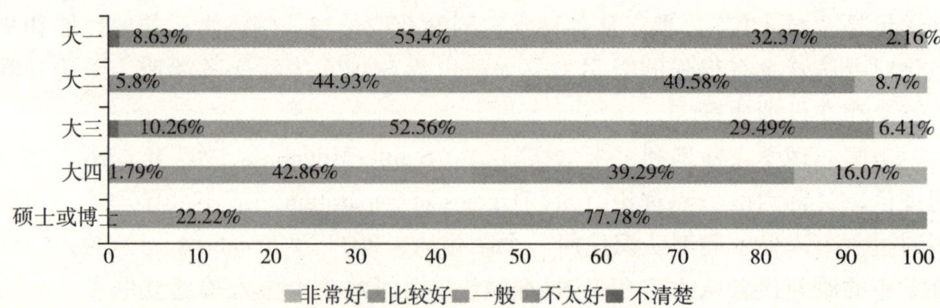

图 20 利用新媒介学习能力

（二）互动体验

大学生乐于选择具有互动功能的平台在线观看节目、游戏玩家直播、玩网络游戏，弹幕受到部分学生喜爱。受访者与网友分享信息有新渠道，如哔哩哔哩、花椒直播、电视摇红包等。电视 T2O 模式（TV to Online）线上线下互动吸引受访者参与，如“天猫双十一晚会”，边看边买，“双十一”之类由电商促销演变而来的网络节日，颠覆了传统节日概念，被大学生追捧，享受购物狂欢。

（三）创业创新

除日常生活和学习外，受访者中近三分之一利用互联网进行过创业创新活动。24.5%的受访者上传过自制的微电影、短片，内容主要是大学生的生活、情感、学习考试等，还有一些科普、奇幻剧。15.1%的受访者曾发布广告，策划活动，通过互联网和移动互联网进行产品、服务的宣传推广。11.68%的受访者开网店创业，在微信朋友圈里发布经营信息。7.98%的受访者曾当过网络小说写手，出售小说和原创文章的版权。5.7%的受访者参与网络股票买卖。还有1.99%的声音爱好者做网络电台主播，在喜马拉雅FM、荔枝FM等平台建立网络电台，拥有粉丝群（见图21）。

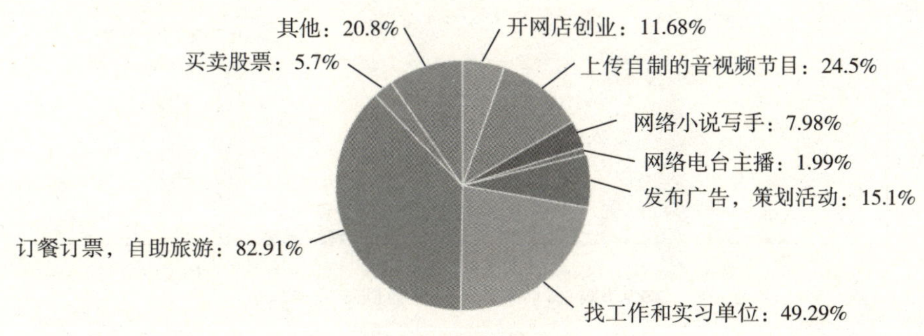

图21　新媒体创业创新

（四）小结

主动参与，沉浸体验，互动创新，是当今大学生群体对待新媒体的普遍态度。网络社会媒介的作用和影响不再是单向的，交互式、体验式、沉浸式传播是社交网络的基本形态。会不会使用新媒介，成为社会新的信息鸿沟。媒介素养对于大学生来说，不仅是认识世界的方法和观念，也是一种社会生存和生活的基本能力。假设3不成立。

六、安徽大学生的媒介素养教育

在受访者中，41.03%没有接受过媒介素养教育，58.97%的受访者的学校开设了“媒介素养”课程。在对待网购满意度、朋友圈转发信息的可信度方面，两部分受访者选择一般的占比约半数。说明大学生对于媒体及其信息的基本态度相差不大。但对媒体新闻资讯的态度有所差异。接受过媒介素养教育的受访者中 56.98% 经常浏览新闻，没有接受过该教育的受访者中 38.65% 经常浏览新闻。接受过该教育的受访者认为媒体提供的新闻资讯丰富，54.86% 的人认为满意或很满意，38.19% 的受访者认为一般，大多数受访者浏览新闻时有时注意来源；而没有接受过该教育的受访者满意度偏低，42.03% 的受访者表示满意或很满意，近半数认为一般，46.37% 的受访者偶尔注意或不注意新闻来源，对新闻可信度的敏感较弱。对手机转发量大刷屏的信息，接受过该课程的受访者认为不可信的占 2%，没有接受过“媒介素养”教育的受访者认为完全不可信的占 7%，略高于前者（见图 22）。“媒介素养”课程为学生提供了接近媒介的机会，引导学生关注媒介，了解媒介。

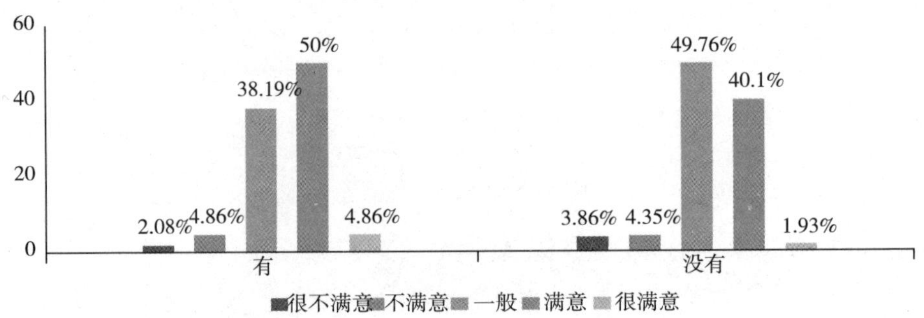

图 22　有无学习《媒介素养》课程的受访者对媒体资讯满意度的比较

在辨别信息真伪和谣言能力的评估方面，接受过媒介素养教育的受访者认为自己能力比较强和非常强的占 46.52%，没有接受过该教育的受访者占 41.55%。对自己媒介素养能力的评估方面，接受过该教育的受访者 46.52% 认为比较强或非常强；没有接受过该教育的受访者中 41.55% 认为比较强或非常强（见图 23）。《媒介素养》课程在提高学生对媒介的分析和判断能力，提高学生应对媒介的自信和能力，以及自我发展方面，有所裨益。

高校“媒介素养”课程通常设置在新闻传播类院系中，其他专业比较少，面向全校选修该课程的为数较少。接受过媒介素养教育的受访者对媒介的感知力、分析、判断和使用能力较强；而没有接受过该教育的受访者这些能力较弱。二者在媒介社会中的生存和发展机会也受到一定的影响。没有接受过该教育的受访者的媒介素养也并非想象中那么低，在周围环境影响下，凭借直觉和社会经验，其媒介素养较之往届提高很快。假设 4 不成立。同时证明，媒介对于人们生活的介入和影响越来越深入，媒介素养教育除在高校开设外，在其他领域受访者也有频繁接触，媒介素养教育应该成为社会通识教育。

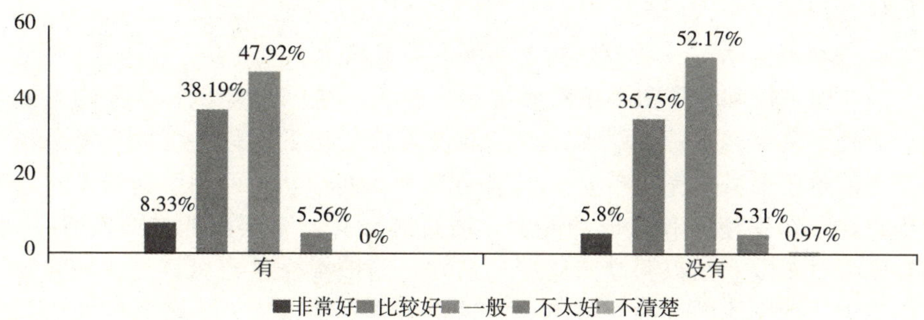

图23　有无学习《媒介素养》课程的受访者媒介素养能力评估的比较

七、结　　论

上述调查发现：一方面，安徽大学生媒介素养整体状况比以往有所提高，大学生对媒介信息的认知、分析和判断能力，以及对新媒介的参与和利用能力，呈现越来越强的趋势，高校开设媒介素养课程成效显著；另一方面，网络空间负面效应也同时显现，有的学生沉迷手机，接触庸俗、淫秽、暴力信息机会增多，消极因素影响学生的思想道德水准。大学生主动参与媒介生活，个人对社会网络空间的反作用不容小觑。因此，提高大学生媒介素养，引导其抵御不良信息干扰，健康合理使用媒介，利用媒介资源完善自我，参与社会发展和创新，是下一步媒介素养教育升级的内容。

（一）学生：从认知媒介到管理媒介

网络信息的传播模式，从以“Web”网站为核心的“大众门户”传播模式，以搜索引擎为基础的“定向索取”传播模式，发展到如今以社会关系为传播渠道的“个人门户”传播模式。“个人门户”模式削弱了大众门户的地位，赋予个人传播更大的权利①。社交网络和自媒体传播成为常态，大学生通过互联网直接面对社会，成为传播者，人人都是传播网络中的节点，传播格局决定个体新的角色和定位。值得关注的新现象是，大学生从被动接受到主动传播，从学习媒介到管理媒介，从认知大众门户到管理“个人门户”。大学

① 彭兰《从“大众门户”到“个人门户”——网络传播模式的关键变革》，《国际新闻界》2012年10期。

生如何管理好“个人门户”，成为当下媒介素养研究的新课题。

1. 重视培养大学生跨媒体信息获取和学习能力

高校图书馆和电子图书馆藏资源是在校大学生获取知识和信息的重要渠道。此外，慕课、网易云课堂、沪江网校等社会化平台，在线教育资源越来越丰富；电子书虽未完全普及，但很受学生欢迎。学校可利用新技术，培养学生跨媒介知识搜索和获取的能力，通过多元化、多层次的在线教育平台，提高学生对于专业知识深度和广度的认知。新旧媒介平台更替加快，新媒介层出不穷，在媒体融合的趋势下，大学生需要具备多媒介、跨平台的信息获取和传播能力。

2. 重视培养大学生对于自媒体的管理能力

大学生对社会信息的“卷入程度”越来越高。在社交网络中，大学生发布、转发、评论行为直接影响群体认知，比如对于某一门课程的评价可能影响到其他学生对这门课程的选修态度。学生舆论领袖在校园社交网络中具有一定的影响力，往往发挥组织、领导作用，具备草根心态和自嘲精神的舆论领袖更容易得到同学的友谊和信任。面对谣言，学生要学会约束和管理自己的转发、评论行为，不信谣、不传谣。随着各种公众订阅号、APP 客户端等自媒体出现，学校应培养大学生对于自媒体的认知素养，提高选择、梳理、分析、质疑、评价信息的能力，提高管理自媒体发布、转发、评论的能力。新媒介既是自我管理的工具，如手机提醒功能、在线学习安排、班级微信群管理等，也是自我管理的对象，如管理在线聊天、观看节目和在线游戏行为，自我约束杜绝随意散发谣言等。

3. 提高大学生对社会媒介空间的认知素养

网络时代，新媒介不仅改变了传播格局，更深刻地改变了社会关系、组织结构和文化观念。“90 后”大学生需要正确认识媒介景观与现实生活之间的关系，理性对待虚拟空间和现实生活。

管理媒介，应成为媒介素养的重要组成部分。未来要重视培养大学生管理媒介的能力，包括管理个体传播行为，提高社会责任意识，健康理性地传播，科学合理地利用媒介资源，创造知识，发展自我，实现个人与媒介、社会的良性互动。

（二）高校：从专业教育到通识教育

1. 媒介素养教育转型升级迫在眉睫

加拿大、美国、英国等欧美国家曾一度盛行的保护、识别、批判教育模式，是基于大众传播格局下的媒介素养教育。在传播范式转向的今天，新媒介是社会重要的“形塑力量”，高校大学生比以往任何时候都愿意主动参与媒介生活，媒介素养教育需要向三个新的方向发展：

一是重视新媒介素养。新媒介素养主要是指在互联网和移动互联网传播环境下，对新媒介的认知、接受、判断和利用的综合素养及能力。网络、手机是大学生接触最频繁的媒体，在线生活已成为年轻人普遍的生存方式，应重视研究新传播技术，由传统大众传播环境转型为新传播环境下的媒介素养教育。

二是自主教育方向，即发挥大学生的主体能动性，变单向式教育为交互式教育，从灌输变为引导，让学生从被动接受到主动学习，提高自己的媒介素养，提高管理“个人门户”的能力。学校不仅要教会学生认识和评判信息，更重要的是引导学生如何使用媒介，进行知识生产、信息消费、社会交往、社会参与和协作。

三是多元立体教育方向，可利用课堂、课外活动，以及校园网站、社交群、微博微信、QQ 等新媒介平台，以典型、鲜活的新闻资讯为案例，通过多种形式引导学生，将媒介素养的提升与专业学习能力、思想道德水准的提升紧密结合起来。建议有条件的高校开设新媒介素养教育通识课程；有新闻传播院系的高校可开放此类课程，让全校学生选修。媒介素养教育应从专业教育转变为通识教育。

2. 培养高素质的媒介公民

“手机依赖症”“低头族”“微信控”成为一种新媒介异化现象，因媒介而发生的各种伦理问题随处可见。网络空间各种垃圾信息、谣言泛滥，网络成瘾、色情、暴力信息对大学生造成无形的伤害。隐私泄露、网络安全问题也困扰生活。电子商务、视频直播、在线游戏、网络金融等形形色色的平台活动诱导大学生参与，其中不乏未经合法化的商业行为，大学生无法辨别其中的利诱目的，容易上当受骗，导致个人利益受到损害。社会各种利益群体推送的信息良莠不齐，一些大学生缺乏社会经验，思想观念尚未成熟，难以辨析，盲目跟风。此外，不良信息及其负面效应，容易导致大学生形成偏激态度，对社会信任度下降，成为思想道德水准下降的诱因。媒介素养教育应与思想道德教育并重。

新媒介素养教育，既是高校德育的重要内容，也是德育的主要手段。网络信息时代传统的高校学生思想政治工作模式受到巨大冲击。大学生对新媒介有天然的亲近感，喜欢刷微信、晒照片，表达心情，抒发情绪，记录生活。要借助新媒体技术，利用社交网络的便捷性、互动性和个性化特点，开展高校思想政治教育，有利于形成良好的交流氛围，提高学生认识社会的能力。

高校教育工作者要熟练掌握新媒介技术，提高自身的媒介素养，创造性运用新媒介，改进方法，改变过去灌输和宣教的工作方式，用形式灵活的网络教育手段，增强教育内容的吸引力。

创建优秀的校园网络文化，避免“手机沉湎”现象，避免学生作课堂“低头族”。以往校园文化不足之处是信息传播的单向性，社交网络点对点、点对多、多对点的传播模式，改变了大学生的人际关系网络，使学校管理结构趋于扁平化，有利于交流沟通，形成新的校园文化。如学校可以利用新媒介，开展大学生关心的热点话题讨论，策划社团活动，传承和创造优秀的校园文化，引导学生树立正确的价值观和人生观；疏解人际交往中的心结，促进友谊和信任，引导大学生建立正确的友谊观、爱情观，传播正能量；开展职业规划指导，解决学习和就业困难，帮助大学生建立正确的择业观。媒介使校园无形的大门向社会敞开，每名学生都是媒介公民，学校应引导大学生自觉规范网络言行，遵守法律法规，做一名合格的媒介公民，成为高层次、高素质，适应现代化国家建设的创新型人才。

综上所述，本选题是一项实证研究，在数据采集和深度采访基础上，结合笔者的高校工作经验，进行分析论证，希望以此观照安徽大学生媒介素养整体状况，提出进一步发展媒介素养教育的建议，为高校和教育管理部门提供参考和借鉴。本文仍存在不足之处，因新技术驱动下传播格局变化日新月异，两年之内的数据变化快，笔者两次问卷调查，前一年部分数据在第二年可用性不强。受技术条件限制，缺乏合适的大数据。实证研究总是难以做到尽善尽美，笔者将在以后的研究中吸取经验和教训，争取更理想的学术成果。

参考文献：

[1] 宋小卫．西方学者论媒介素养教育［J］．国际新闻界，2000（4）．

[2] 覃川，李海霞，戚天雷．媒介素养与媒介德育创新［M］．北京：清华大学出版社，2014.

[3] 彭兰．社会化媒体时代的三种媒介素养及其关系［J］．上海师范大学学报，2013（5）．

[4] 刘勇，汪海霞．当代媒介素养教程［M］．合肥：合肥工业大学出版社，2007.

[5] Henry Jenkins. Convergence Culture Where Old and New Media Collide［M］. New York：New York University Press，2006.

安徽大学学生手机使用、认知与依赖程度调查

童 云 江叶贝

摘要：随着社会经济的发展和科技的进步，新媒体以迅猛的势头融入了人们的生活中，移动媒介作为新媒体的主要呈现载体，对人们的日常生活产生了潜移默化的影响。正因为它巨大的便利性和齐全的性能，人们似乎已经越来越离不开它。

另一方面大学生又作为网络主力军的一部分，是新媒体的活跃消费人群。移动媒介是目前大学生使用最频繁、接触最多的媒介，如手机、iPad 等各种移动终端，其中以手机为主。随着手机功能日益增多，大学生使用手机上网学习、娱乐，包括购物、订餐、观看视频等各种生活行为也增多。在手机成为生活中必不可少的一部分的同时，也出现了学生对其依赖性增强甚至成瘾的现象。“手机依赖症”就是在这一特定时代背景下出现的新型心理疾病，它层出不穷的新功能，让人们和它的关系越来越密切，但它是一把双刃剑，同时也会存在隐患，就是对手机产生强烈的依赖心理，很容易会被手机奴役，这对大学生的身心健康带来很大的不利影响。

本文将从来自全校各个院系的420份调查问卷的数据入手，进一步了解安徽大学在读大学生对手机的使用情况、对手机依赖而带来的危害，然后从中分析“手机依赖症”产生的原因，并就这些问题谈一谈我个人的观点和建议。

关键词：学生；手机；媒介素养；认知；依赖

基金项目：2014 年安徽省教育厅高校人文社科重点研究基地招标项目部分成果（SK2014A021）。

作者简介：童云，安徽大学新闻传播学院讲师，安徽大学舆情与区域形象研究中心研究员，安徽大学舆情与区域发展协同创新中心研究员；江叶贝，安徽大新闻传播学院 2011 级本科生。

一、引　　言

（一）研究的背景

随着社会经济的进步和高新技术的发展，媒介融合速度也加快了脚步，手机已经成为人们生活中必不可少的一部分，是人类现阶段最重要的通信工具。在信息网络的支持下，手机早已不是其最初作为移动电话的通信工具，而是集通信、社交、娱乐、生活服务、信息咨询、财务管理、教育学习等于一体的多功能移动媒介。手机改变了人们的生活方式和社会交往模式及思想观念。在这个大数据时代背景下，手机有了信息网络技术的支持，既拥有了传统媒介如报刊等打破空间限制的优势，又具有网络媒介在信息传递速度上的优势。正因为它巨大的便利性和多样化的功能，人们已经越来越离不开它。"手机依赖症"的出现正说明了这一点，"手机依赖症"现在被研究学者定义为一种新的心理疾病，是"由于某种原因过度滥用手机而导致手机使用者出现生理或心理上的不适应的一种病症"。还有类似"低头族""屏奴"这种新型词语也正是反映了当下人们对手机的过分依赖甚至可以说是沉溺。

（二）文献综述

为了研究安徽大学大学生对移动媒介主要是手机媒介的使用与依赖程度，笔者进行了调研，旨在了解安徽大学大学生的移动媒介依赖状况，探究移动媒介依赖对于大学生的影响、成因，并提出对策措施。

以往对于移动媒介依赖的研究主要有以下几个板块：（1）对手机依赖症进行心理研究。以韩登亮、齐志斐教授的《大学生手机成瘾症的心理学分析》为代表[2]。他们在文中通过对大学生手机成瘾症的成因、危害的阐述来分析大学生的依赖心理，以健全大学生的人格，从而更好地去面对来自社会的挑战。（2）通过理论研究、调查问卷等渠道分析手机依赖症的成因并提出解决方案。以李滢彤的《大学生课堂"手机依赖"现象的调查研究》为代表[3]。（3）以洪艳萍，肖小琴的《大学生手机依赖状况及其与人格特质》为代表[4]。通过探讨手机依赖人群的状况，揭示手机依赖与人格特质之间的内在联系。（4）以郭欢的《大学生手机依赖现状与成因的分析》为代表[5]。该文章从手机依赖症的定义入手，也是基于前人的研究，对手机依赖症的现状以及成因进行分析，并没有针对这一问题而给出参考措施。（5）手机依赖症的影响及对策研究。以罗玉华、黄彦萍等人的《手机对大学生的影响及对策研究》为代表[1]。文章通过对当代大学生手机依赖的影响进行调查，得到一系列数据，通过这些数据所反映的问题提出了参考的对策，以期能够有效地帮助大学生摆脱手机依赖。

而本文结合前述的研究，由自编的调查问卷得到数据，并针对这些数据进行分析，进而分析手机对于大学生的有利和不利影响及其成因，最后提出一些对策措施。

（三）研究的对象和调研方法

1. 研究的对象

笔者将调查问卷线上线下同时发放给安徽大学各个院系的大学生进行随机测试，线上推广是将问卷的网页链接分享到微信朋友圈以及求助别的院系的朋友进行扩散；线下的问卷发放是在校园的四个食堂和图书馆内完成的。发放问卷420份，收回问卷420份，有效问卷411份，有效率97.9%。

2. 调研方法

本文采用问卷调查法收集第一手数据资料。调查问卷是参考了国内其他研究者对大学生手机使用情况的相关调查研究，结合该论文的研究目的编制而成，共16个项目，涉及大学生的基本个人信息、频率、时间、场合以及对待手机的态度等方面，然后对所获数据进行SPSS统计描述和推断并进行分析，从而为社会和学校以及个人如何预防和改善大学生手机依赖问题提供数据支持。

二、调查结果和数据分析

（一）大学生的手机使用基本情况

参与本次调查的对象男生有192人，女生有219人，所占比重几乎相当；而专业性质则是文科人数所占比重大于理科人数：文科类230人，理科类181人；被调查对象大多是大三、大四的学生，大一大二所占比例偏小（见表1和表2）。

表1 学生的专业性质

选 项	小 计	比 例（%）
理科类	181	44.04
文科类	230	55.96

表2 学生的年级分布

选 项	小 计	比 例（%）
大一	24	5.84
大二	99	24.09
大三	145	35.28
大四	143	34.79

在“您理解的移动媒介包括什么?”这一问题中，有93.43%的学生都选择了“手机”这一选项，有78.35%的学生选择了“平板电脑”，还有6.33%的学生勾选了“其他”这一项。这可以表明绝大多数的学生都对移动媒介有基本的认知（见表3）。学后每日使用手机的时长见表4所列。

表3 学生对移动媒介的选择

选 项	小 计	比 例（%）
手机	384	93.43
平板电脑	322	78.35
其他	26	6.33

表4 学生每天使用手机的时长

选 项	小 计	比 例（%）
1～2小时	48	11.68
2～5小时	214	52.07
5～8小时	111	27.01
8小时以上	38	9.24%

调查结果显示，学生使用手机的社交功能所占比例最多，达到87.59%，已经超过手机最初始的占78.1%的通信功能；其次受欢迎的功能是娱乐方面，用手机看视频、听音乐甚至自己拍摄小视频上传到视频网站都已经非常普遍；有62.77%的学生选择了使用手机的生活服务功能；使用信息咨询功能的学生

有 234 人，占总数的 56. 93%；选择财务管理的人数也有超过半数的学生，而使用教育学习功能的学生只有三分之一（见表 5）。

表 5　学生使用手机的原因

选　项	小　计	比　例（%）
① 通信功能（如：电话、短信等）	321	78. 1
② 娱乐方面功能（如：音乐、照相、游戏、视频等）	315	76. 64
③ 社交方面功能（如：微信、微博、QQ、人人等）	360	87. 59
④ 生活服务功能（如：定位导航、查看天气、淘宝购物等）	258	62. 77
⑤ 信息咨询功能（如：查看新闻信息、知乎、浏览器等）	234	56. 93
⑥ 商务方面功能（如：日程安排与提醒、文档处理、邮件收发等）	96	23. 36
⑦ 财务管理功能（如：支付宝、Wallet 等）	222	54. 01
⑧ 教育学习功能或应用（如：有道词典、驾车宝典、电子书等）	147	35. 77
⑨ 其他	11	2. 68

在“什么情况下您喜欢玩手机?”这一多选题中，有 31. 63% 的学生选择在任何时候都喜欢玩手机；有 40. 39% 的学生喜欢在聚会场面尴尬的时候玩手机；有 1/3 的学生会喜欢在吃饭的时候玩手机，而喜欢在睡觉之前玩手机的有 50. 85% 的学生，这都是会对学生身体造成危害的。吃饭的时候玩手机会妨碍食物消化，时间长了甚至会引起慢性肠胃疾病；睡觉之前玩手机对眼睛的危害是很大的，很容易导致全身疲劳，这对第二天的学习也会有不利的影响。占比例最大的是在等候的过程中，有 61. 8% 的学生喜欢拿出手机来消磨无聊的时光；而上课不想听老师讲课选择玩手机的有 29. 93% 的学生，这也对学生的学习产生的不利影响（见表 6）。

表 6　学生使用手机的场合

选　项	小　计	比　例（%）
任何时候	130	31. 63
聚会场面尴尬的时候	166	40. 39

（续表）

选　项	小　计	比　例（%）
吃饭的时候	138	33.58
等候的过程中	254	61.8
上课不想听的时候	123	29.93
睡觉之前	209	50.85
其他	15	3.65

（二）大学生对手机的依赖程度

调查结果显示，当遇到解决不了的问题时，有74.94%的学生会第一时间想到用手机去查询来帮助自己解决困难，只有6.33%的同学不会第一时间想到向手机求助，还有18.73%的同学依情况而定（见表7）。在上课的时候，即使没有来电或其他信息，有93.67%的同学会将手机放在视线能够看得到的地方，只有6.33%的学生不会（见表8）。经统计，有96.35%的学生会下意识的寻找手机，时不时地拿出来看看，只有3.65%的学生不会这么做（见表9）。当出门忘带手机了，有52.8%的同学会觉得别扭，要马上回拿，还有39.42%的学生不会马上回去拿，觉得没事，但会很空虚也觉得很不方便，只有剩下7.79%的学生出门忘带手机对他们没什么影响（见表10）。从这四组数据中不难看出，绝大多数学生对手机有依赖心理甚至成瘾了。

表7　学生遇到问题是否用手机查询

选　项	小　计	比　例（%）
会	308	74.94
不会	26	6.33
看情况	77	18.73

表8　学生上课时是否看手机

选　项	小　计	比　例（%）
经常	180	43.8
偶尔	205	49.87
从不	26	6.33

表9 学生是否经常下意识地寻找手机

选 项	小 计	比 例（%）
经常	206	50.12
偶尔	190	46.23
从不	15	3.65

表10 学生出门忘带手机时的心情

选 项	小 计	比 例（%）
觉得别扭，马上回去拿	217	52.8
觉得没事，但很空虚也很不方便	162	39.42
没什么影响	32	7.79

当得知手机的使用对人的身体很有危害后，有69.34%的学生选择“会有顾虑，进行适当防范，但不减少使用时间”，有15.57%的学生选择不在乎其危害，会继续长时间使用手机，只有15.09%的学生会适当减少使用手机的时间。当被直接问到是否有手机依赖症的时候，大部分同学都选择了是。（见下图2-11）所以，综合这些数据可以看出大部分大学生对手机是有严重依赖心理的，手机已经是生活学习的一部分了，很难轻易地减少对手机的使用。

表11 学生对是否有手机依赖症的问题的选项

选 项	小 计	比 例（%）
是	280	68.13
否	131	31.87

数据结果显示，75.18%的学生认为造成对手机过度依赖的原因是手机性能越来越齐全，这也是票选最高的原因；其次的一个原因是“环境所趋，每个人都这样”，有67.15%的同学选择了这一个选项；很有趣的是也有25.06%的学生选择了“觉得周围活动没什么比手机更感兴趣的”（见表12）。

表12 学生对手机过度依赖的原因

选 项	小 计	比 例（%）
手机性能越来越齐全	309	75.18
环境所趋，每个人都这样	276	67.15
性格所致	96	23.36
觉得周围活动没什么比手机更感兴趣的	103	25.06

据调查，有37.31%的学生认为使用手机对生活或者是学习有很大的帮助，有54.75%的同学认为手机的帮助一般，认为手机只能给予很少帮助的有6.81%的学生，只有0.73%的学生认为手机对生活学习没有帮助。最后认为手机利大于弊的学生占总数的85.16%，而认为弊大于利的又有14.84%（见表13）所以总的来说，绝大多数大学生是肯定了手机在日常生活中对自己的帮助。

选　项	小　计	比　例（%）
利大于弊	350	85.16
弊大于利	61	14.84

表13　学生对使用手机利弊的认识

结合上面的数据可以看出，大部分大学生对手机都有依赖心理。在下文中会结合学生对手机依赖心理的内外因素寻求解决方法，使学生学会自我控制，以社会引导作为推动力，从而避免过分地依赖手机。

三、手机对于大学生的利弊分析

如今的大学校园里，手机已经成为学生们在学习生活中使用得最为普遍的娱乐通信工具。网上购物方兴未艾；微博、微信、QQ等为大学生提供了与亲朋好友交流的平台；百度、谷歌等搜索引擎和手机词典的出现，为大学生的日常学习和了解资讯提供了便捷的服务；用手机上网、玩游戏、看视频等娱乐功能，也能满足大学生日常的需要。美国著名的IT杂志*PC Magazine*专栏记者德沃尔夏克曾说："手机已经成为全球公众普及率最高的随身装备，每个人的口袋里除了钥匙和钱包外，只剩下手机了。"美国著名学者德福勒认为媒介与受众之间会形成相互依赖关系。当媒介越能满足受众的需求时，受众对媒介的依赖性就越强。这就如手机媒介，当手机媒介的功能越多的时候，大学生就越离不开手机，对手机的依赖性就越强，所以才会引发因依赖而出现的一系列问题。

（一）手机给大学生带来的积极影响

手机依赖是当今校园文化的重要组成部分，它是一种现代的、开放的文化，对大学生的作用是潜移默化的。手机以其优越性盛行于大学校园，为大学生的学习、娱乐、生活等诸多方面带来了积极影响。

1. 有利于增进人际交往 扩大交往范围

如今手机上的社交软件层出不穷，从 QQ 到微博、微信、陌陌等实现了即时通信、视频电话、共享文件等多种功能，这就远远超越了手机最初的功能——打电话、发短信，它大大降低了人际交往的成本和时间，而且可以实现远距离实时互动。美国著名心理学家亚伯拉罕·马斯洛的“需要层次论”[1]中提到人有友爱和归属的需要，渴望得到他人的关心，所以大学生同样离不开友情和亲情的关怀。进入大学以后，他们可能就和之前的高中同学在不同的地方上大学，那么手机就可以实现远距离的互动，互相关心对方的近况，增进同学之间的情谊。这种互动交流也不仅仅局限于熟悉的人之间，大学生往往可以利用交友软件认识到陌生的来自世界各地的朋友，这也就扩大了交往范围。

2. 有利于大学生开阔视野

在这个信息爆炸的时代，大学生可以通过手机获取来自世界各地的信息，如今手机已经成为大学生获取外界信息的重要工具。大学生求知欲强，乐于探索，在学习专业课程的时候，除了教师传授知识以外，也可以利用手机及时查询相关知识，拓展专业知识学习的深度和广度。大学生们还可以利用手机看新闻、咨询难题、浏览奇闻逸事等等。这对于大学生来说可以开阔视野、扩展胸襟、培养更全面的世界观，不断更新自身的观念，跟上时代的步伐，使自己变成一个对社会有用的人。

3. 有利于减轻大学生的身心压力

随着市场经济的发展，社会竞争激烈，就业压力很大，大学生要想在毕业以后找到一个满意的工作，在社会上有一个更高的起点，只有不断地学习新鲜事物，才能提高自身的竞争力，就像是朱熹在《观书有感》中写的诗句那样，“问渠哪得清如许，为有源头活水来”。在大学期间，学生除了要学习扎实的专业知识，通过各个学期的期末考试，还要考各式各样的证书或者是各种选拔类的考试，例如英语四六级证书，计算机等级证书，或者硕士研究生考试、公务员考试等等，这都对大学生的身心造成一种压力。在紧张的课程学习之余，大学生使用手机网络进行娱乐消遣，听音乐、看视频、玩游戏等，适度地用手机上网，可以愉悦身心、减轻学习压力，以积极、乐观的态度面对社会的激烈竞争。

（二）手机给大学生带来的消极影响

手机作为一种新媒体的呈现形式之一，给大学生们带来了方便和快捷，为校园生活和学习增添了很多的乐趣。但是手机上网也是一把双刃剑，手机在提供方便快捷的同时，同样增大了大学生对手机媒介的依赖程度，过度地、不恰当地依赖手机，给大学生的生活、学习、思想以及健康等方面造成了消极影响。

1. 加重大学生的经济负担

正如美国学者杜兰说的那样，天下没有免费的午餐。手机上网亦是如此，想要享受任何服务通常都需要付出金钱的代价。目前，大学生每月的话费和上网流量都消费都比较大，尤其是上网流量，现在移动、联通、电信这些网络运营商都推出了4G，使得上网流量大大增加，这都是需要一定的费用来支撑的。再者手机上网收费项目各式各样、层出不穷，有些甚至是防不胜防，一不小心就被收费。虽然大学生会对这种现象深恶痛绝，但是由于已经越来越依赖手机了，所以感到无可奈何。而且大学生是一个没有独立经济来源的群体，所以对手机的过度依赖就在无形之中增加了大学生家长的经济负担。

2. 弱化大学生的情感联系

手机的全民化和依赖现象的出现，使以前用书信、电话甚至走亲串户来维系的亲情、友情、爱情大多被手机的QQ、微信等聊天软件所取代了。举个很简单的例子，也是我们这些年都亲身经历过的，一遇到节庆日或同学生日，只要敲一敲手机屏幕，就可以把祝福发送到对方那里，虽说快捷方便，但是这种点到为止、蜻蜓点水式的交流使家人之间、同学之间的问候越来越形式化。大学生过度地依赖手机，减少了与亲朋好友面对面交谈的机会，也与现实生活有所脱离，因而削弱了大学生的情感联系，使他们变得沉默寡言、不善交际，弱化了现实生活中的人际关系。

3. 不利于大学生的全面发展

当学生过度依赖手机，无意识中手机已成为其生活的一部分，一旦脱离手机，心中便会感到空虚，生活倍感无趣，做任何事情都心不在焉，学习效率也极其低下，这种新型的心理疾病被称为手机依赖症。有手机依赖症的学生会把大量的时间都用在玩手机上，成为“低头族”，那就会虚度大学的四年时光。如果他们把眼光从手机上移开，多去接触新鲜事物，多看点书，多参加社团活动，充分利用四年时间，就足以培养各方面的能力，促进自我的全面发展，增强个人的竞争力，从而为毕业以后走上工作岗位打下坚实的基础。然而现实并非如此，很多大学生对手机成瘾，吃饭时、走路时、被窝里甚至课堂上都能看到他们玩手机的场景。要知道，“一寸光阴一寸金，寸金难买寸光阴”，如果把大学的大部分时间都花在玩手机上，玩物丧志，那将不利于大学生全面发展。

4. 导致学习质量下降

在大学课堂上，学生低头玩手机的现象非常普遍。对于“什么情况下喜欢玩手机”这个问题，调查结果显示，在411人中，有123人会在上课不想听的时候选择玩手机，占到了29.93%。调查结果还显示，在上课的时候，即使没有来电或其他信息，有93.67%的同学会将手机放在视线能够看得到的地方，只有6.33%的学生不会；有96.35%的学生会下意识地寻找手机，时不时地拿出来看看，只有3.65%的学生不会这么做。所以在上课时手机放在身边会导致学生们不能专心地学习，影响听课质量，降低学习质量，分散注意力，不能够静下心来安心学习，造成了学习效率的下降。

5. 影响大学生的身心健康发展

网络世界的虚拟性和它的变幻莫测、深不见底，可能会影响大学生对自己大学生活的态度。大学生正处于心理发育的阶段，自我控制能力较弱，对待网络中一些消极的不健康的内容缺乏明确认识，沉迷于虚拟的世界，造成精神空虚，性格内向，使正常的认知、情感甚至世界观、价值观等受到影响。他们会觉得这个世界变化太快，世事难料，于是，产生及时行乐、得过且过等不良思想倾向。过度依赖手机除了对心理产生负面影响外，对大学生的生理也会造成伤害。手机在工作过程中会产生一定的辐射，损害人的眼睛和大脑。在本次的调查结果中发现，有超过一半的学生会在睡觉之前玩手机，这个习惯不仅占据了睡眠时间。手机强烈的光线还会刺激眼球，使得眼睛干涩不适，引起视力下降、大脑疲劳等生理上的问题。

四、手机依赖症的成因分析

（一）社会环境因素

现如今大学生所处的媒介环境和社会文化环境影响大学生的手机使用率。中国互联网信息中心调查显示，“截至2015年12月，中国网民规模达6.88亿，互联网普及率达到50.3%，半数中国人已接入互联网。”该报告同时显示，网民的上网设备正在向手机端集中，手机成为拉动网民规模增长的主要因素。“截至2015年12月，我国手机网民规模达6.20亿，有90.1%的网民通过手机上网。只使用手机上网的网民达到1.27亿人，占整体网民规模的18.5%。”[6]可见，整个社会所处媒介环境是大学生手机依赖症产生的重要因素。

1. 互联网时代手机普及率高

手机作为一种时尚、便捷、多功能的通信工具受到大学生们的青睐，成为他们学习生活中必不可少的一部分。手机功能越来越齐全，既能够及时与他人联系，放松心情，还能增添生活情趣，使得大学生越来越离不开它，越来越依赖它。手机自身的优势使人没办法去抗拒它。

2. 社会交往方式的转变

随着手机的普及，手机渐渐地融入人们的生活中，使人们的社会交往方式发生改变。逢年过节会用微信发红包、群发问候语，会将自己的所思所想发到朋友圈，好友可以点赞评论，用手机叫外卖、购物，改变了之前凡事都要“亲力亲为”的状态。似乎有了手机，人们可以轻轻松松地做任何事情。正是手机带给人们的这种便利性，才使得人们越来越依赖手机。

（二）教育环境因素

1. 手机是大学生社交最便捷的媒介

大学生正处于一个略显尴尬的年龄段，只有经济上依靠父母，其他方面都要独立自主。所以在校园里，由于环境相对封闭，信息接触也相对闭塞，手机就成了他们与外界接触的重要渠道。再加上手机作为新型的媒介载体，小巧且便于携带，因而手机媒介是大学生最容易接受的媒介。

2. 校园生活生活方式的改变

高中时期，学生有大量时间可以与父母等亲人在一起，步入大学后，大学生要相对独立地生活，除了有经济上的支持，大学生无法获得家人精神上的支持。同时，大学的课程相对宽松，生活方式也更加自由和开放；另外大学的教育方式也与高中的教育方式有很大差别，来自老师的监督和支持大幅下降，自主学习时间增多。因此，如果自控能力不强，学生就容易将时间过度地花在玩手机上。

3. 家庭教育方式

专制型教育和放纵型教育方式都会对学生的手机依赖现象产生明显影响。专制型家长对孩子过分严厉、否定、惩罚等，压制了孩子的天性，这样的家庭教育方式容易导致家长与孩子的沟通减少，没有给孩子提供足够的关怀和理解，使孩子缺失自我价值，形成了自卑人格。而放纵型家长对孩子过度地放纵和忽视，会让孩子缺乏关心和帮助，幸福感逐渐缺失，也会导致他们对手机的依赖。另一方面，家庭的不和谐、离异、单亲等状况，也会使孩子逃离现实，沉迷于虚拟世界。

（三）学生自我需求

1. 人格特质的差异

来自南方医科大学公共卫生与热带医学学院和护理学院的一项研究结果表明：“黏液-抑郁质的大学生使用手机的时间最少，胆汁质的大学生使用的时间最多；多血-黏液质对手机的依赖性相对较低，而胆汁质的依赖性则相对较大。”[7]根据艾森克人格理论，胆汁质类型的人，脾气急躁，情绪冲动和难以控制。因此，胆汁质的大学生朋友比较少，需要与人交谈，所以会经常使用手机，喜欢将自己知道和发生的事情与同学分享。而黏液-抑郁质的人，安静稳定，反应迟缓和情绪不易外露。这种气质类型的大学生，不爱社交，喜欢把心事藏在心里，而不愿意找别人倾诉，也不关注别人的事情，因此不太使用手机，对手机的依赖性较低。总之，由于个体之间的人格特质存在差异，所以每个个体对手机的依赖程度也是有所不同的[8]。

2. 从众心理的影响

从众心理就是我们通常所说的“随大流”。大学生作为最具活力的社会群体，其求新、求异的心理比一般人都更为强烈，也更容易追求新事物、新技术，接触新媒体。而在大学生这个年龄段，自控能力较弱，缺乏明确的人生规划，个体独立性不强；再加上大学生生活在校园里，同学朝夕相处，群体内部具有足够的同一性和吸引力，对群体有较强的依赖性和归属感，于是手机成了他们青睐的娱乐工具和交往工具。因此，在高等院校，大学生的从众现象比较普遍。“别人玩，我也要玩”的这种从众心理会导致一些大学生使用手机的初衷并不一定是自己真的需要，而是看到别的同学都在玩，便认为自己也有这种“要求”，从而使自己与大多数同学保持一致。另一方面，大学生追求时尚，为此而频频更换手机，不断追求手机型号、品牌、功能、款式。这也是从众心理的一种表现。

3. 心理诉求的需要

1974 年，美国社会学家卡茨在《人际影响：个人在大众传播中的作用》一书中分析了人们使用大众传播的动机，认为人们接触和使用传媒是为了满足自己的需要。所以大学生对手机的依赖是因为有内心诉求[9]。一方面，手机可以满足当代大学生的社交需求。当前很多大学生容易产生自负或自卑心理，当这些复杂的情绪积累到一定程度时，就迫切需要释放精神压力，迁移情绪。而手机以其独特的特点迎合了大学生的这种心态，可心寻求安全、排遣郁闷。大学生通过手机可以随时随地与社会网络中的其他人取得联系，扩大交际范围，满足社交需求，因而对手机的依赖也就逐渐加深[10]。另一方面，手机信息量大，传递方便快捷；同时，大学生处于学习的黄金时期，对知识信息的渴求欲望很强，而手机能够满足当代大学生获取信息的需求，可以降低大学生由于信息缺乏而造成的心理压力。

五、应对措施和对策建议

任何事物的存在都有其合理性的一面，手机也不例外。作为信息时代发展的一个产物，作为通信工具，使用手机无可厚非。它会给我们带来什么样的影响，是积极的还是消极的，关键是看我们怎么样去利用它。手机网络已经在大学校园里根深蒂固，所以我们对待手机依赖问题，不能形式化或简单地利用强制手段进行干预，要以宽容的态度进行积极引导，要利用手机网络为大学生的切身利益服务。大学生对手机过度依赖，不仅仅是个人问题。大学生可以说是祖国的未来，若不加以关注和引导，终将发展成为严重的社会问题。在加强当代大学生手机网络道德自律的同时，必须充分调动高校、社会、家庭等各方力量共同努力，为大学生营造合理利用手机上网的和谐环境。

（一）从大学生角度出发

1. 大学生要加强自我管理与自我控制能力

大学虽说是一个小社会，但是毕竟还是一个象牙塔，生活学习的环境轻松自由，没有太多的束缚，学生要独自面对来自外界的种种诱惑。在这么一个特殊阶段，对大学生自我管理和自我控制能力就有很高的要求。但现实情况是大部分大学生的自我管理和控制能力远远低于该阶段的要求。自控力差，必然带来诸多负面的影响，例如不能按时完成课程任务，很容易受到诱惑并陷入其中，等等。所以，大学生需要在实践中不断提高这种能力，进行积极的自我强化、自我暗示，可以尝试着制定短期、中期或长期计划；如果发现自己能够完成计划中的事，可以适当地对自己进行奖励，或者加强体育锻炼，可以有效地提高个人的毅力和自制力。

2. 学会转移注意力　多参加实践活动

容易患上手机依赖症的学生大多是比较内向、自卑、不善交际的，所以可以尝试着转移对手机的注意力，减少投放在手机上的心思和精力，积极参加校园活动，丰富课余生活，例如多参加一些学校的社团活动，多去与人交流，增强个人魅力；另外，也要加强与家长、老师、同学的交流与沟通。现实的交流有助于学生摆脱对手机的依赖。

3. 加强手机网络道德自律

手机对大学生具有巨大的诱惑力，大学生作为社会主义事业的建设者和接班人，应当增强自身的责任感，合理制定手机使用规范，自觉践行《全国青少年网络文明公约》，除了日常必不可少的使用外，要尽量减少不必要的使用；要有序、适当地利用手机，用坚强的意志去抵制手机所带来的诱惑力。《礼记·中庸》要求人："君子慎其独"，即在没有旁人监督的情况下，也能做到约束自己的行为。所以大学生要坚持手机网络自律，增强对手机网络游戏以及色情、暴力等手机不良信息的免疫力，努力做一个文明的手机网民。

（二）从家庭角度出发

家长在孩子的成长过程中，不仅要注重孩子的学业成绩，也要注重培养孩子的兴趣爱好。家长扮演的角色除了是父母以外，也可以扮演朋友的角色，增加与孩子在一起的时间，多多陪伴孩子，给予关心和理解，注重与孩子交流，多倾听孩子内心的想法，为孩子营造一个温馨的家庭氛围。家长要学会适当地给予孩子鼓励，增强其自信心和自我价值感。这样，就可以有效地避免他们从虚拟世界中寻找依赖，为他们的内心情感和压力提供了倾诉的出口。

（三）从学校角度出发

1. 构建和谐的校园文化　开展丰富的课余活动

学校应努力构建和谐的校园文化，营造健康、有序、和谐的校园环境。积极组织各种学生感兴趣的实践活动或者文体活动，不仅可以满足学生对信息和知识的渴求，培养大学生的科学精神和人文素养，形成优良的学风，还可以充分调动学生的积极性，促进学生的个性发展，满足学生社会交往和人际交流的需要，形成良好的人际关系和团队合作精神，尽可能把他们的注意力从手机上转移开。通过上述多种形式的校园文化活动，营造积极向上的校园文化氛围，让大学生潜移默化地接受教育和影响，从而逐渐摆脱对手机的依赖。

2. 建立良好的群体氛围　培养学生的独立个性

群体氛围是影响从众心理的重要因素之一。要充分发挥群体文化、群体氛围的导向作用，营造积极向上的群体氛围，倡导积极向上、健康文明的手机使用观念，并通过开展丰富多彩的校园文化活动，让大学生感受到青春自然的气息，树立正确地使用手机的意识，并致力于培养学生的独立个性，而不是盲目从众跟风。另一方面，学校要重视手机依赖症的危害，可以通过开展相关宣传活动，呼吁大学生建立正确的手机使用观念。此外，还要培养学生独立的个性，有主见，不盲从他人。学校可以针对盲目依赖手机而荒废学业的现象进行批评和抵制。

3. 建立健全的心理健康与咨询教育体系

手机依赖症是一种新型的心理疾病，所以学校要建立健全大学生心理健康教育课程体系，有计划有组织地对全体大学生进行心理健康教育，开设心理咨询中心，帮助有手机依赖倾向的学生调整好心态，提高学生的心理健康水平，帮助学生脱离手机依赖。

4. 借鉴手机网络的优势 改革教学体制

随着手机媒体的功能越来越齐全，高校可以借助手机平台对现有的教学体制做一些创新改革，更新对大学生的教育模式。例如电子图书馆，在手机上就可以借阅学校图书馆的图书；手机公开课，利用手机就可以听到高校里名师的精品课程；手机校园通，在手机上就可以交各种费用等。这可以引导学生将手机的娱乐化向工具化转变。

（四）从社会角度出发

促成良好的社会风气，倡导大学生文明使用手机。大学生是社会群体的重要组成部分，是国家的未来，将来承担起社会主义建设的重大责任。一旦大学生的行为习惯严重影响社会风气的话，就会造成难以预计的后果。今天，人类已经不仅仅生活在自然环境和社会环境中，更生活在媒介环境中。传媒文化充斥在我们生活的每一个角落，我们已经进入了一个”媒介化生存”的时代。因此，大学生的行为习惯会影响社会风气，同时社会风气会反作用于大学生的行为举止。为了能够帮助大学生摆脱手机依赖症，必须积极营造良好的社会风气，倡导大学生文明使用手机。

六、结　论

如今“90后”的大学生基本上已经适应了在媒介环境中生活，也习惯了从媒介中寻求答案。大学生往往比社会上的人更加在意各种信息，因为大学生在毕业之后面临的是就业压力。随着信息社会的高速发展，社会变革的脚步也在逐渐加快，大学生为了能跟上时代的步伐，只能借助媒介去了解世界的变化，而手机等媒介自身有着独特的魅力，这样就不可避免地引发了大学生对手机媒介的需求甚至是依赖。在今天，手机媒介以一种新型融合媒介出现在大学生的面前，它给大学生带来的不仅仅是生活、社交上的变化，也带来了心理上的多重变化。因此，应该从学生自身、家庭、学校、社会四个角度出发，通过大学生自我教育、建立良好的群体氛围、构建和谐校园文化、加强人文关怀和心理疏导、完善社会监管体制等途径，使大学生克服手机依赖心理，养成良好的意志品德，从而实现身心的健康发展。大学时期正是学习和积累知识的重要时期，大学生应该具备相应的理性思考能力，认识到对手机过度依赖的消极影响，从而合理安排学习和娱乐的时间，全面的提高自己。

参考文献：

[1] 亚伯拉罕·马斯洛（Abraham Harold Maslow）．动机与人格[M]．许金声，译．中国人民大学出版社，2007.

[2] 韩登亮，齐志斐．大学生手机成瘾症的心理学探析［J］．当代青年研究，2005（12）．

[3] 李滢彤．大学生课堂“手机依赖”现象的调查研究——以大连民族学院计算机科学与工程学院为例［J］．中文信息，2013（9）．

[4] 洪艳萍，肖小琴．大学生手机依赖状况及其与人格特质［J］．中国健康心理学杂志，2013，21（4）．

[5] 郭欢．大学生手机依赖现状与成因的分析．［J］．中国电力教育．2013（34）．

[6] 中国互联网信息中心（CNNIC）．第37次中国互联网络发展状况统计报告［EB/OL］．http：//h. eqxiu. com/s/NNNIsRa5？eqrcode = 1&from = groupmessage&isappinstalled = 0. 2016. 01. 22.

[7] 黄靖茵，刘江美，胡燕红等．广东省大学生手机短信使用情况及其与气质类型的关系［J］．中国学生卫校，2010（5）．

[8] 李宏利．艾森克心理健康思想解析（校园版）［M］．杭州：浙江教育出版社，2016.

[9] 伊莱休·卡茨．人际影响：个人在大众传播中的作用［M］．张宁，译．北京：中国人民大学出版社，2016.

[10] 罗玉华，黄彦萍，游敏惠．手机对大学生的影响及对策研究［J］．重庆邮电大学学报（社会科学版），2011（2）．

【附　录】

大学生对移动媒介的使用、认知与依赖程度调查

您好，我是安徽大学新闻传播学院的在校本科生，为了收集毕业论文的写作材料，设计了此次调查问卷。本次问卷所有数据只用于统计分析，请您放心地按自己的实际情况填写。非常感谢您的帮助。

1. 您的专业性质？[单选题] [必答题]

○ 文科类　○ 理科类

2. 您的性别？[单选题] [必答题]

○ 男　○ 女

3. 您的年级？[单选题] [必答题]

○ 大一　○ 大二　○ 大三　○ 大四

4. 您理解的移动媒介包括什么？[多选题] [必答题]

□ 手机　□ 平板电脑　□ 其他

5. 您一般平均每日使用手机多长时间？[单选题] [必答题]

○ 1～2 小时

○ 2～5 小时

○ 5～8 小时

○ 8 小时以上

6. 您使用手机主要的目的是什么？[多选题] [必答题]

□ ①通信功能（如：电话、短信等）

□ ②娱乐方面功能（如：音乐、照相、游戏、视频等）

□ ③社交方面功能（如：微信、微博、QQ、人人等）

□ ④生活服务功能（如：定位导航、查看天气、淘宝购物等）

□ ⑤信息咨询功能（如：查看新闻信息、知乎、浏览器等）

□ ⑥商务方面功能（如：日程安排与提醒、文档处理、邮件收发等）

□ ⑦财务管理功能（如：支付宝、Wallet 等）

□ ⑧教育学习功能或应用（如：有道词典、驾车宝典、电子书等）

□ 其他

7. 什么情况下您喜欢玩手机？[多选题] [必答题]

□ 任何时候

□ 聚会场面尴尬的时候

□ 吃饭的时候

□ 等候的过程中

□ 上课不想听的时候

□ 睡觉之前

□ 其他

8. 当遇到解决不了的问题时，你会第一时间想到用手机去查询吗？[单选题][必答题]

○ 会 ○ 不会 ○ 看情况

9. 在上课的时候，即使没有来电或其他信息，您也会总把手机放在视线看得到的地方吗？[单选题][必答题]

○ 经常 ○ 偶尔 ○ 从不

10. 您是否经常下意识地寻找手机，时不时地拿出来看看？[单选题][必答题]

○ 经常 ○ 偶尔 ○ 从不

11. 若您出门时忘带手机您会？[单选题][必答题]

○ 觉得别扭，马上回去拿

○ 觉得没事，但很空虚也很不方便

○ 没什么影响

12. 当您知道手机的使用对人的身体很有危害后，您还会继续长时间使用手机吗？[单选题][必答题]

○ 不在乎其危害，继续长时间使用

○ 会有顾虑，进行适当防范，但不减少使用时间

○ 会适当减少使用时间

13. 你觉得你是一个有手机依赖症的人吗？[单选题][必答题]

○ 是 ○ 否

14. 您觉得造成对手机过度依赖的主要原因是？[多选题][必答题]

□ 手机性能越来越齐全

□ 环境所趋，每个人都这样

□ 性格所致

□ 觉得周围活动没什么比手机更感兴趣的

15. 您觉得使用手机对您的生活或是学习是有帮助的吗？[单选题][必答题]

○ 帮助很大 ○ 一般 ○ 很少 ○ 没有

16. 您觉得手机对于我们的学习或者生活是？[单选题][必答题]

○ 利大于弊 ○ 弊大于利

中小学生媒介素养教育现状、问题与对策研究

——以安徽合肥两所学校为例

童 云 周 彤

一、引 言

美国学者詹姆斯·波特在《媒介素养》一书中写道：“媒介传播效果对人的影响就像天气对人的影响一样，它无处不在，无时不有，并且有着各种各样的存在形式。”对于媒介的认知已经成为现代社会人们必备的技能，媒介素养教育应运而生。媒介素养是人们对不同媒介的特质、功能的认知能力，对媒介传播信息的解读、批判能力，以及运用传媒及其信息为个人生存发展和社会进步服务的能力①。而媒介素养教育是20世纪下半叶在欧洲、北美洲和大洋洲以及拉丁美洲、亚洲部分发达地区应时代要求发展起来的一种新型教育。所谓媒介素养教育是指教育学生正确认识、理解媒介信息，正确使用媒介，使之具有健康的媒介使用和批判性认识媒介内容的能力。美国传播学者斯塔利·J. 巴伦在《大众传播概论》中举出了媒介素养包括的五个方面重要内容：（1）能够意识到媒介产生的影响，这种影响不但有正面的、积极的，也有负面的、消极的；（2）能够理解媒介的基本性质以及它们各自的特点，从而能正确的选择自己所需要的媒体；（3）能够了解、分析、识别媒体的内容，包括新闻、评论、各种娱乐节目、社教节目，并透过这些内容辨别媒介的基本价值取向；（4）能够了解、分析、识别信息的真伪、节目的好坏以及媒介的优劣，对媒体保持一种独立判断的态度；（5）能够理解媒介的生产过

基金项目：本文系2014年安徽大学舆情与区域发展协同创新中心招标课题部分成果，（ADYQXC14YB03）。

作者简介：童云，安徽大学新闻传播学院讲师，安徽大学舆情与区域形象研究中心研究员，安徽大学舆情与区域发展协同创新中心研究员；周彤，安徽大新闻传播文学院2014级博士研究生，安徽大学舆情与区域研究中心科研秘书。

① 刘勇，王海霞．当代媒介素养概论［M］．合肥：合肥工业大学出版社，2007.

程和传播过程，明白媒介生产过程、传播过程中的特殊语境[①]。

国内学者对此方面的研究，以社科院研究员卜卫为先行人，她认为媒介素养应该包括四方面的内容：第一，了解基础的媒介知识以及如何使用媒介；第二，学习判断媒介讯息的意义和价值；第三，学习创造和传播信息的知识和技巧；第四，了解如何有效利用大众传媒发展自己[②]。

谭泓认为，媒介素养教育是基于世界传媒与教育界广为认同的八大理念的基础上提出的：（1）媒介信息是对现实的再架构；（2）媒介能够决定人们对现实的认识；（3）受众对媒介信息的接纳是有条件的；（4）媒介信息拥有商业内涵；（5）媒介信息包含有意识形态和价值观；（6）媒介信息拥有社会和政治意义；（7）媒介信息的内容与形式密切相关；（8）不同媒介各自拥有独特的审美形式或偏好[③]。而这八个方面也正是媒介素养教育中的重点。

袁菱在《论媒介信息教育》一文中扩展了媒介素养教育的内涵。她认为，“媒介信息教育，就其广义来理解，属于媒介教育范畴”[④]。所谓的媒介教育，又可分为两类：一类是新闻教育或新闻传播教育，旨在培养媒介从业人员的专业化水平；另一类是旨在培养公民认识媒介以及科学获取、判断、分析和使用媒介信息的能力的一种素养教育，这种教育面向全社会并由社会实施，又称为大众化新闻教育、媒介素养教育或媒介信息教育。

媒介素养教育的核心在青少年，西方发达国家媒介素养教育首先在中小学中进行普及，对于处于摸索阶段的中国媒介素养教育理应遵循这样的规律。尽管近些年来关于媒介素养教育的研究成果出现不少，但是针对未成年人尤其是联系当前媒介环境的研究还是较少。本文立足于对青少年媒介素养教育的研究成果的回顾，总结其中的代表性观点，结合研究团队在合肥两所学校的实地调研，分析指出当前青少年媒介素养教育中存在的问题，以理论与实践结合的方式，提出一些切实可行的意见，以期给相关领域的人员提供参考。

二、当前我国青少年媒介素养研究状况

为全面呈现当前的研究状况，笔者利用CNKI搜索相关文献，搜索规则如

① 【美】斯塔利·J. 巴伦. 大众传播概论［M］. 刘鸿英译. 北京：中国人民大学出版社，2005：56-65.

② 卜卫. 论媒介教育的意义、内容和方法［J］. 现代传播，1997，（1）.

③ 谭泓. 媒介素养教育——培养公众对传媒信息的选择能力［J］. 学习时报，2004，（3）：25.

④ 袁军. 媒介素养教育论［M］. 北京：中国传媒大学出版社，2010：76-77.

下：(1) 按主题、篇名搜索，设置主题关键词为“媒介素养”或“媒介素养教育”；(2) 在搜索结果中继续检索“中小学”“青少年”“中学”“小学”。两次搜索后，剔除重复、通告、会议和名不副实的论文，共得到182篇有效文章，其中期刊论文151篇，硕博士论文31篇，其中核心期刊论文62篇。

从笔者收集的关于媒介素养的文献来看，目前的研究基本解决了以下几方面的问题：

一是对青少年媒介素养教育概念、内涵、历史与现状的梳理，较系统地回答了媒介素养“是什么”的问题；

二是大量引介了西方发达国家媒介素养教育的经验，系统阐述了美国、加拿大、英国等国家大中小学开展媒介素养教育的具体情况，从政策层面到具体实施，从学校教育到家庭教育、社会教育，从课程教学内容到教学方法均有涉及；

三是研究集中对“为什么”的回答，阐述了亟须在中国开展媒介素养教育实施的背景、影响与意义；

四是针对“怎么办”的问题，部分研究从实证的角度、个案分析的维度，提出了一些具体实施的措施，从大到国家教育宏观层面的制度建构，小到“家校一体化”的具体措施；

五是针对青少年年龄阶段和精神思想的特点，结合媒介素养教育的内容，提出了一些适宜青少年媒介素养教育的方法、途径。

从文章发表的年份来看，侧重点有所不同：在2005年之前，研究主要集中于“是什么”“为什么”方面；在2005年之后，尤其在2010年之后，侧重于新媒体与青少年媒介素养教育方面的研究文章越来越多，这和实际中媒介环境的变化息息相关。

当前我国媒介素养教育实施与研究中也存在诸多不足，体现在以下几个方面：

一是宏观意义上的理论建构与体系建设的构想已经基本形成，但缺乏新意与深度，并且缺乏具体的操作指导。自2005年之后，关于我国媒介素养研究的调查报告和案例分析的论文数量有大幅的增加，但在文章中真正有新意、有建树的观点并不多，多数停留在对国外经验的引介上，尤其是立足本国国情而提出来的媒介素养教育内容几乎还没有。

二是媒介技术的日新月异，媒介环境的急剧变化，青少年的生活环境的改变以及由于生活环境不一带来的群体性差异越来越明显，对于特定群体的青少年媒介素养研究还很不足，媒介素养教育的方法缺少针对性。

三是宏观面上的研究缺乏翔实的数据支持。21世纪以来，一些研究虽然注重实地调查数据的采集，但数据以个案、区域性居多，对于国家整体的青少年媒介素养的现状调查几乎没有。因此，这方面的工作，缺乏“顶层设计”。由于定量分析的缺失，相关部门对我国媒介素养的现状分析不够全面和客观，也是至今为止我国还没有出台相关的媒介素养教育方案的重要原因。

随着电子媒介技术的发展，平板电脑、智能手机、电子图书等新媒体以及微博、微信等社交媒体服务的出现，电子媒介越来越多地进入中小学生的日常学习生活中。为了解合肥市中小学生媒介素养教育实施的情况，笔者对合肥市第五十五中学名城校区小学部、庐阳中学6个班级的学生进行了媒介素养调查和访谈，据此研究中小学媒介素养环境和媒介素养教育的基本情况。其中采用问卷调查法请152名中学生填写了问卷，其中有效问卷126份；请78名小学生家长填写了问卷，有效问卷52份，但在实际统计与采访中发现家长填写的调查问卷和小学生的反馈存在较大悬殊，故不能以问卷数据而下结论，为此我们抽选了15名小学生做了深度访谈。

三、合肥市中学生媒介素养现状调查

通过问卷调查的方式对当前合肥市中学生的媒介接触环境和媒介素养现状进行调查，根据前述媒介素养的定义并参照国外媒介素养教育的相关理论，笔者主要从媒介使用时间、媒介使用能力、媒介内容鉴别能力三个方面涉设计问卷，对当前合肥中学生的媒介素养状况进行考察和描述分析，结果如下：

（一）当前合肥市中学生的媒介拥有情况

问卷媒介素养类第一题：“你平均每天接触各类媒介（除去作业）的时间（周末、节假日和平时时间区分）如何?”设置了书报杂志、电视、电脑、广播、手机和平板电脑六个选项，基本上所有同学都在相应媒介后面的使用时间中勾选了，其中广播和平板电脑接触频度较低（广播不接触率55.56%，平板电脑不接触率38.1%），但均表示拥有。对中学生媒介拥有情况的调查结果表明，当前合肥市城区学生的媒介接触环境比较优越，大多数中学生在日常生活中可以使用各类媒介。

（二）当前合肥市中学生的媒介使用情况

对中学生日常接触各类媒介情况的调查显示，半数以上中学生（67.5%）接触最多的大众传播媒介是“电视”，其次是“电脑”，有19.7%的中学生表示接触互联网多于其他媒体。相比之下杂志、报纸、广播在中学生日常生活中的使用则明显不多。

家长对孩子接触各类媒介事件的限制程度分布大致如下，家长对中学生使用电脑、手机和电视的时间限制程度高（59.5%、58.7%、59.7%），广播和平板电脑在平时的不接触程度高，但多数学生表示在节假日、寒暑假，自己可以使用平板电脑，因为此题设置的问题是："父母在平时对各类媒介使用的时间限制程度"，关注的时段集中于上学期间，平板电脑在上学期间有38.1%的学生表示不接触，但拥有，说明平板电脑的限制度也是很高的。广播的不接触主要由于广播媒介越来越少地进入居家生活，广播的受众主体已经转移。调查结果表明，城市中学生对各类媒体的接触和使用状况并不均衡，家长对孩子媒介使用时间的限制也不均衡，总的来说，孩子倾向于对电视、电脑接触多，父母对孩子在此方面限制多，对报刊限制少，而中学生在平常学习中主动接触报刊较少（见图1）。

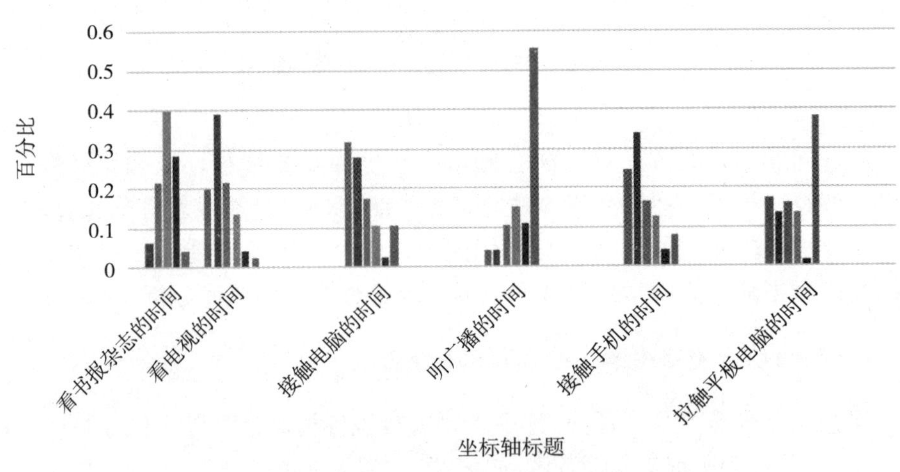

图1 父母对孩子接触各类媒介的时间限制程度

问卷对中学生家长对于孩子上网的态度进行调查，从调查结果看，39.2%的家长限制孩子的上网时长，37.6%的家长要求孩子做完作业后才能上网，反对上网的仅有4.8%。调查结果表明，多数中学生有上网的机会，绝大多数家长对网络对于孩子的影响较为关注（见图2）。

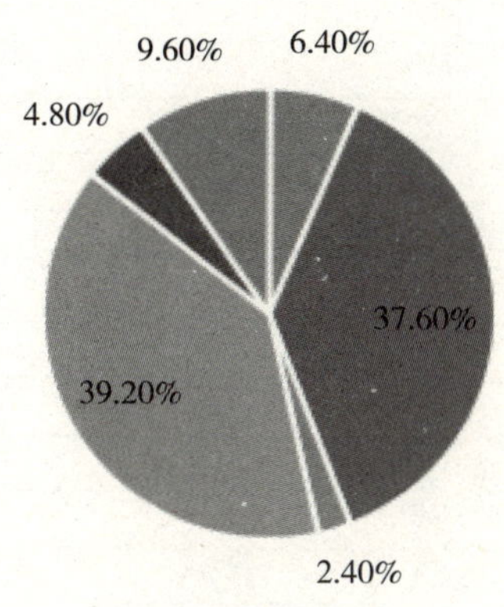

图2　家长对孩子上网的态度

（三）合肥市中学生对互联网的使用情况

中学生对电脑（主要使用电脑上网）的使用情况调查显示，大多数中学生使用最多的电脑功能是“玩游戏”，选择这一选项的人数占总数的45.6%；排在第二位的是“信息收集”，比例为40.7%；之后依次为“聊天”和“看电影、听音乐”。这一调查结果说明，中学生已经能够自觉利用互联网来查找信息为己所用，但对娱乐功能的追求仍是中学生使用互联网的重要方面之一。

在对中学生上网频度的调查中，44.44%的学生表示只有周末才会上网，38.1%的学生表示偶尔上一下网，只有14.29%的学生表示每天都会上网，不到1%的学生从不上网（见图3）。在上网地点的选择上，绝大多数学生会在家中上网（64.8%），使用手机上网的比例为16%，到网吧上网的比例只有2.4%（相较于十年前有研究对城市中学生上网地点的选择“网吧”的比例大大下降）（见图4）。这些表明现在的合肥中学生拥有了较好的互联网使用条件，可以便利地使用网络，对网络使用也有较强的约束力。这种约束既有社会与家庭的约束，也有自我约束。

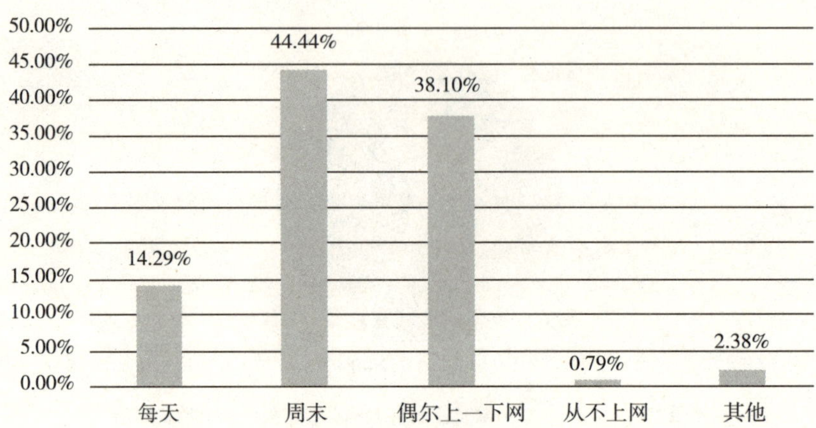

图 3　中学生上网频度

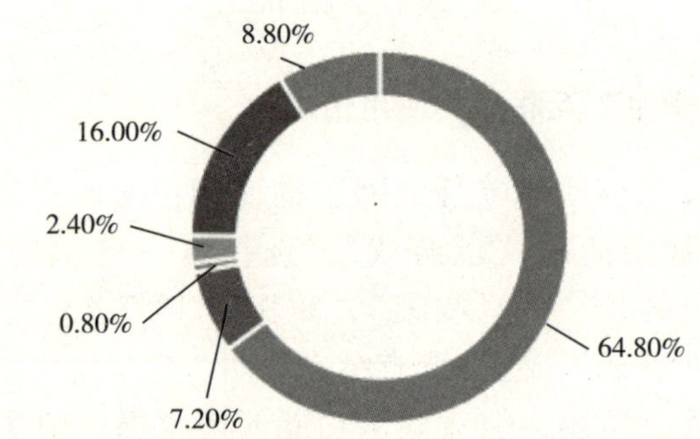

图 4　中学生平时上网地点

问卷中设置了对网络信息真实度的判断，以此来考察中学生对真实世界与网络世界的辨识程度。从调查来看，大多数中学生对媒体内容与现实世界的差异有较好的批判分辨能力。超过六成的中学生认为网络信息是部分真实，访谈显示，他们对包括互联网在内的大众传播媒体上所呈现的内容能够保持一种较为理性的态度和认识。在学习中，利用互联网进行信息搜索与整理已经成为合肥中学生的日常功课，搜索、分析、鉴别、整理互联网信息的方法手段对绝大多数同学来说已驾轻就熟。总体而言，合肥市中学生对媒介图景与现实图景的差别有较好的分辨能力，没有表现出过度的对网络世界的依赖与向往（见图 5）。

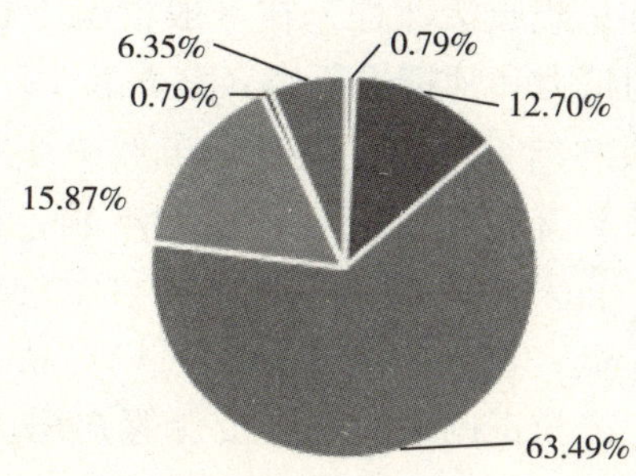

图5 对网络信息真实度的认知

三、合肥市小学媒介素养教育现状

本次调查我们选择了小学5名班主任进行了深度访谈，了解目前合肥小学媒介素养教育现状。

访谈提纲如下：

（1）您是否听过“媒介素养”或“媒介认知”等相关概念？

（2）学校是否有开设与媒介素养教育相关的课程和讲座？

（3）对学生使用媒介的行为你们有哪些教育与引导？

（4）您觉得是否有必要开设媒介素养课程；如果需要，您觉得以怎样的授课方式比较合适？

（5）如果开设媒介素养课程，您觉得课堂中应该主要传授给学生哪些知识？

参与访谈的老师均认为进行媒介素养教育具有重要意义，但也坦言学校目前还未开设相关的教育课程，仅在思想品德和初中政治课中会有一点点涉及。究其原因，主要集中在以下几点：（1）上级认识不足，青少年接触媒介最多时间是在家中，在学校里学生是禁止使用手机等媒介的，因此学校认为对青少年媒介使用的引导更多的是家长的责任。（2）片面理解媒介素养的内涵，重媒介技术的教育，忽视媒介内容与媒介文化的引导。被访谈的两所学校在合肥都算是教育水平和教学资源较好的学校，计算机和网络课程均有开设，主要讲授计算机使用、办公软件使用、网页制作等技术内容，但几乎不涉及媒介文化教育。（3）小学课业负担重，即使会涉及“如何正确认识媒介内容”的思想品德课程和思想政治课程，在一般情况下也是作为“副课”暂停，学校老师没有足够的精力和师资进行媒介素养教学。

分析调查问卷和访谈的结果，我们发现，虽然中小学生在学校和家长的监督下有接触媒介的经验和基本鉴别媒介内容的本领，但他们的媒介素养大多是在接触媒介的过程中自发产生的，不是一种科学的、成体系的媒介认知能力，媒介素养的层次较低，直接表现在他们可以尽快掌握获取与整合信息的本领，但对媒介内容生产与正确使用媒介资源等知识仍是一知半解。因此，在当代中小学生中开设系统的媒体素养教育课程，通过科学的媒体理论指导以及系统的训练，促其养成良好的媒体素养，具有现实意义。

访谈显示，合肥中小学媒介素养教育不足，推行起来还有较大的障碍，相关的步骤、方法需要相关方面的共同努力，一起解决。有学者指出：“在我国，距离真正实施媒介教育，还有很长的路要走。仅从运行机制角度讲，取决于三个基础性条件：一是有更多的学界认识对我国媒介教育进行深入的研究，使我国的媒介教育尽快进入可行性论证阶段；二是有关政府部门特别是教育决策和管理部门对媒介教育予以更多、更实际的关注，如科研的投入、研究组织的设立、师资的培养等；三是加强媒介教育宣传，使公众了解媒介教育的重要意义，逐渐形成对媒介教育的自觉性需求。”① 但笔者欣喜地发现，合肥高校中的一些大学社团开始主动地进入中小学，开展媒介素养教育类的实践活动，

四、中小学生媒介素养教育与研究的路径与对策

根据调查中发现的问题，我们认为中小学生媒介素养教育的具体实施要有计划性、实用性和目的性，建构家、校、社会一体化的媒介素养教育体系具有紧迫性，提出以下建议与措施：

（一）开设媒介素养课程或讲座，全面普及中小学生媒介教育

早在20世纪下半叶，媒介素养在欧洲、北美和大洋洲已经发展为一门新的教学科目。1989年，英国教育部将媒介素养教育纳入正式的教学体系中，并规定在小学一年级的孩子和中学一年级的孩子都要进行媒介素养教育。现在英国把媒介素养教育规定为必修课程，作为英语教育的一个重要组成部分。

① 刘清泉．媒介教育刍论［J］．重庆师范大学学报（哲学社会科学版），2003，(4)．

加拿大开展的媒介素养教育，以培养学生的批判性思维为主，将媒介素养教育的核心概念和主要理论融入中小学的英语语言课程中。①

美国的媒介素养教育具有一定的系统性和针对性。根据不同年龄、不同层次群体，设计不同难度和重点的教育主题和内容。主要分儿童阶段、初中阶段、高中阶段、成人阶段四个阶段。

我国台湾地区的媒介素养教育在华文界处于领先地位，已经贯穿了从小学到研究生的各个阶段。有学者概括出台湾媒介素养教育的主要内容包括：（1）观看行为之管理——电视接触的目的；（2）节目真实性之区分——电视媒介的特质；（3）说服性信息的理解——说服性信息的特征；（4）媒介生态与组织——电视霸权②。

结合西方的经验，笔者认为在中国开展媒介素养教育关键在于形成属于自己的本土化教育特色。提出以下几条较为实际的措施，以供参考：

第一，增加现有中小学课程中媒介素养的内容，如在心理健康、思想政治、计算机课程中涉及媒介素养的相关知识，以案例教学、情景教学的方式展开。

第二，媒介素养教育是一个复杂的教育体系，需要方方面面的参与，需要家庭、教育机构、社会机构、学校的协同进行。

第三，家庭在使用新媒体中，父母主动分享新媒体使用的体会，主动帮助孩子认识媒介内容，讲解媒介信息制作和传授、甄别媒介信息真假的方法。

第四，中小学可以充分利用合肥的高教资源，和新闻传播类院系合作，开展学术讲座或邀请大学生志愿者参与媒介素养课堂的设计，组织学生参与诸如“小记者”“小编辑”“小主持”的课外活动，让青少年了解媒体是如何运作、如何进行新闻生产的，甚至可以组织学生参观合肥的媒体，参与某些节目的生产录制，使媒介素养教育寓乐于学。

（二）重视媒介素养教育的研究，创新研究成果

目前媒介素养教育的研究呈现“井喷”状态，但研究内卷化的现象比较明显。相关研究要加大研究方法上的创新力度，个案研究、问卷调查、相关性分析是目前媒介素养研究领域的惯用方法，但这种方法的局限在于割裂了社会人的关系网络，看似缜密的数据并不能全面反映研究对象。在实证研究

① 陈洁．义务教育阶段初中媒介素养课程标准设计研究［D］．西安：陕西师范大学，2011.

② 卜卫．论媒介教育的意义、内容和方法［J］．现代传播．1997，（1）．

上，应该多一些人种志、参与式观察、田野调查的研究方法。媒介素养的研究对象是活生生的人，要提高论文的说服力与适用性，避免陷入数据崇拜的窠臼，要注意“人文—历史—哲学”思维和科学方法论的结合。

随着中国社会分层的加剧，关于中国青少年媒介素养的研究不能仅仅停留在泛泛意义上的“青少年”或者“中小学生”方面，对这一群体的研究也应因地域、城乡、区域的不同而区别对待，使结论和建议更具有适用性。在这方面，近年来的硕博士论文，对此有较多的关注。除此之外，边缘人群体的研究也日益引起重视，如农村留守儿童、单亲家庭、农民工二代等青少年群体，社会应该加强关注。

（三）多方协作，营造良好的媒介文化氛围

提升青少年媒介认知的能力，需要良好媒介文化氛围的培育，有赖于于家庭、学校、社会三方的积极协作、共同努力，也依赖大众传播媒介的参与。首先，父母应树立全面的素质教育观，培养子女健康媒介消费习惯，营造良好的家庭文化氛围。其次，学校应积极借鉴国外成功的教育模式，加快构建中国媒介素养教育课程体系，提升媒介素养教育的师资水平。再次，要逐步建立完善各项规章制度，在一些发达市县开展探索性、试验性教育改革，总结经验，逐步推广。最后，大众传播媒体要积极发挥宣传、引导作用，加强媒介自律，为青少年奉献高质量的媒介产品。

2016 年大学生阅读方式的调查报告

——基于安徽大学在校学生样本采集

李新丽　陈开艳

摘要：文章试着从互联网对大学生的阅读方式和阅读内容的影响出发，采用文献分析、问卷调查法，基于安徽大学在校学生样本采集，利用所得到的数据来说明大学生阅读方式和内容的变化现状，结合新闻学传播学等相关原理进行剖析，寻求解决方法，使大学生认识到充分利用网络阅读方式、养成合理阅读习惯的重要性。

关键词：互联网时代；大学生；阅读方式；阅读内容；浅阅读；

一、引　　言

（一）选题的来源和意义

随着互联网技术的不断发展，手机、电脑等网络终端设备的普及，网络 WiFi 的覆盖以及 3G、4G 时代的来临，标志着我们的社会已经进入了互联网时代。这个时代不同于以往的时代，这是一个信息爆炸的时代，一个打破了时间地域的时代，一个互动共享的时代。这个时代的特征可以被加拿大著名传播学家麦克卢汉提出的一个概念来概括，那就是“地球村”[1]。同时麦克卢汉指出，现代传播媒介深刻地改变了人们特别是对当代青年人的影响。联系

基金项目：2014 年安徽大学舆情与区域发展协同创新中心重点招标课题项目阶段性成果（ADYQXC14ZD02）；2015 年安徽省本科质量工程提升计划项目之“一般教学研究项目——全媒体背景下《大众传播学》本科教学创新研究”（2015jyxm052）；2015 年安徽大学本科教育质量提升计划项目之“一般教学研究项目——全媒体背景下《大众传播学》本科教学创新研究”（ZLTS2015065）阶段性成果。

作者简介：李新丽，安徽大学新闻传播学院讲师、安徽大学舆情与区域形象研究中心研究员，安徽大学舆情与区域发展协同创新中心研究员；陈开艳，苏州大学凤凰传媒学院新闻与传播专业研究生。

到今天的实际，人们无不对麦克卢汉的准确预测感到惊讶。

中国互联网信息中心 CNNIC 发布的第 37 次《中国互联网络发展状况统计报告》显示[2]，截至 2015 年 12 月：中国网民达到 6.88 亿，90.1% 通过手机上网；通过 Wi-Fi 接网比例达 91.8%；网民中，学生比例最高，为 25.2%；2015 年中国网民人均周上网 26.2 小时，相当于每天上网超 3.7 小时。而大学生是学生网民中占据比例最大的，上网的时间也已经大大超出了中国网民上网的平均水平，成为依赖互联网生存的一个群体。

在全球化的时代背景下，互联网阅读已经成为人们生活中不可或缺的重要部分，因此，研究大学生的阅读现状显得尤为重要。大学生群体作为时代发展的主力军，其阅读方式、阅读内容、阅读喜好、阅读时长和阅读方法等都是值得研究的问题[3]，而他们的阅读现状、阅读原因、阅读效果等情况调查不仅有利于传统媒体发现自身的不足，改变传播方式，运用互联网思维，去粗取精、去伪存真，留住读者，也有利于新媒体探索出更为有效的传播方式，改变自身的缺点和不足，共同建立起一个健康的阅读生态环境。

（二）研究的目的

对于互联网时代下大学生阅读方式和内容变化的研究，不仅对于大学生自己，对于学校乃至整个社会的发展都具有极大的现实意义。对于大学生群体来说，亟须提高自身的阅读媒介素养和有效的阅读方式；对于学校来说，改变教育管理方式、建立一个积极的阅读环境和人际交往环境迫在眉睫；对于社会来说，传统媒体要改变自身的发展理念，走新媒体融合之路，最重要的是突破传统思维，与时代共发展，留住读者，而不是与互联网脱节。而新媒体也要了解受众的需求和习惯，读者自身如何合理地在现代阅读和传统阅读中做出选择，具有重大的意义。总之，在多方面的共同努力下，建立一个健康的阅读生态和积极活泼的人际交往环境，才能够促进我们所在的这个“地球村”不断发展。

（三）研究的方法

1. 文献法

通过对国内外学者对互联网时代下阅读方式的变迁和人际交往的研究，通过查找、鉴别、整理、收集文献等方式，进行对比研究，最终去粗取精、去伪存真，佐证自己的研究。

2. 问卷调查法

本文是基于安徽大学在校学生样本采集，针对安徽大学在校学生作为分析样本，问卷的设计和发放尤为重要，本文的撰写是基于此次问卷的数据才得以成功进行。

（四）相关文献综述

对于互联网时代阅读方式和阅读内容的变化方面研究的相关文献，笔者从两个方面来呈现。

1. 有关“互联网时代”研究现状

通过中国知网搜索标题包含“互联网时代”的研究有9084条结果，但以全文来看，有1204689条结果，最早可以追溯到1991年，1995年开始有关互联网的相关研究多了起来。在此之前都是研究计算机性能等方面，如南京通信工程学院邵军力的《计算机与数据通信综述》，而1995年后有学者开始研究互联网对生活的影响等方面，如邮电部科学技术情报研究所张晓东的《Internet的概念及其特点》。此后对于互联网的研究成果呈加速度上升，且后面的研究不仅是研究互联网自身这个新事物，而且研究互联网深入我们的生活方方面面的影响，如互联网产业、互联网自由、互联网广告、互联网舆情和互联网时代的群体性事件等方面的研究。

2. 有关“阅读方式和内容”研究现状

中国知网搜索全文“互联网时代阅读方式变迁”找到45138条结果，面对如此多的研究成果，可以看到互联网时代下阅读方式的变迁，是一个让学者和社会重视的问题，具有很大的现实意义。纵观这些研究成果，要么就是单纯的研究互联网时代下阅读方式调查，如南京艺术学院朱俊融《新媒体时代受众阅读习惯研究》，或者是阅读方式的变迁对出版形态的影响，又或者是阅读行为的嬗变对教育的启发，如武汉大学李新祥《数字时代我国国民阅读行为嬗变及对策研究》。但是把大学生作为样本采集的阅读方式研究很少，因此本文试以安徽大学在校大学生作为样本采集，基于大学生这个整体，通过问卷调查的方式得出大学生阅读方式的现状和问题，从而建立健康的阅读生态环境和培养大学生的阅读媒介素养。

二、相关概念的界定

（一）有关互联网时代相关概念的界定

什么是互联网，有学者这样打比方，“互联网就是高速公路，网站就是连接各高速公路的城区，电脑就是汽车，人就是司机，信息就是南来北往的货物”。从专业术语上定义，还是1995年10月24日美国联邦网络委员会对互联网（Internet）的定义，即Internet指的是全球信息系统[4]，它有三个方面的含义：

（1）Internet通过全球唯一的地址逻辑地连接起来，这个唯一的地址空间是基于互联网协议（IP）或其后续的扩展协议工作的。

（2）Internet能够通过协议进行通讯，这个协议是传输控制协议/互联网协议（TCP/IP）及其后续的扩展协议。

（3）. Internet能够提供、使用或者访问公众或私人的高级信息服务，这些信息服务是建立在上述通信协议和相关的基础设施之上的。

纵观互联网的发展历史，从1946年美国宾夕法尼亚大学的工程师们开发出的世界上第一台电脑ENIAC开始，我们慢慢进入了信息时代，而一些人类历史上前所未有的便捷而强大的信息传播服务工具如电子邮件服务、文件传输服务、远程登录服务和万维网服务等的发明，都使人类进入了互联网时代。总之，互联网时代的基础是网络，社会的核心资源是信息，创造信息和享受信息成为这个社会的主要特征。也可以说信息文明是建立在高度发达的网络基础上的。

21世纪，我们毫无疑问已经处于互联网时代中，获取信息也成为我们日常生活最重要的事情，尤其是在这个信息爆炸的时代，世界已然被互联网连接成为地球村。这个概念是1967年被麦克卢汉在他的《理解媒介：人的延伸》一书中首次提出的，即随着广播、电视、互联网和其他电子媒介的出现，随着各种现代交通方式的飞速发展，人与人之间的时空距离骤然缩短，整个世界紧缩成一个“村落”。这不得不说麦克卢汉对于时代和社会把握的敏感性。

地球村的形成基于互联网软硬件的发展：硬件就是手机、iPad等移动终端设备的发展；软件就是网络，WiFi，3G技术乃至4G技术的发展，打破时间和空间的限制，使得人们能够快速便利地发布、获取信息。而随着互联网时代下软硬件的发展，阅读方式变迁是必然的现象。与此同时，人际交往的方式也随着互联网的发展而不断地进步。阅读方式的变迁和网络人际交往二者之间存在着一种滚雪球效应，人们越来越依赖于互联网获取信息，而互联网的便捷性，使得人们从现实的人际交往转向虚拟的网络人际交往。总之，从互联网对这两方面的影响来说，互联网对于现代生活具有举足轻重的地位。

（二）有关阅读方式和阅读内容相关概念的界定

所谓“阅读”简单来说就是从视觉材料中获取信息的过程，具体来说就是读者对视觉输入的语言文字材料进行解码从而获取信息提取意义的心理过程[5]。从阅读的定义中可以发现一个词语，那就是材料，这个材料就是阅读的媒介。因此要想发生阅读行为，必须借助一定的媒介，这是阅读的第一步，所谓的媒介可以是文字材料，可以是图片，甚至到互联网时代集文字、图片、视频于一体的多媒体材料，因此，阅读需要通过一定的阅读媒介才能实现。

由此可见，阅读方式的变迁和阅读媒介的发展密不可分。麦克卢汉关于媒介的研究最有影响力的，是他提出了“媒介即讯息”[6]的观点，赋予了媒介极高的地位。其含义如这个理论字面意思，媒介本身才是真正有意义的讯息，传播媒介真正传递的是媒介本身的特性，而同其传递的具体内容无关。麦克卢汉将媒介影响下的人类历史分为四个时代，即口头传播时代、文字产生时代、印刷媒介时代和电子时代。而在印刷媒介普及之后，人们就脱离了只能面对面地谈话和小范围内交流的部落活动，人们可以进行单独的阅读和思考，印刷媒介促进了社会的个人化发展。电子媒介的出现，人与人之间的时空距离缩短，世界又紧缩成了一个地球村部落，这一阶段被麦克卢汉称为重新部落化阶段。如今我们所处在电子时代基础之上的互联网时代，不得不佩服麦克卢汉的先知和大胆思考。

总的来说，造纸术的发明让人们的阅读活动脱离了诸如竹子、丝绸等笨重的阅读媒介；印刷术的发明使得大众化阅读活动不再被有钱有势之人所垄断，随着报纸广播电视的出现，阅读更加普遍化、大众化；直至新媒体的出现，世界因为互联网而成为地球村，阅读已经成了人们日常生活中不可缺少的一项活动。社会要想发展，文明要想进步，文化要想传承，都离不开阅读这项活动。如今阅读处于互联网时代，如何有效地阅读成了我们必须重视起来的问题。

三、基于安徽大学在校学生样本采集问卷设计

（一）研究的对象

为了能够全面地展现大学生的阅读情况，深入了解大学生阅读方式和内容变化的相关情况，本次问卷调查选择安徽大学在校大学生作为样本。众所

周知，安徽大学是国家“211 工程”重点建设大学，它的包容性和建设性是有目共睹的，并且安徽大学也是全国重点综合性大学，文科理科工科分布均匀，男女生比例平衡，外省学生和本省学生相互包容，因此将安徽大学在校学生作为样本采集对象，能够以小见大，具有说服力，能够反映出大学生阅读情况与人际交往的真实情况。

（二）研究的问题及假设

笔者发现校园里许多同学已经成了“手机控”，无论是在课堂上还是在聚会中，处处可见“低头一族”，尤其是近两年来智能大屏幕手机、iPad 平板电脑的普及，安徽大学本校图书馆等公共场所 WiFi 信号的覆盖，让大学生群体学习生活方便快捷的同时，也越来越依赖互联网。大学生的阅读方式也发生着很大的变化，基于手机电脑等电子设备，阅读更加方便快捷。同时，安徽大学“移动图书馆”的建立，也能够让大学生读者不受时间、地点及 IP 地址的限制，随时随地通过手机、平板电脑等设备使用图书馆资源，尤其是 QQ、微信、微博等社交媒体的普及，大学生的人际交往方式也变得丰富多彩，而基于 QQ、微信的阅读也和大学生群体的人际交往息息相关。

本文研究的问题就是互联网时代大学生阅读方式是如何变迁的，人际交往呈现出怎样的新特点，这二者之间又存在着怎样的关系，因此，笔者做出以下假设：第一，大学生群体是依赖互联网的一个群体；第二，大学生阅读方式更加偏向于手机、电脑等设备；第三，大学生阅读内容越来越浅化；第四，网络时代基于 QQ、微信大学生阅读内容和人际交往息息相关。

（三）问卷问题设计依据

为了使调查数据更加科学、可靠、全面，能够印证笔者的假设，本次问卷调查问题从以下五个部分展开：

第一部分是基本情况，为了达到数据的均匀，文科理科、男生女生、年级作为基本情况部分统计。之所以区分这些，是因为文理科的课程性质、上课方式、男女生比例是不一样的，男生女生的交友圈、爱好等是不一样的，年级也在一定程度上决定了阅读情况和人际交往，所以区分出来，数据也具有可比性。

第二部分是有关于互联网使用状况，这个选题是基于互联网时代下进行研究的，因此，笔者认为，首先要明白大学生群体对互联网的使用情况，针对这一块，设计了包括大学生使用互联网的习惯、偏好、目的、时长、自我认知等相关问题。

第三部分是有关于大学生阅读情况的调查，开始步入正题。在这一部分，笔者设计了关于大学生的阅读目的、阅读时长、阅读方法、阅读习惯的相关问题，得出大学生群体现实阅读和网络阅读的情况，以及大学生对传统的纸质阅读和新型的网络阅读的偏向。

第四部分从大学生阅读方式和人际交往之间的关系出发，基于 QQ、微信、微博等社交媒体，设计出了大学生在虚拟空间之中自我形象的树立、阅读和人际交往之间的关联度等问题，旨在揭示大学生阅读行为和网络人际交往之间存在的关联和问题。

（四）关于问卷采集

本次调查采取网上发放问卷的方式，利用全球最大的问卷调查平台问卷星，在线设计问卷，生成问卷链接，再通过 QQ、微信这两个社交媒体发放问卷链接。这个方式可以保证填写问卷的同学都使用互联网，尤其是使用微信、QQ 等社交媒体，这正好符合笔者调查对象的条件，得到的数据也具有准确性和可信性。

本次问卷发放时间为 2016 年 3 月 8 日，截止时间为 4 月 2 号，回收问卷共 267 份，其中男生 104 人，占 38.95%；女生 163 人，占 61.05%。文科生 184 人，占 68.91%；理科生 83 人，占 31.09%。大一 59 人，占 22.10%；大二 64 人，占 23.97%；大三 46 人，占 17.23%；大四 98 人，占 36.70%（见图 1 至图 3）。

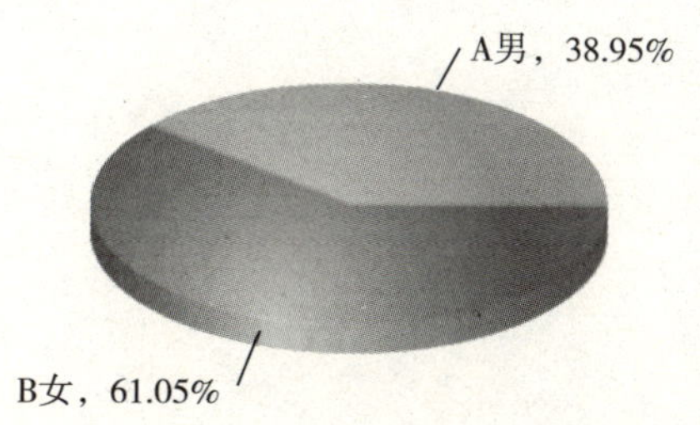

图 1　问卷样本男女比例

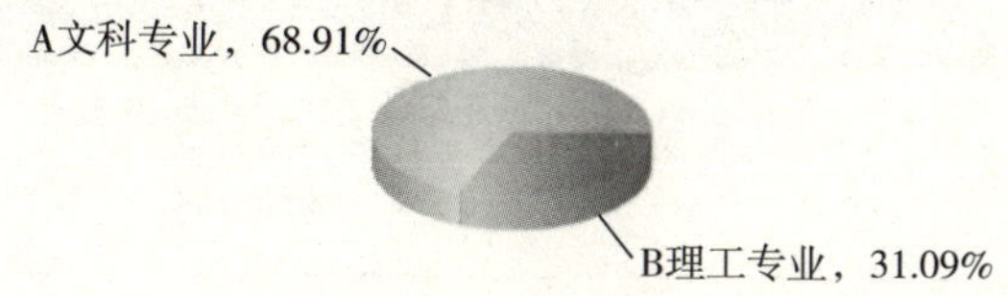

图 2　问卷样本文科理工科比例

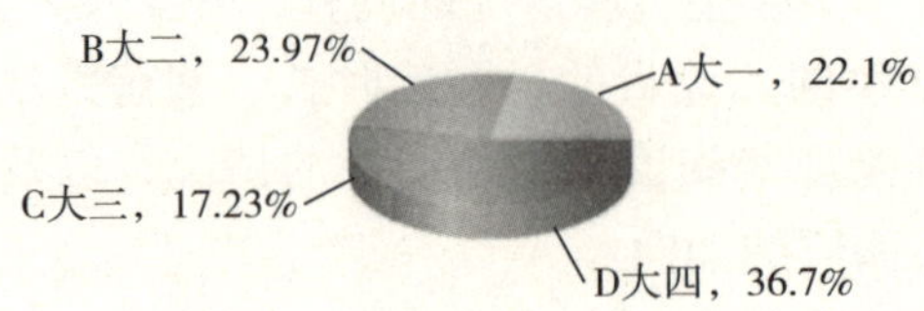

图 3　问卷样本年级比例

四、问卷调查结果分析

（一）大学互联网使用的基本情况

1. 互联网使用的目的

根据调查问卷的统计结果，笔者发现大学生上网的目的多样化，最主要的目的有两个：一个是用于人际交往，占 68.16%；另一个是为了阅读消息获取资讯，占 66.29%。而其他上网目的依次为听音乐等娱乐放松、娱乐八卦打游戏等消遣（见图 4）。笔者发现大学生上网目的占据比例大的这两项恰好与笔者研究假设相契合，也说明大学生也很注重对于信息的获取以及对人际关系的维护。

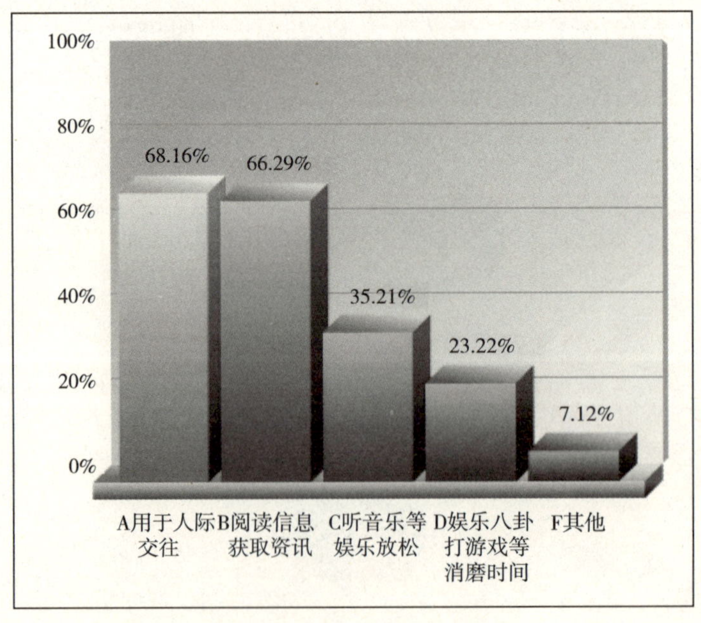

图 4　互联网使用目的比例

2. 互联网使用时长和月使用流量

从图 5 和图 6 中，笔者发现，45.32% 的人每天平均上网 2 到 6 小时，甚至还有 5.62% 的人每天平均上网 10 小时，这也远远地超过了中国网民平均上网水平（3.7 小时），可以看出大学生是使用互联网最多的一个群体。而从大学生每月使用流量来看，55.81% 的人每月使用流量高达 500M 以上，这也反映出大学生群体过度依赖互联网。

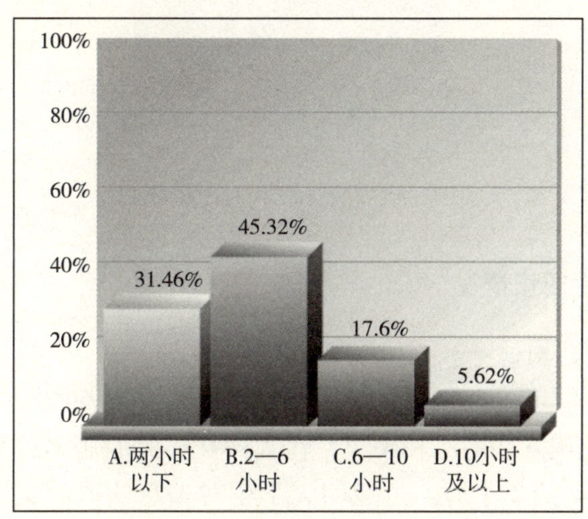

图 5　互联网使用时长比例

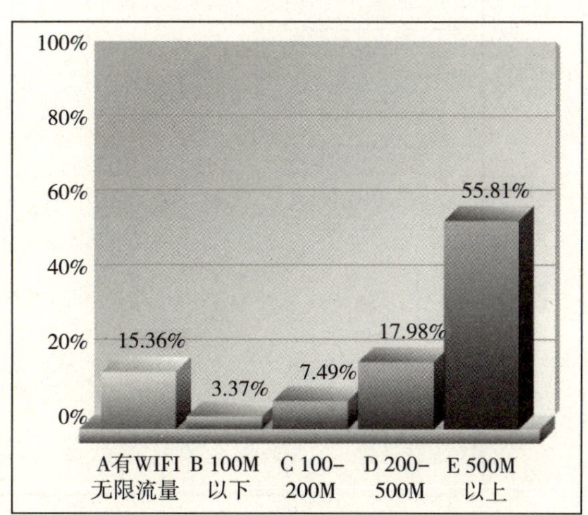

图 6　大学生每月使用流量比例

3. 互联网的重要性

为了能够知晓互联网对于大学生的重要性，笔者设计了“你觉得你的生活学习能否离开互联网”这个问题，82.02%的同学选择不能离开，也反映出互联网对于大学生的重要性（见图7）。

图7 互联网对大学生的重要性

（二）大学生阅读情况

1. 互联网下的阅读时长

互联网下大学生的阅读时长在1小时以内的占45.69%，1到2小时的占38.58%。结合使用互联网时长来说，在2到6小时的居多，其中大学生花在阅读上的时间为1到2小时。这说明大学生对信息获取的重视，是一个主动获取信息的群体，这有利于大学生自身的发展。

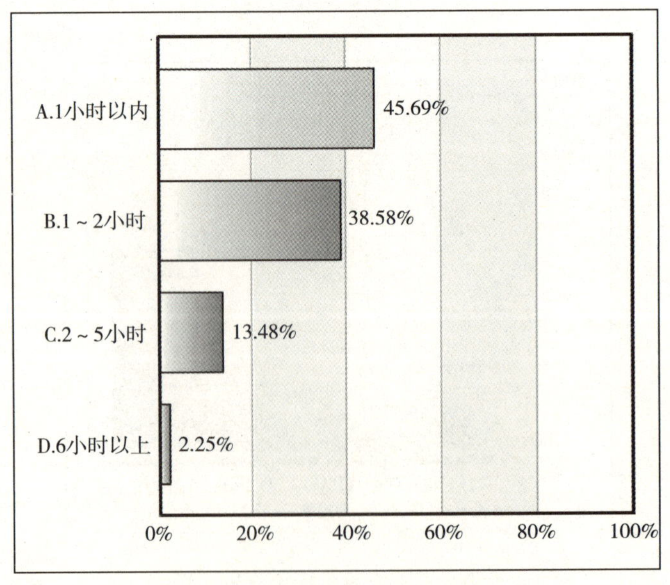

图8 大学生在互联网下的阅读时长

2. 阅读内容

问卷结果显示，利用手机等移动终端设备阅读最多的内容是好友的 QQ 动态或者是微信动态，其次是阅读新闻等信息。而利用电脑等 PC 终端阅读的主要内容是浏览网页新闻等内容，但是阅读 QQ 空间好友动态的也占了 42.7%，通过这二者可以说明大学生阅读好友发布的动态已经成了习惯。为了能够证实这个结论，笔者特地设计了“早上起来的第一件事是什么”这个问题，高达 66.67% 的人选择了“刷刷 QQ 空间或者是微信好友圈阅读好友动态”这个选项，这足以说明大学生通过阅读好友动态维护人际关系成为一种常态（见图 9 至图 11）。

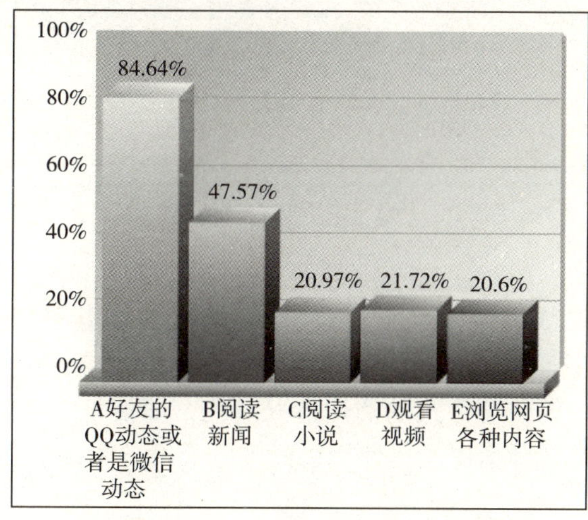

图 9　大学生手机阅读内容

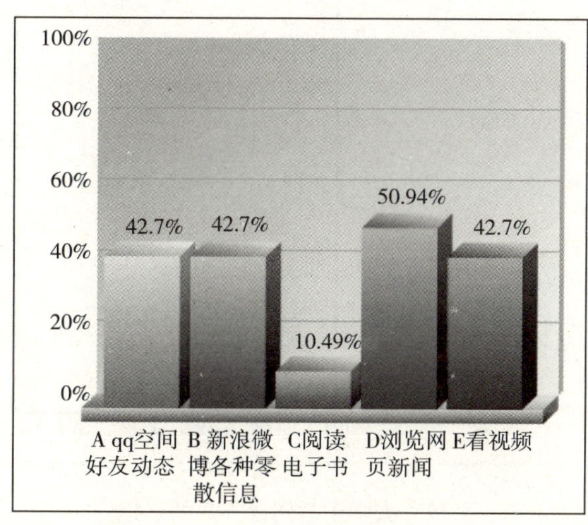

图 10　大学生电脑阅读内容

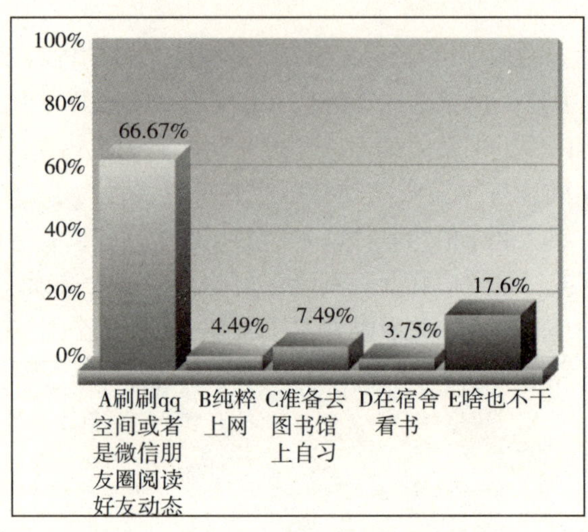

图 11　大学生早上起来后的第一件事

3. 阅读方式

调查显示，57.3%的大学生选择使用手机电脑等电子设备阅读，42.7%的人选择报纸书籍等传统方式阅读，也可以看出在互联网时代，电子设备阅读发展势头良好，而传统方式的阅读情况堪忧，即使是有42.7%的人选择传统阅读方式，但是实际情况还是使用手机等电子设备阅读居多（见图12和图13）。

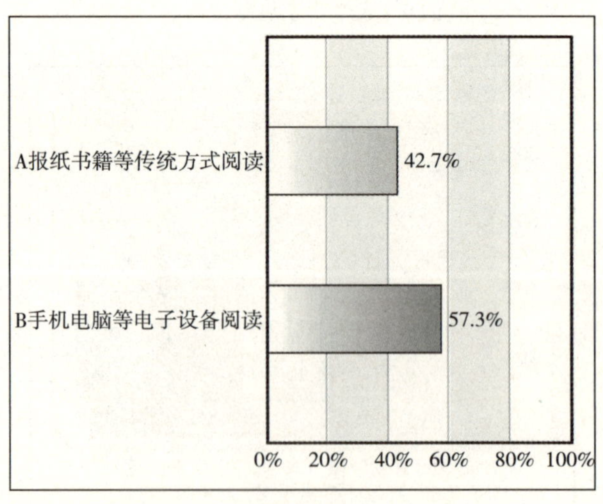

图 12　大学生对阅读方式的选择

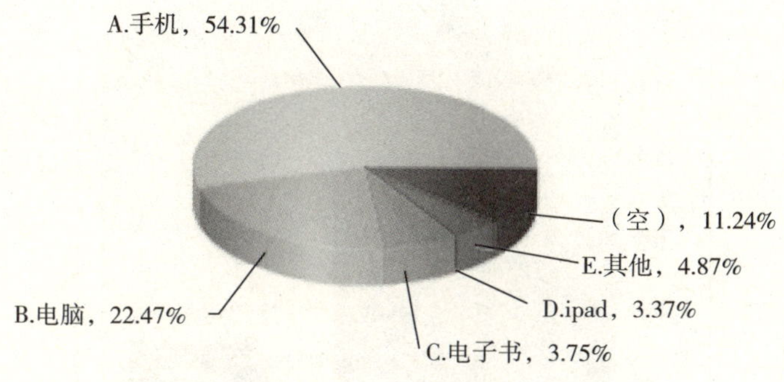

图 13　大学生对电子设备的选择

4. 阅读喜好

大学生群体之所以选择网络阅读方式，其中最重要的原因是检索方便快捷，占 77. 15%；至于阅读方式上，认为手机方便携带，占 63. 67%。信息丰富、多媒体呈现等原因，都使大学生选择了网络阅读方式，这些优点都是传统纸质等阅读方式不能够比拟的。但是网络阅读也存在着自身的不足，比如说看久了眼睛易疲劳，且广告多，占 59. 18%；阅读的时候无用信息太多，得不到自己想要的信息，信息真实性不强（见图 14 至图 16）。这些都是网络阅读的弊端，网络要想更好地发展下去，必须要净化网络阅读生态，过滤无用信息，针对用户需求，为用户提供有用的信息。

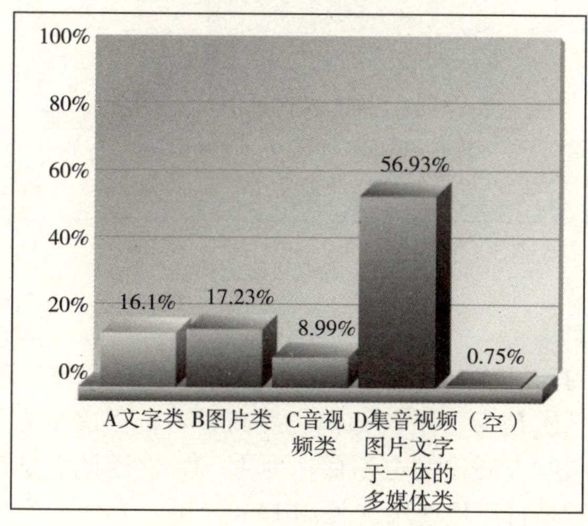

图 14　大学生的阅读偏好

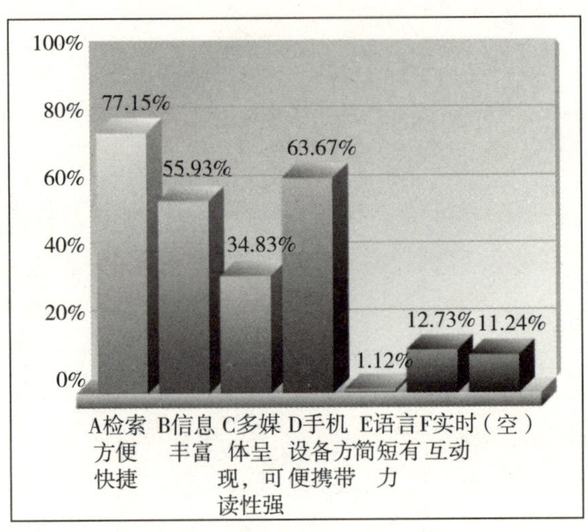

图 15　网络阅读的优点

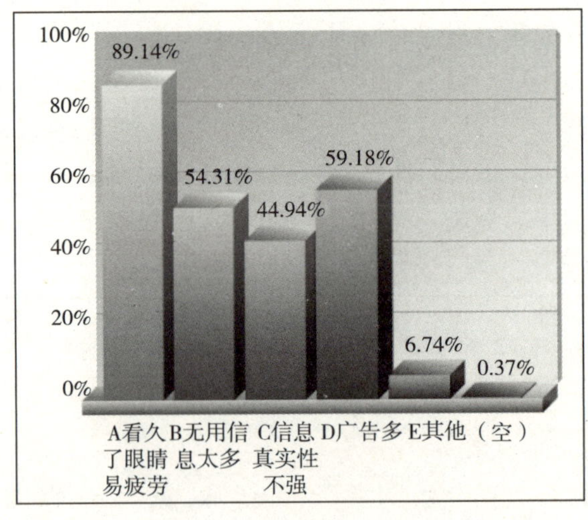

图 16　网络阅读的缺点

5. 阅读的目的

大学生阅读的动机首先是为了获取信息，高达 79.03%，这一点和互联网使用目的一致；其次是为了增长知识，提高学习；再次是为了休闲娱乐；而为了了解好友现状所占的比例也不低，为 41.2%。因此大学生使用互联网是有目的性的，而不是盲目地使用（见图 17）。

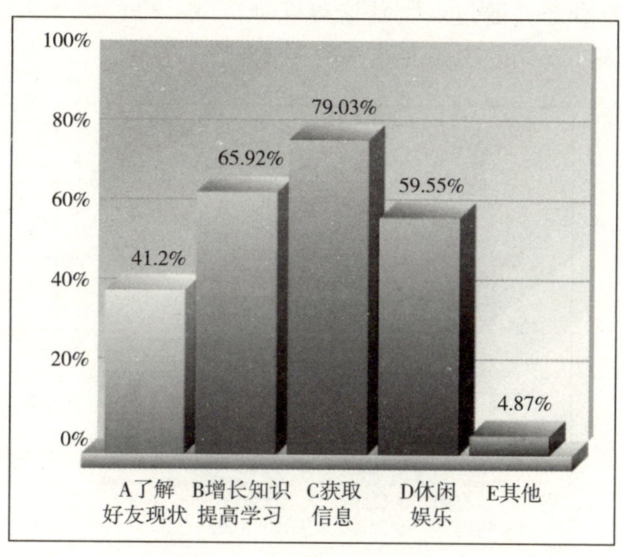

图 17 大学生的阅读目的

6. 基于互联网阅读媒介的自我认知

为了能够知晓大学生群体自我辨别的能力，笔者设计了“对于垃圾无用等信息你是否能够辨别”的问题，其中 91.01% 的同学选择能够辨别，而 8.99% 的同学表示不能够辨别（见图 18）。作为未来祖国建设的中坚力量，笔者希望大学生群体如自己所选择答案一样，具有辨别垃圾信息的能力，理智地接收信息、传播信息，而自身不能够辨别信息的大学生，应该和同学相互沟通，理智地对待所接收到的信息。

图 18 大学生使用互联网的自我认知

（三）大学生阅读内容与人际交往相关性情况调查

1. 基于社交媒体（如 QQ 微信）的阅读和人际交往

问卷结果显示，75.66% 的大学生随心所欲地阅读好友的各种动态、这也反映出阅读好友动态，通过点赞评论等互动方式，已经成为大学生群体密切人际关系、巩固朋友圈的主要方式（见图 19）。

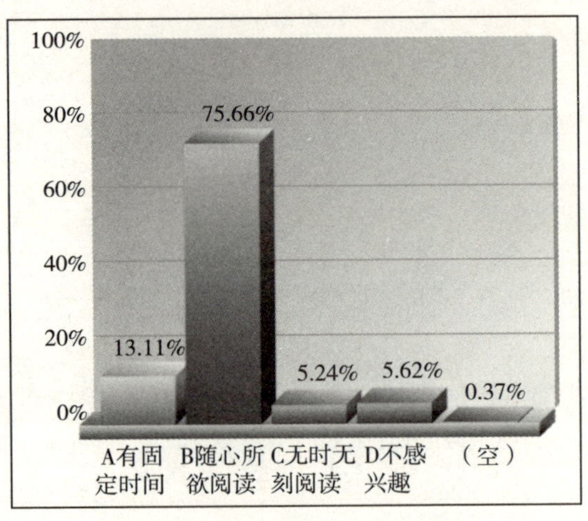

图 19 大学生的阅读习惯

2. 基于社交网络自我形象的认知和塑造

通过问卷调查，我们可以发现大学生群体最喜欢发布的内容是随心所想类，占 69.66%；其次是生活记录类，占 67.42%；逗比搞笑类占 43.07%。与之相对应，大学生认为自己在大家面前建立的形象依次是平易近人范、热爱生活范和逗比范，并且认为自己在网络中塑造的就是自我的形象（见图 20 至图 22）。由此观之，大学生网络中自我形象是积极向上的。

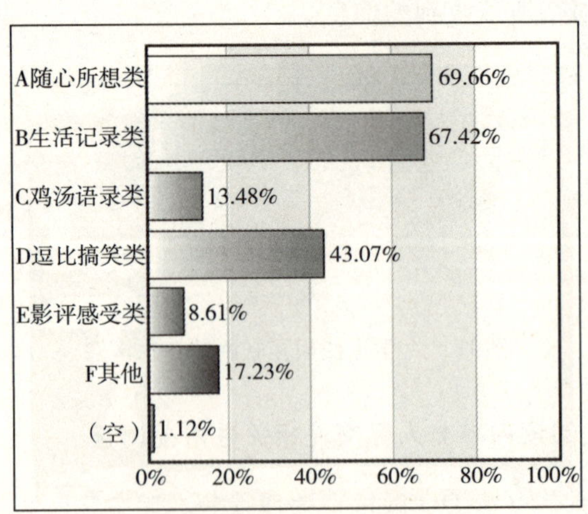

图 20 大学生发布内容比例

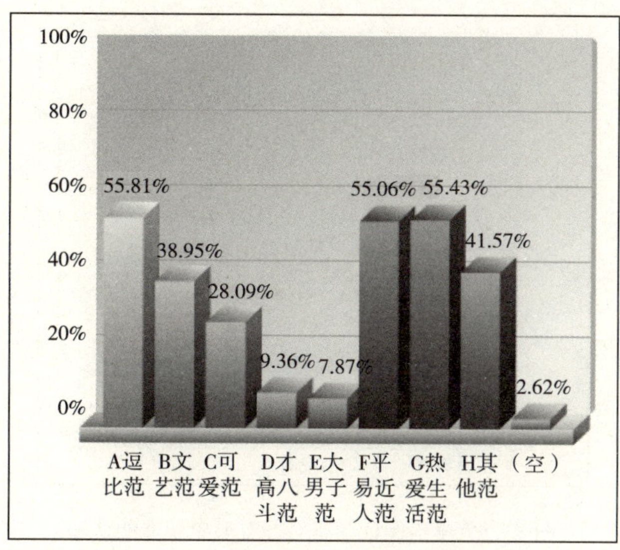

图21　互联网中大学生自我形象的塑造

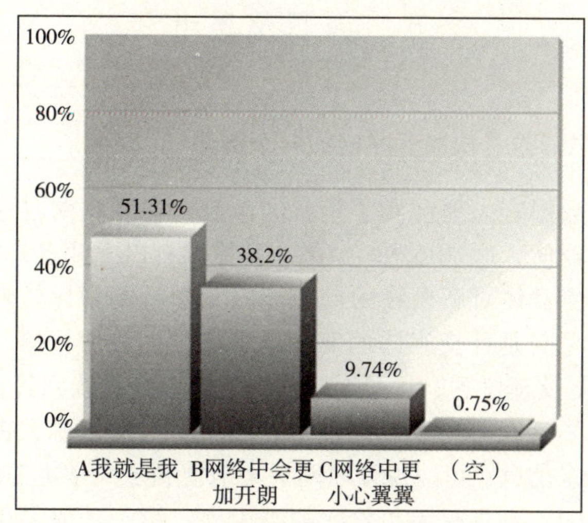

图22　大学生互联网中的自我呈现

3. 基于阅读之上的人际交往

为了了解大学生对于阅读自己的好友动态而对同学形象的感知如何，笔者设计了“阅读好友动态你觉得有没有一些好友在网络世界中塑造的形象和现实的形象大相径庭”这个问题，有高达63.67%的大学生认为有好友的形象和在网络中塑造的形象不一致（见图23）。这也可以看出网络人际交往是一种弱关系的存在，而现实人际交往是强关系的存在。

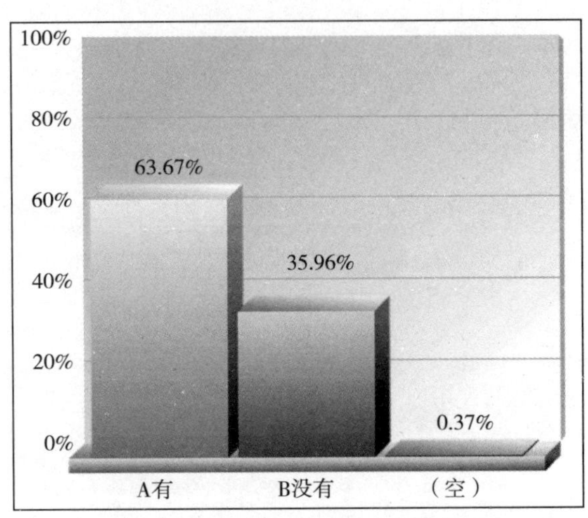

图 23 大学生阅读动态对好友形象塑造的认知

五、问题及思考

（一）大学生群体是依赖互联网的一个群体

问卷调查的数据有力地证实了笔者的假设，即互联网时代大学生成为依赖互联网的一个群体，这是必然的结果。其原因有以下两点：

首先，大学生群体对新事物的接受能力和学习能力比较强，能够很快学会使用互联网，尤其是社交媒体的发展，交往更加方便快捷，比如老师同学们用 QQ 和微信等交流学习，通过互联网提交作业，在线问答，极大地提高了学习的效率。大学生能够通过网络搜索、利用学校的资源数据库等，第一时间获取信息、分享信息，可以说互联网极大地便利了大学生的学习和生活。

其次，互联网本身具有无与伦比的吸引力：第一，数字化和多媒体是互联网最重要的特征，这不仅表现在接收终端和传播手段的多样化上，也表现在表达的方式上，尤其是智能手机的普及，也形成了“无处不网络”的世界。互联网中内容呈现的方式也不同于传统媒体如报纸运用文字图像表达，广播运用声音表达，电视运用图像声音表达，互联网使用的是集文字、图像、声音、动画于一体的多媒体内容展现。第二，互联网的交互性打破了传统的单向线性的传播方式，双向传播成了互联网最大的特点，在“处处是中心，无处是边缘”的网络世界中，没有绝对的权威，每个人都是相对公平的存在。

第三，即时性能够使大学生方便快捷的获取自己想要的信息，更有利于生活和学习。第四，互联网海量性和共享性的特征打破了时间和空间的限制，真正地实现了麦克卢汉关于地球村的预言，传播的权利不再被所谓的把关人所垄断，“人人都是记者，人人都有麦克风”的时代已经到来。大学生群体也能够作为传播者，通过互联网发布自己的所见所闻所想，拥有发布信息的自主权。

总之，基于上述原因，网络的急速发展，已经渗入我们生活的方方面面，尤其是在有些公共场合，如图书馆 WiFi 全覆盖，甚至 3G 网络和 4G 网络的普及，更是提高了互联网的使用效率。

（二）大学生阅读方式更加偏向于手机电脑等设备

通过此次问卷调查，笔者发现大学生群体越来越倾向于网络阅读的结论，也正好和中国新闻出版研究院公布的《第十三次全国国民阅读调查报告》[7]结果大体一致。《报告》数据显示，2015 年我国成年国民的网络在线阅读、手机阅读、电子阅读器阅读、平板电脑阅读和光盘阅读接触率均有所上升。在手机阅读接触者中，超过八成的人进行过微信阅读，且使用频次为每天 2. 67 次，人均每天微信阅读时长为 22. 63 分钟。微信阅读的主要内容是查看朋友圈状态、聊天、收发文字、阅读分享文章等等，这些也正好符合大学生网络阅读的方式和习惯。笔者由此推测，未来几年数字化阅读方式的接触率将会迅猛增长。

网络阅读不同于传统，它包含了传统阅读的一些优点，自身也展现出了传统阅读不能比拟的其他优点。在互联网时代下，首先是阅读的方式变了，从需要以思考为主的纸质阅读方式，变成了一览而过的屏幕阅读，单一的文字图片等静态内容呈现显然已经无法满足阅读者的需要，而集文字、图片、声音、画面于一体的多媒体阅读内容倒是吸引了读者。随着智能手机等移动终端的发展和普及，阅读移动化已成为常态，网络的交互性使得阅读不再是一个人默默地消化，而是随时随地分享和交流自己的阅读心得，基于这些，网络阅读的优势可见一斑。

当今时代是数字阅读的时代，随着高校的发展、数字图书馆的建立，资源搜索的便利性、数字阅读内容的丰富性、阅读环境的开放性、阅读过程的互动性、阅读方式的虚拟性、阅读行为的共时性等特点，都使得大学生也越来越倾向于数字阅读[8]。换句话说，信息丰富、数字化多媒体呈现、移动终端的强势发展，都是传统纸质等阅读方式所不能比拟的。

比尔 · 盖茨曾于 1999 年在 *Computer World* 中大胆预测：“随着数字化的进

展，10 年内纸质形式的东西必将被淘汰殆尽。”17 年过去了，虽说数字媒介发展迅速，纸质媒介并不像比尔盖茨所预言的那样消失殆尽，但是纸质媒介也在寻求自己的发展方式和转型道路。调查显示，大学生群体也更倾向于纸质媒体方式的阅读，绝大部分人认为纸质阅读媒介不会消失。因此，纸质媒介需要不断地结合新媒体，走发展创新之路，留住大学生这个群体。

（三）大学生阅读内容越来越浅化

大学生阅读内容越来越浅化，这和大学生人际交往虚拟化有一定的关系。通过问卷调查，笔者发现，大学生群体是使用 QQ、微信等社交媒体最多的一个群体，其对于大学生人际交往的作用巨大，也印证了笔者的假设。

所谓“社交媒体”是指人们彼此之间用来分享意见、见解、经验和观点的工具和平台，人们可以评价、讨论、撰写、分享、相互沟通的网站和技术，现阶段主要包括社交网站、QQ、微博、微信、博客、论坛、播客等等。无论是网络阅读还是人际交往，社交媒体都发挥着巨大的作用，其中 QQ，微信显然已经成了大学生群体使用最多的软件，即时性和互动性成为大学生选择社交媒体最主要的原因。社交媒体打破了传播的时间和空间的限制，此时此地的所见所闻可以与彼时彼地的好友相互交流和共享，这是其它的传播方式所无法比拟的。

说到人际关系不得不提到六维空间理论，是指在这个社会里，如果两个人之间建立一种联系，彼此之间所间隔的人不会超过六个。也就是说我们最多可以通过六个人，就能够认识任何一个陌生人，无论人们生活在地球上的哪个角落，两个人之间的联系只有“六度分割”[9]。而诸如 QQ、微信、微博等社交软件就是基于“六度分割”基础之上的，假设“朋友的朋友是朋友”，帮助用户拓展自己的人脉，运营自己的朋友圈。而此次问卷调查发现，基于网络的人际交往，大部分大学生认为有好友在网络中塑造的形象与现实生活中不一致，且自己更倾向于现实人际交往，由此观之，在大学生群体看来，网络人际交往是一种弱关系的存在，而现实人际交往是强关系的存在。

但是不可否认的是，基于互联网，大学生人际交往越来越虚拟化。首先，QQ 微信中语音通话、视频、图片发送、文字表意等功能的使用，能够多位一体展现此时此刻的真实情况。这使得网络人际交往方式颠覆了现实的人际交往方式，打破了时间空间的限制，彼时彼地的人可以及时看到对方，一起交流一起学习，对于异时异地的人来说，现实的面对面交往显然是不可能瞬间实现的，而网络人际交往毫无疑问成为大学生的首要选择。其次，大学生自身使用互联网时长相当于一个星期有一整天的时间都在互联网中度过。总之，从这两点上来看，大学生人际交往越来越虚拟化。

而问卷调查结果显示，大学生阅读目的以获取信息为主，而最喜欢的信息呈现形式为集音视频、图片、文字于一体的多媒体，这说明了大学生阅读越来越浅化。其中阅读最多的内容是好友的QQ、微信、微博等动态，这足以说明大学生通过阅读好友动态、维护人际关系成了一种常态。众所周知，好友的动态都是一些零散信息、浅显易懂的字句以及关于生活的感慨和记录，不需要大脑的思考，一扫而过便能够记住的信息，总之大学生的阅读越来越浅化，思维也变得浅层化[9]。

而传统的阅读方式，人需要专注地阅读，需要大脑的思考和记忆，可以锻炼大脑的思考能力和逻辑能力。这类内容可以看作是“硬内容”，其间不易获得立即的快慰，但是能够让人受益匪浅，而如今的阅读越来越快餐化、表面化、随意化、碎片化，这些“软内容”虽然能够让人获得短期的效果，却不利于大学生自身知识的积累和文化的养成；更深一步说，“软内容”也不利于我们整个社会文化的发展。因此大学生自身也要养成读书看报的好习惯，不能沉溺于这些毫无营养的内容之中，多读书读好书，以丰富的学识和饱满的精神状态走入社会。

（四）网络时代基于QQ、微信，大学生阅读的内容和人际交往息息相关

为了揭示大学生阅读内容和人际交往之间的关系，笔者从大学生使用QQ、微信等即时通信软件切入，发现大学生阅读内容和人际交往有很大的关联性，QQ动态和微信朋友圈动态成为大学生每天都要阅读的内容，这些内容成了大学生及时了解好友动态的一个最主要的方式，即使是多年未见的好友，一条动态就可以知道好友的近况如何。而大部分大学生也喜欢发布自己的生活动态、内心所想，琐碎的话语构建出了自己的生活全景，且塑造的自己大多数都是积极开朗的形象。点赞、评论、转发、分享等方式已经成为大学生之间互动的主要方式，传统的即时通信工具如电话、短信、彩信也逐渐被网络时代下的即时通信工具所代替，原因是网络下的人际交往更加方便快捷，互动性更强。

笔者的这部分问卷调查结果也正好与《第十三次全国国民阅读调查报告》中的结论一致，《报告》显示，2015年超半数国民进行过微信阅读，微信阅读的主要内容是查看朋友圈状态、聊天、收发文字、阅读分享文章等等，这些内容都是和人际交往息息相关。

（五）有关问题的思考

1. 媒介素养教育需提上日程

针对大学生已经成为依赖互联网的一个群体，媒介素养教育必须放在第一位了。所谓媒介素养[10]是指“人们面对媒体各种信息时的选择、理解、质疑、评估、创造和生产，以及思辨和反应的能力，它包括对媒体信息的选择、理解、评价、质疑、创造和批评的能力，正确认识媒介的性质和功能，建立对媒体信息的批判意识，提高对不良信息的免疫力，学会有效地利用大众传媒为个人成长服务等”。为了提高大学生的媒介素养，大部分西方国家开设了相关的课程，如英国、法国、德国等已将媒介素养教育设为全国或国内大部分地区中小学的正规教育课程，这一点上我国的发展就相对落后了。

因此学校开设专门的媒介素养教育课必须要提到日程上来。安徽大学新闻传播学院就为学生开了这门课，但是其他专业并没有开设。在互联网时代，媒介素养不只是新闻专业学生需要提高的，大学生群体都应该提高自己的媒介素养，才能够理智地对待接收的信息，独立地甄别出有用信息。

与此同时，大学生的阅读媒介素养也应该有所提高。所谓“阅读媒介素养”是指“对媒介内容媒介本身的甄别和选择的能力”，所以学校不仅要开设相关的课程，大学生自身也要学会正确地接收信息，抵制不良信息，养成独立思考的能力。

2. 均衡阅读方式

互联网时代基于网络的普及以及移动终端设备和社交软件媒体的发展，都使得网络阅读具有传统阅读不具有的方便性，快捷性，易得性[11]，随着现代生活节奏的加快，人们也越来越喜欢浅显易懂的内容，综合这些因素，人们选择网络阅读方式是时代发展的趋势和必然，更何况是和互联网一起成长的大学生。从传统的以提升学识修养、理论思维和工作能力为目的的深层次阅读转变到以追求浅显和娱乐为主要目的的浅层次阅读，不利于大学生自身的思考能力和学识的积累，没有思考的社会更谈不上发展。

因此，在互联网时代，均衡阅读方式才是解决阅读浅化的最重要的方式。大学生要合理安排时间，不能沉溺于网络之中，要尝试着阅读有知识有内涵的内容，而不是仅仅把注意力集中在社交媒体上，阅读好友的动态这些浅显、即时、破碎化的内容，这样的阅读算不上真正的阅读。因此，大学生应该自主地思考，真正去阅读。

3. 构建和谐健康的阅读环境和互联网环境

毋庸置疑，互联网的发展丰富和转变了人们阅读和人际交往的方式，使得人们从传统的面对面的人际交往转变成了打破时空限制的网络人际交往，互联网已经渗入人们生活的方方面面。互联网世界被分割成为两个世界，一个是现实世界，一个是虚拟世界，如何正确处理好两个世界的关系，才是互联网时代最重要的问题。

美国亚特兰大埃默里大学教授鲍尔莱恩在他的《最愚蠢的一代》中提到，数码时代正在使美国的年轻一代成为知识最贫乏的一代人[12]。美国的青少年正在被数码时代各种娱乐消遣性的工具所湮没。这些工具包括手机、社交网络和信息传送等等。他们通过这些工具传达的却是幼稚肤浅的东西，而且这些东西正在妨碍他们同历史、公民义务、国际事务和美术等成年人的现实世界进行重要的接触。我们想当然地以为，这些善于吸收新技术的美国年轻一代会利用他们对技术的掌握和理解成为新的数码时代的弄潮儿。

虽然鲍尔莱恩的这个观点有些偏颇，但不可否认的是，大学生群体已经成为依赖互联网的一个群体。调查显示，大学生在互联网中塑造的自我形象积极向上，但是不能够忽略那些沉溺于网络而忽略了现实人际交往的人。网络是虚拟的，以至于有些人在网络中尽情地释放自我，出现语言粗俗、网络暴力等现象，这些都让互联网环境变得不再干净。因此，大学生群体必须要合理地利用网络，建立和谐健康的人际关系，而要净化互联网生态，就需要大学生、社会和政府三者联动，建立一个可持续发展的互联网生态。

六、结　　语

通过问卷调查，笔者发现结果与假设问题几乎一致，互联网已经深入人们生活的方方面面，也改变了阅读方式，丰富了人际交往。阅读方式的改变最主要的转变是由深阅读到浅阅读的转变。原因主要有人们生活节奏的加快、生活压力的加大，基于互联网信息的海量性、爆炸性、多媒体、碎片化等特征，网络阅读成为大学生群体喜爱的方式，这样的方式相比于以前，虽然能够在同样的时间里获取到大量的信息，但是这样的信息只是浅显易懂，不需要人去思考，也不需要太多的理解。这就极大地影响了我们自身知识的积累，甚至影响我们的文化传承和社会的发展。

互联网使得人们的人际交往开始突破传统的时空观念，打破了时空的限制，更加方便快捷。互联网凸显出来的便利性、互动性、多媒体性、即时性、娱乐性、超时空等特性，都获得了大学生群体的青睐，改变了面对面的人际交流方式。互联网时代，只要你有一部接入网络的手机或者是一台电脑，都可以与世界上任何一台电脑或手机保持联系。

网络内容与人际交往存在很大的关联性，QQ、微信等社交媒体作为二者关系的红线，QQ 空间、微信朋友圈的内容成了大学生阅读的主要内容，而视频、语音、图片、文字等多媒体方式也成了大学生选择网络人际交往的主要原因，点赞、评论、转发、分享成为互动的方式，但是大学生阅读内容越来越浅化，思考也变得浅层化。网络学习、网络办公、网络交流、网络生活似乎已经成了大学生的常态，这就不可避免地造成现实社会和虚拟网络空间的矛盾。有的大学生沉溺于网络无法自拔，有的大学生依赖网络交往而现实交往能力弱，有的大学生成了“手机控”，不理智的跟风产生网络暴力等等。这些基于互联网产生的社会现象值得深思。

所以在互联网时代大学生需要合理地利用互联网，学校应开设相关的媒介素养课程，提高大学生的阅读素养，培养合理的阅读方式和积极健康的人际交往方式，社会和政府也要联动起来，建立洁净的互联网环境，让每一个人都能够真正成为互联网时代的受益者。

参考文献：

[1] [加] 马歇尔·麦克卢汉．理解媒介：论人的延伸 [M]．何道宽，译．南京：译林出版社，2011.

[2] 中国互联网信息中心 CNNIC. 第 37 次中国互联网络发展状况统计报告 [EB/OL]．(2016－01－22)．www. cnnic. net. cn.

[3] 唐耶．大学生阅读情况调查研究——基于合肥市的考察 [D]．合肥：安徽大学，2012.

[4] 杜骏飞．网络传播概论（第 4 版） [M]．福州：福建人民出版社，2004.

[5] 李泽光．创造阅读研究 [D]．重庆：西南师范大学，2001

[6] [加] 莫利纳罗．麦克卢汉书简——麦克卢汉研究书系 [M]．何道宽，译．北京：中国人民大学出版社，2005.

[7] 中共中央编译局．马克思恩格斯选集第 4 卷 [M]．北京：人民出版社，2013.

[8] 中国新闻出版研究院．第十三次全国国民阅读调查报告 [EB/OL]．(2016－04－18)．www. xinhuanet. com.

[9] 刘红梅．浅论大众传媒时代大众阅读方式的变迁 [J]．创新，2011 (2)．

[10] 严三九．新媒体概论［M］．北京：化学工业出版社，2011.

[11] 黄楚新．新媒介素养［M］．北京：知识产权出版社，2012.

[12] 吴保来．基于互联网的社交网络研究——一种技术与社会互动的视角［J］．中共中央党校，2013.

[13] 马克·鲍尔莱因．最愚蠢的一代［M］．杨蕾，译．天津：天津社会科学院出版社，2011.

【附　录】

关于“大学生阅读方式的调查研究”的问卷调查

亲爱的同学：

你好，欢迎参加此次关于“大学生阅读方式的调查研究”的问卷调查，此次调查结果只作为论文研究所用，并不作为其他的用途，且此次问卷调查匿名填写，所以你可以放心大胆地选出最符合自己实际情况的答案，可能会耽搁你的一点时间，但是你的一次填写将是论文的重要数据和完成保证，对你的填写不胜感激。

2016 年 3 月 8 日

一、基本情况

1. 你的性别是：［单选题］［必答题］

○ A. 男　○ B. 女

2. 你所在的年级是：［单选题］［必答题］

○ A. 大一　○ B. 大二　○ C. 大三　○ D. 大四

3. 你的专业属性是：［单选题］［必答题］

○ A. 文科专业　○ B. 理工专业

二、互联网使用情况

4. 早上起来的第一件事？［单选题］［必答题］

○ A. 刷刷 QQ 空间或者是微信朋友圈阅读好友动态

○ B. 纯粹上网

○ C. 准备去图书馆上自习

○ D. 在宿舍看书

○ E. 啥也不干

5. 使用手机电脑等每天平均几个小时？［单选题］［必答题］

○ A. 两小时以下　○ B. 2 ~6 小时

○ C. 6 ~10 小时　○ D. 10 小时及以上

6. 上网最主要的目的是什么？（只选最贴近自己的两项）［多选题］［必答题］

□ A. 用于人际交往　□ B. 阅读信息获取资讯　□ C. 听音乐等娱乐放松

□ D. 娱乐八卦打游戏等消磨时间　□ F. 其他

7. 一个月大概要用多少兆流量？［单选题］［必答题］

○ A. 有 WIFI 无限流量　○ B. 100M 以下　○ C. 100～200M

○ D. 200～500M　○ E. 500M 以上

8. 你觉得你的生活学习还能够离开互联网吗？［单选题］［必答题］

○ A. 能　○ B. 不能

9. 对于垃圾无用等信息你能够辨别么？［单选题］［必答题］

○ A. 能　○ B. 不能

10. 你属于以下哪种？［单选题］［必答题］

○ A. 没有手机生活也照样继续

○ B. 生活离不开手机，走到哪里都要看一下

三、网络阅读方式的变迁

11. 你平常使用以下哪种方式进行阅读？（选 A 则 12. 13 题可不选）

○ A. 以报纸书籍等传统方式阅读　○ B. 以手机电脑等电子设备阅读

12. 喜欢用以下哪种电子设备进行阅读？［单选题］

○ A. 手机　○ B. 电脑　○ C. 电子书　○ D. iPad　○ E. 其他

13. 你认为网络阅读的优点有哪些？［多选题］

□ A. 检索方便快捷　□ B. 信息丰富　□ C. 多媒体呈现，可读性强

□ D. 手机设备方便携带　□ E. 语言简短有力　□ F. 实时互动

14. 你觉得纸质阅读媒体如“报纸”终有一天会消失吗？［单选题］［必答题］

○ A. 会　○ B. 不会

15. 你认为网络阅读有哪些缺点？［多选题］

□ A. 看久了眼睛易疲劳　□ B. 无用信息太多　□ C. 信息真实性不强

□ D. 广告多　□ E. 其他

16. 一天中花在阅读上的时间为［单选题］［必答题］

○ A. 1 小时以内　○ B. 1～2 小时　○ C. 2～5 小时　○ D. 6 小时以上

17. 你阅读的目的是什么？［多选题］［必答题］

□ A. 了解好友现状　□ B. 增长知识，提高学习　□ C. 获取信息

□ D. 休闲娱乐　□ E. 其他

四、网络阅读方式变迁与人际交往研究

18. 手机平时最主要是用来阅读哪些内容?[多选题][必答题]

□ A. 好友的QQ动态或者是微信动态 □ B. 阅读新闻 □ C. 阅读小说

□ D. 观看视频 □ E. 浏览网页各种内容

19. 电脑平时最主要是阅读一下哪些内容?[多选题][必答题]

□ A. QQ空间好友动态 □ B. 新浪微博等各种零散信息

□ C. 阅读电子书

□ D. 浏览网页新闻 □ E. 看视频

20. 微信、QQ、新浪微博哪一款软件使用最多?(选D则问卷调查结束,谢谢参与,选其他答案则问卷继续)[单选题][必答题]

○ A. 微信 ○ B. QQ ○ C. 新浪微博 ○ D. 都不玩

21. QQ或者是微信中经常联系的是以下哪些人?(只选最贴近自己的3项)[多选题]

□ A. 朋友 □ B. 同学 □ C. 家人

□ D. 老师 □ E. 陌生人 □ F. 其他人

22. 喜欢给别人的动态点赞或评论么?[单选题]

○ A. 不喜欢 ○ B. 喜欢

23. 你的微信圈屏蔽以下哪些消息?[多选题]

□ A. 屏蔽了广告信息 □ B. 一些自拍 □ C. 心灵鸡汤

□ D. 经常抱怨生活的语录 □ E. 其他 □ F. 没有屏蔽任何

24. 每天会有固定时间来阅读好友动态么?[单选题]

○ A. 有固定时间 ○ B. 随心所欲阅读 ○ C. 时时刻刻阅读 ○ D. 不感兴趣

25. 喜欢通过微信或者是QQ空间发布自己的动态么?[单选题]

○ A. 不玩 ○ B. 一般 ○ C. 喜欢

26. 平时喜欢发布哪些内容?[多选题]

□ A. 随心所想类 □ B. 生活记录类 □ C. 鸡汤语录类

□ D. 逗比搞笑类 □ E. 影评感受类 □ F. 其他

27. 你自认为通过网络你在朋友们面前建立了这样的一种形象?[多选题]

□ A. 逗比范 □ B. 文艺范 □ C. 可爱范

□ D. 才高八斗范 □ E. 大男子范 □ F. 平易近人范

□ G. 热爱生活范 □ H. 其他范

28. 你觉得网络人际交往中的你和现实中的你是一致的么?[单选题]

○ A. 我就是我　○ B. 网络中会更加开朗　○ C. 网络中更小心翼翼

29. 阅读好友动态你觉得有没有一些好友在网络世界中塑造的形象和现实的形象大相径庭？[单选题]

○ A. 有　○ B. 没有

30. 通过互联网交往你觉得你的朋友圈子更加稳固了吗？[单选题]

○ A. 更加稳固了　○ B. 没有影响　○ C. 关系更弱了

31. 你觉得互联网对于你的人际交往重要吗？[单选题]

○ A. 特别重要　○ B. 一般重要　○ C. 不重要

32. 你喜欢阅读一下哪种类型的信息？[单选题]

○ A. 文字类　○ B. 图片类　○ C. 音视频类

○ D. 集音视频、图片、文字于一体的多媒体类

四、专题研究

新媒介视域下乡村社会交往变迁

——基于皖北孙岗村的研究

王海森

摘要：2015 年中央一号文件要求“加快农村信息基础设施建设和宽带普及，推进信息进村入户”。据中国互联网络信息中心统计，截至 2015 年 12 月，中国农村网民规模达 1.95 亿，农村网民占中国网民约 28.4%。新媒介技术应用已经进入乡村社会建设之中，进一步影响乡村社会生活的各个方面。在乡村社会交往中，新媒介的特性和网络形成的虚拟空间，导致传统的乡村社会交往方式、社会交往对象、社会交往空间发生了改变，传统社会三个交往维度的改变对乡村村民的发展、乡村人与人之间的关系，以及乡村社会的发展都有着重要的意义。

关键词：新媒体；乡村；社会交往

一、孙岗村的概况及其传统社会交往模式探析

孙岗村位于皖北阜阳市阜南县柴集镇中心西北方向，总面积约 13700 亩地，可耕种土地面积约 4280 亩地。孙岗村现有 14 个自然庄，分别为马庄、汪庄、梁庄、酒坊、朱庄、张小庄、张盘、陈小庄、杨小庄、腰庄、孙岗、夏店、孙小庄、梅大庄。据 2015 年孙岗村上报镇县两级机关资料表明，至 2015 年孙岗村共有人口 4446 人，约 1113 户，外出人口约 2256 人，常住人口 837 户约 1890 人，其中 60 周岁以上老人约 611 人，留守老人约 227 人，12 周岁以下留守儿童约 446 人。

在孙岗村，村庄的名称主要是包含同类亲族所共同拥有的姓氏，如孙岗、

作者简介：王海森，安徽大学新闻传播学院 2014 级硕士研究生。

张小庄、夏店等。在14个自然庄中有两个比较特殊，分别是腰庄和酒坊。腰庄名字的由来是其处于新村镇和崔集镇的一个狭长的接口，类似人的腰故名腰庄。酒坊原名药坊，因为其开始为药品的集散地，所以取名药坊；后来酒业兴起，各家各户又开始做起了酿酒卖酒的生意，又名为酒坊。改革开放后，大量青年出外务工，酿酒卖酒生意式微，酒坊也已经不复当年的生机，现在已经没有一家做酿酒卖酒的生意了。

孙岗村位于柴集镇中心西北方向有近5.5公里的路程，离镇中心距离较远，再加上地缘上和赵寨村临近，孙岗村以汪庄为点逐渐形成了一个小型规模的集贸市场。这个集贸市场每个月的1、3、5等单号日期就会出现卖菜、卖肉等一些流动摊位，之所以选择单号进行生意买卖，是因为柴集镇中心的集市选择每个月的2、4、6等双号日期进行营业，这样错开日期的做法保证了孙岗村小集镇的竞争力。

（一）家庭交往

家庭交往是孙岗村传统乡村社会交往模式中最基本的交往模式。如果一个人不能融入家庭交往之中，那么对于其他类型的社会交往也是无力的，所以家庭交往对乡村生活的个人尤为重要。一个家庭内部的交往具有私密化的特征，特别是在孙岗村尚未出现大量的出外务工人员之前，家庭内部之间的交流场所主要集中在自家的屋舍和耕种的田间，这种交流是一种面对面的人际交流。在走访调研中笔者逐渐了解到，田间劳作往往是家中有劳动能力的男女老少一起，一方面是为了协同劳作，另一方面则有利于缓解劳累。在限于自己田间的交流，交往的目的性和固定性促使交往空间的相对封闭。在自家屋舍内的交往则更多地表现为一种随意性，却因为固定的房屋结构使得交往空间的相对封闭，交往不仅体现在劳动工序的配合上，也体现在情感的依赖之中。在这两个相对封闭的交流空间，家人之间协同劳动，互相支持，家庭情感不断累积，虽然会发生矛盾，但是因为劳动上需要相互的配合，矛盾基本上很快就会消解。

1979年，孙岗村（原名孙岗大队）由于实行家庭联产承包责任制，一个生产大队被一分为二，成为两个相对独立的村集体组织，孙岗村（孙岗、汪庄、马庄、孙小庄、夏店）和张盘村（梁庄、酒坊、朱庄、张小庄、张盘、陈小庄、杨小庄、腰庄、梅大庄），从划分的这两个村的命名“孙岗村”和“张盘村”中的“孙”和“张”，就可以看出划分应当是按照血缘姓氏关系确定的。经历过此次事件的梅会计讲解道，在划分的时候充分考虑到了两边的宗族血缘关系，在划分的时候村民之间也都相互商量，不然划分之后两边人都不同意[①]。这种以宗族血缘为依托的交往，在现代社会主义市场经济的洪流中，也发生着潜在的作用。

（二）邻里交往

由于孙岗村属于同一个宗族姓氏共同居住在一个村庄中，因而邻里之间的交往和亲戚之间的交往具有一定的重合性。所谓远亲不如近邻，尤其是还有一定血缘关系的亲人，所以邻里的人际交往也相对更加频繁。其中串门、赶集[②]和村路口闲聊是三个重要的交往方式。皖北的串门是指代去别人家拜访的意思，是一种私人之间的交往，一般关系亲密的或者有事相助的两个家庭才会经常串门聊天。赶集在邻里交往中也发挥着重要作用，在传统乡村社会，大部分村落离集镇中心路途较远，而这些地方的村民又需要购买生活用品或者出售自己生产的产品，一般村民都会和自己的邻里结伴同行去赶集。村路口，一般是十字路口，属于交通便利点。针对这一点笔者再走访孙岗村的几位老人[③]，都认为过去在村口聊天的那段日子是值得怀念的，农忙结束之后特别是午饭过后，十字路口大树荫下，左邻右舍开始三三两两地聊天。随后就不断有人参与，聊的都是鸡毛蒜皮的事情。此时再有人拿一副扑克过来，大家席地而坐，围观的人甚至比打牌的人都多。这样，十字路口就形成邻里之间交往的现实公共平台了。

（三）亲戚交往

亲戚之间的交往是具有公开特性的人际交往。作为亲属，个体相互之间都存在血缘关系，所以晚辈在同一辈分的长辈面前要有固定的礼仪，比如见到长辈要主动打招呼，特别是过年过节时需要亲自到给长辈家里送礼，对相同辈分的长辈要送相同分量的礼物。这种公开化的交往是每个人都看得到的，是乡村伦理本位所要求的。村里哪家有婚丧嫁娶，所有的亲戚都会聚在一起，这时候这家人会到亲戚家发请帖，发帖的过程就是亲戚之间一个重要的交往过程，这时候帖子送到许久不见的亲戚家，会进行家长里短的聊天，无形之中一张以个人为中心的血缘关系网络在喜宴那天完全呈现。

---

① 访谈时间：2015 年 2 月 15；访谈地点：孙岗村村室；访谈情况：笔者 14 日和梅会计约好地点，15 日早上八点去村室，九点开始访问，直到中午大概结束，中间都有录音。

② 乡僻之地，贸易有定期。到时，买者卖者从四方前来，集于一定的地点买卖，俗称“赶集”。

③ 访谈时间：2015 年 2 月 16 上午访谈地点：孙小庄访谈情况：当时在做调查问卷，由于一些老人不能顺利填写，所以通过问答形式，顺便问了这个情况。

（四）社区交往

现在孙岗村内部最大的社会交往模式就是依托于基督教堂的交往。据村干部回忆，早在1984年村里就开始出现基督教，由于当时没有得到国家正式认可，是受到打击的。最开始教徒在20人左右，属于隐秘信仰。在最新的一次数据统计中，孙岗村基督徒数达到400人左右，主要为中老年妇女群体。每逢做礼拜，全村基督徒便从家中到孙岗庄的基督教堂。

清朝中期建起来的肖寺庙是孙岗村最出名的古建筑，具体年份未知，庙里供奉华佗，村里人称“老华神爷”。据说肖寺庙是当年村里的大户号召建立的，传说有一个路过的郎中把他的旧疾治好，并无偿给村里很多人看病，之后就离开了当地，村里人为了答谢这个郎中便建立了这个庙。肖寺庙一个院子三间房至今仍保持古貌，每逢正月初一或者正月十五，村里大批的人便来这里祈求平安健康和财运。平时如果有哪家里的人生病，也会来这里祈求平安。自从信基督的村民增多之后，来这个庙宇的人也有所减少，人数多时有30人以上，远远达不到村基督教做礼拜的规模。

通过对孙岗村传统社会交往中的家庭交往、亲戚交往、邻里交往、社区交往四种交往模式的探析，我们可以发现中国传统乡村社会的差序格局、熟人社会、伦理本位三个交往特征在孙岗村的具体表现。这三个特征并不是相互区隔，它们在同一种交往模式中都会有立体化的展现。同样，从这四种交往模式中，我们也可以窥探出孙岗村传统乡村社会中的交往对象的固定、交往方式的单一、交往空间的封闭。手机和电脑作为一种全新的沟通媒介介入孙岗村社会中，必然会对传统社会交往产生巨大的影响。

二、新媒介在孙岗村的使用调查

在2014年全国经济普查过程中，笔者作为村官，对孙岗村的个体户进行了信息的统计。当时孙岗村一共有五个百货商店，其中在汪庄的小型的集贸市场里就有两个百货商店，其他三个分布在村里的三个大的自然庄孙岗、张小庄、马庄，主要经营的是一些日常的生活用品。在后期调研中，笔者询问这些店主，了解到这些百货商店在刚开始营业的时候都设有一个公共电话，而现在这些座机都已经没有了，甚至自己家里的电话都停用了。基于此情况，笔者于2016年2月17日前往柴集镇电信营业厅询问工作人员，并于2016年3月8日上午专门进行电话采访，和负责人黄经理进行了数据确认。黄经理提供的数据表明，在2006年孙岗村的固定电话量达到最高值，一共有557个固定电话用户。2016年的数据表明，现在孙岗村的固定电话全部暂停使用，转而采用手机，固定电话作为通信工具已经退出了孙岗村的大众家庭。基于这个情况，笔者将从电脑和手机这两个载体为出发点进行探讨。

在进行实地调研过程中，笔者采用的研究方法为问卷调查法、深度访谈法和参与式观察。

（一）问卷的设计

笔者于2016年2月14日开始做调查问卷工作，选择这个时间的原因在于，正月十五还没有结束，此时大量返乡务工人员一般不会立刻回城，在一定程度上保证了样本的全面性。通过发放调查问卷和深入访谈，笔者基本上了解孙岗村村民的媒介使用情况。此次调研活动一共发出223份调查问卷，回收有效调查问卷200份，从两个渠道进行问卷发放工作：一个渠道是由笔者带着调查问卷挨家挨户地进行问卷发放；另一个渠道是在孙岗村村民服务中心大厅对来往办事的当地村民发放问卷。在填写问卷调查的过程中，一些村民由于不识字或者其他因素，笔者采取问答形式进行，同时在填写问卷调查的村民中挑选部分人做了深度访谈。

问卷主要是由三个部分组成，分别是个人资料、媒介接触、人际交往，通过性别、年龄、学历、工作性质、家庭收入和婚否六个问题来了解对问卷调查对象的个人基本信息。问卷设计了“以下选项中最常使用的媒介是什么?”“您每天接触手机的时间是多久?”“您的手机是否能上网?”“对于当前社会上的一些新闻事件，您一般都是从哪里得知的?”等10个问题，对孙岗村村民日常使用的新媒介进行整体上的数量分析，从而了解孙岗村村民在交往空间里发生的变化。针对孙岗村村民日常的人际交往，问卷罗列了“您和其他人平时通过什么方式联系的?”“有了手机或电脑后，是否觉得沟通比以前更方便?”“通过网络聊天，你联系最多的人是谁?”“在生活中遇到问题时，您一般会向谁倾诉?”“您认为手机和电脑对您的夫妻关系产生了怎样的影响?”“您觉得使用手机或者电脑后让你和他人的关系更密切了吗?”等11个问题，从新媒介的介入后孙岗村人际关系的变化入手，分析新媒介对于乡村传统人际关系的影响。为本文从交往空间、交往方式、交往对象三个维度来了解孙岗村社会交往的变迁，提供了数据上的支持。

（二）样本分析

调查问卷回收后，笔者对200份有效问卷进行了数字统计。在这200份调查问卷中，男性116人，占58%；女性84人，占42%。参与调查问卷的孙岗村民，以20周岁以上的中青年人为主，其中20周岁到30周岁的为多达71人，占问卷调查人数的35.5%；50周岁以上的有37人，占问卷调查人数的18.5%，大于孙岗村60周岁老人占总人口的比重，符合客观实际。因此，此次调研人口数据相对符合现在孙岗村的人口比例构成。具体如图1所示。

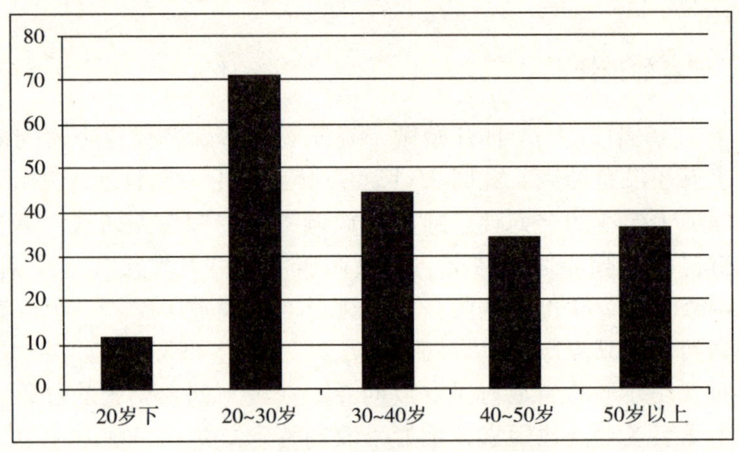

图1 参与调查问卷的村民年龄分布

在职业分布上，外出务工人员一共有101人，占50.5%。其次为在家务农人员61人，占30.5%，其中20到40周岁的外出务工人数达到77人，约占期间人口的66.4%，高于孙岗村外出务工人口占总人口比例的50.7%。图中的其他选项包括瓦工、挖掘机司机、鱼塘维护员等，未能细分。详细数据如图2所示。

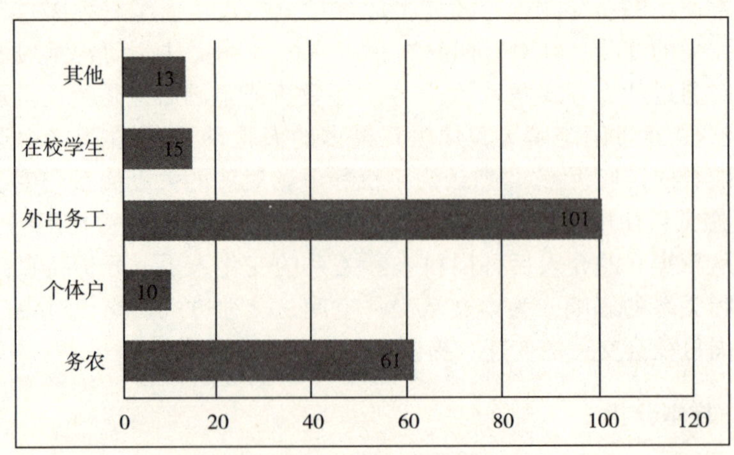

图2 参与调查问卷村民的职业性质分布

在两次对孙岗村调研后，笔者对孙岗村新媒介的使用情况有了基本的了解。以手机和电脑为代表的新媒介已经全面渗透到了孙岗村的日常生活中，并且在村民的日常交往中发挥着越来越重要的作用。这种情况下势必会对孙岗村传统社会交往的空间、方式、对象产生影响，甚至重构了孙岗村传统乡村社会交往模式。

三、新媒介重构孙岗村传统社会交往

马克思认为，人的发展离不开社会交往，社会交往是人的一种存在方式，人就本质而言是一切社会关系的总和。在社会发展这个大背景下，新媒介逐渐融入传统的农村社会生活。它以其自身的特性对传统的农村社会交往进行了改变，与之对应的是乡村社会交往的重构必然带来人的社会关系的变化。以下主要从交往空间、交往对象、交往方式三个维度的变化来阐述乡村传统社会交往的重构。

（一）社会交往空间的改变

安东尼·吉登斯在关于后现代化发展中表达了一个脱域的概念，即“从生活形式内‘抽出’，通过时空重组，并重构其原来的情境”[①]。“吉登斯指出，最常见的互动状态是面对面的互动，而随着沟通手段的变化，互动中的共同在场的范围和具体表现形式也发生了质的变化。而这质的变化正是由‘脱域’实现的。”[②] 手机、电脑等新媒介的出现改变了村民必须在同一空间下进行面对面交流的一种状态，而这种社会交往空间的改变，也是新媒介对孙岗村乡村社会交往重构的一个层面。

1. 自现实环境到虚拟环境

互联网的发展，让我们除了生活在现实中，还生活在一个由网络营造的虚拟世界。实际上是虚拟环境也在影响我们的现实生活，慢慢地变为我们现实生活的一部分。我们在网上聊天交友、娱乐、工作等等，都不经意地改变我们的社会生活方式和社会交往方式。

在孙岗村，村民日常接触的人群都是自己的乡里乡亲，日常的交往行为

---

① 安东尼·吉登斯，克里斯多弗·皮尔森．现代性——吉登斯访谈录［M］．胤宏毅译．北京：新华出版社，2001：242.

② 吕家银，段莉．手机媒体的后现代性透视［J］．东南传播，2006，（7）：74.

也具有一定的现实依据，交往的地点是现实空间，交往行为在一定程度上是公开的。随着新媒介的介入，村民的交往向虚拟环境延展，原本农闲时十分热闹的十字路口早已冷冷清清，两旁的道路也很少出现孩子的嬉戏打闹的场景，村民把眼睛转向了4英寸、5英寸或者更大尺寸的屏幕，如果说电视时代还能听到一群人在为出现某个出彩的画面互相称赞或者进行相互之间的讨论，那么互联网时代屏幕出现再精彩的画面，也只是一个人的低头张嘴傻笑。毫无疑问，新媒介为村民带来了体验世界的窗口，改变了村民日常贫乏的文化活动，把孙岗村的村民拉进了网络时代。但是由此带来的改变，究竟能否用好和坏两个字去定义，值得我们深思。

新媒介是进入虚拟世界的物质载体，在对孙岗村新媒介使用调查的问卷中显示，192人拥有手机和电脑，占调研人数的96%，其中只拥有手机的人数为137人，拥有手机和电脑的人数为55人，拥有电脑的人数占总人数的28%，超过日常孙岗村电脑用户占全村用户的比例。其原因有以下两点：第一，务工人员返乡其个人带有电脑；第二，有电脑的家庭不止一个人参与调查问卷。具体数据如图3所示。

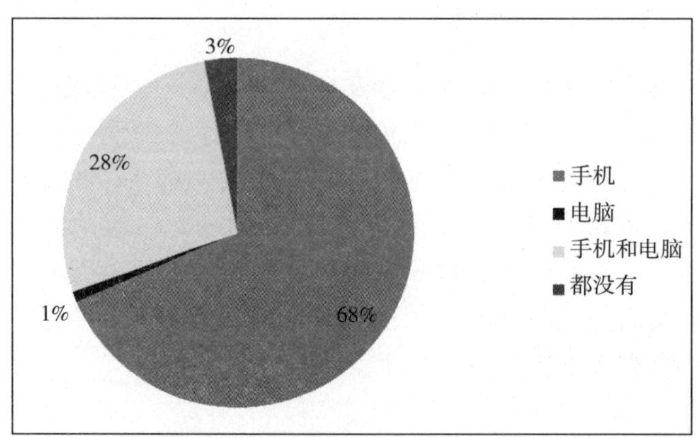

图3 村民拥有手机和电脑情况

在被问到日常生活中使用频率最多的媒介时，其中有175人选择了手机，有34人选择了电视，有5选择了电脑，有6人选择了广播，没有人选择报纸和杂志。其中常住村民共71人，有28人选择电视，4人选择广播。在对每天接触使用手机时间进行统计时发现，每天使用手机1~3个小时的人数最多，达到98人，占拥有手机人数的49%。具体数据如图4所示。

其中孙岗村常住村民71人中，有4个人没有使用手机，有手机的67人中每日使用1~3小时的人数达到33人。具体数据如图5所示。

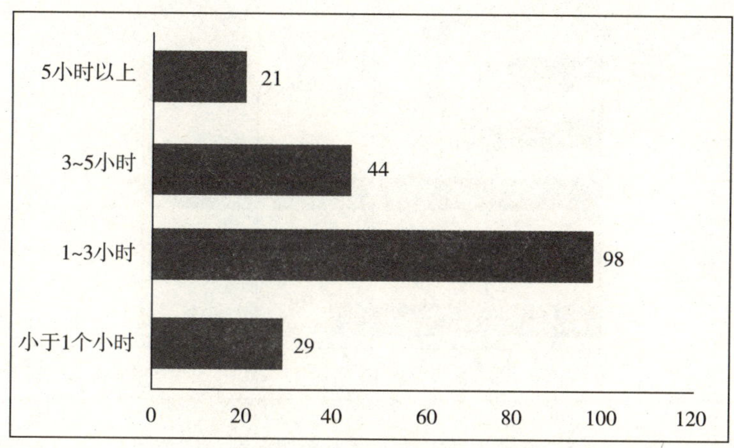

图 4　村民每天使用手机时间情况

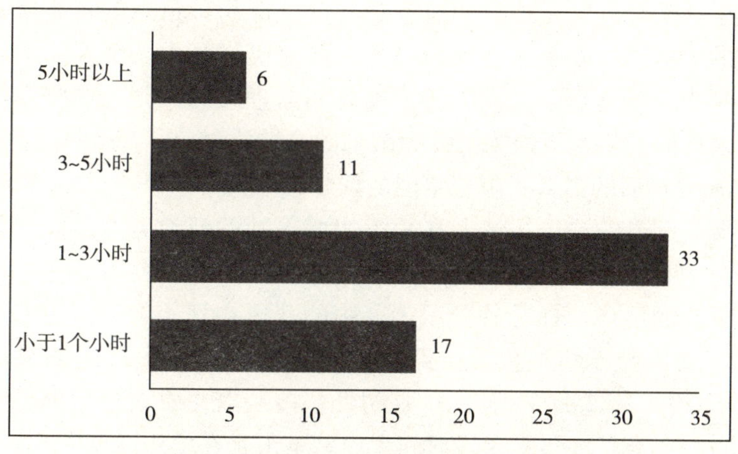

图 5　常住村民平均使用手机时间情况

由图 4 和图 5 可见，手机已经成为孙岗村村民每天都使用的通信工具，拥有手机的 192 人中有 149 人的手机可以上网。调查问卷关于上网时间的数据表明，一共有 87 人选择每天上网 1 ~ 3 小时，约占总数的 56. 8%，23 人选择上网小于 1 小时，26 人选择上网 3 ~ 5 小时，17 人选择上网超过 5 小时。上网人数为 153 人，超过单独用手机上网的人数，原因是在校学生虽然手机不能上网或者没有手机，但是其有时间可以去网吧上网。具体数据如图 6 所示。

这些数据在一定程度上表明，手机和电脑已经成为孙岗村村民日常生活的一部分，它们为孙岗村村民打开虚拟世界社会交往的大门。

娱乐在任何时候都是增进彼此感情的重要方式之一。人在少年时代一起

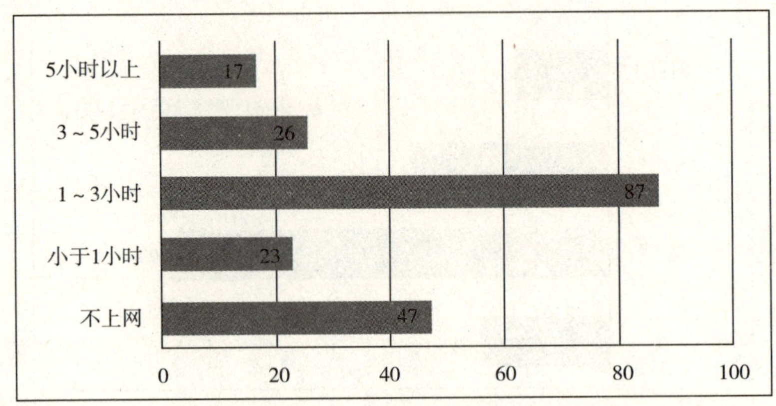

图6　村民日常生活中每天平均上网时间情况

玩耍、追逐、嬉闹，这种面对面的互动，为人与人之间的友谊累积了丰富的营养。娱乐活动是村民在地缘和血缘之外真正能积累情感的重要因素，上文提到在村的十字路口成年人之间的打牌，彼此也许会为一个人的出牌顺序而争得面红耳赤，但是都会慢慢沉淀为彼此间的理解和认知。这些娱乐中的交往深化了彼此间的情谊，最终沉淀为浓浓的乡情。

（1）瓦墙背后的男人：虚拟空间的娱乐

在做调查问卷的途中，笔者在一条快要干枯的河沟旁边，远远看到一个穿着浅绿色的棉袄的人站在一堵墙旁边，独自低着头看着双手，一动不动，在那一排低矮的墙体面前分外惹眼。旁边的冷风在耳边吹着，想着可以发放一份调查问卷，我不禁加快了走路的步伐，顺便拍了下面这张照片（见图7）。那天为2016年2月16日，正月初九，按照以往农村过年的说法，不过完正月十五，不算过完年，这段时间大家基本上是在娱乐活动中。

询问后得知，这个名叫曹明的青年，背后靠着的红砖瓦房里有免费的WIFI，他站在这里可以上网，而且网速很快。通过攀谈知道，曹明平时喜欢用手机看电影、玩QQ斗地主等游戏，目前没有外出打工，红砖瓦房有无线网信号他也是最近才知道的，因为这家人过年前刚装的。曹明的家离这里挺近的，没事他就来这边下载电影，一边下载一边玩QQ斗地主。曹明表示，他今天运气不错，就领了第一次QQ欢乐豆，现在还在用，等下载好电影就回家看。在问现在过年回来的人挺多的，为什么不和村里的人一起打牌的问题时，曹明表示，村里现在打牌和以前不一样了，一些喜欢打牌的都喜欢赌钱，一局下来输赢好几百块钱，而以前大家在一起打牌就是为了娱乐。在调研中笔者曾经看过一场赌博活动，赌博的工具是纸牌，玩法俗称为9点半：一张方

图7 瓦房背后的男人

桌围着四个人，发两张纸牌加起来比点数的大小，一局大概不要半分钟，平均每局金额在400元左右，一个男子十分钟不到的就输了将近2000元。我听村里人说，有人在外打工回来赌钱，一夜输了两三万元的都有。曹明还说自己有了手机，在手机在线斗地主也是和真人打牌，只不过不认识罢了。他说村里的很多人都下载了这个游戏，没事都喜欢玩。经过曹明的同意，笔者看了看了他手机下载的app之后，发现除了QQ斗地主之外，还下载了单机版的斗地主等若干个游戏。

成年人有着相对行事的独立性，他们相比于少年儿童，更可能按自己的意志做出选择。通过和曹明的交谈及走访，笔者发现，村民的娱乐交往行为并不局限于现实生活环境，已经延展到网络的虚拟环境，虽然没有和现实中的人进行娱乐，但是并不影响他们满足自身娱乐的需要。村民获取情感的方向已经从养育自己的乡土社会转到了互联网世界，那是一个不可名状的环境，我们只能用“虚拟”两个字来定义。由于交往的环境虚拟化，随着村民在网络虚拟环境中交往行为的增多，而在现实社会中相应的交往行为则简化或者减少，村民之间的乡情已经和传统乡村社会的乡情相比淡化了许多。

（2）躲在墙根下的儿童：还能快乐地玩耍吗？

笔者发放调查问卷还处于过年期间，走在乡间的道路上，总是能看到三三两两的小朋友手中拿着手机独自点着，他们并没有在一起嬉笑打闹，而是如同定住了神一般一动不动。孩童的欢笑声被手机发出来的声音所替代，两个孩子就这样被固定在一条不会变化的线段上。

图 8　躲在墙根下的儿童

看到这个场景之后，笔者下意识地用手机从远距离和近距离拍个两个孩子的照片（见图 8，拍摄于 2016 年 2 月 19 日）。之后，笔者向他们身边走去，直到近距离看他们在玩什么的时候，两个孩子才发现，抬头看了我一眼，继续低下头玩手机。原来，左边稍小的孩子正在下载游戏，手指不断地按着，刚刚打开了一个游戏；右边稍大的那个孩子则在看电影。见到两个孩子一动不动，笔者只好用手拍着那个稍大的孩子，问他怎么在这里蹲着玩手机。稍大的孩子告诉笔者，因为这个红瓦房有免费的无线网而且网速很快，离得越近网速越快。我问手机是不是父母给他们买的，孩子说这是从父母那里拿的，用免费的流量父母不会说他们什么。于是笔者敲门和房子的主人进行交流，想知道村里孩子蹲在她家门口这种情况之前有没有碰到过①。主人表示家里 2015 年刚装的无线网络，之后就有孩子蹲在那个墙根。起初他也不知道什么原因，后来才发现是来用无线网的。邻居的孩子有时候搬一把椅子来，在那里能坐小半天，经常两三个孩子在那边蹲着上网，都习惯了。在问到为什么家里装无线网的时候，主人告诉笔者，小孩都在外地，自己平时在家也没事，喜欢玩 QQ 斗地主，还有看看电影，关键是这个无线办网装之后，可以和在外地的孩子视频聊天。

通过访问和参与式观察，笔者发现，孙岗村的儿童在潜移默化的影响下，

① 采访时间：2016 年 2 月 19 日；采访地点：孙岗村；采访情况：当时走在路上偶然发现遂进行了简单的访问。

已经对新媒介技术相当熟悉，学会了从网上获取资源来进行娱乐活动；在走访过程中，也观察到一些少年总是把手机攥在手里，随时打开查看。“儿童品德的形成源于们对生活的体验、认知和感悟，只有源于儿童实际生活的教育活动，才能引发他们内心的而非表面的道德情感，真实的而非虚假的道德体验和道德认识。”① 孩子从现实环境的娱乐游戏活动转向虚拟环境，儿时的交往空间开始发生着变化，儿时的情感不再寄托于那一方土地，不再是一个固定的时间，不再是玩伴之间的相互支持，而变成寄托于电子屏幕，那么乡村儿童的情感培养就变成了一个值得思考的问题。尼尔·波兹曼的《童年的消逝》一书就表达一种担忧，即儿童通过电视媒介不断得知成人世界的秘密，致使儿童的童年消逝，那么手机等新媒介可能会带来什么样的结果呢？新媒介一方面在让孙岗村成人之间的娱乐、交往空间活动变得虚拟化，不断希望从现实生活中曾经得到的情感能从屏幕里寻求，缺少从小习惯的现实交往。随之他们可能认为自己成为现实孤独的个体。那么现在孙岗村的儿童因为一系列的原因再加上对于新媒介技术的依赖和使用，从小就缺少现实生活的交往、互动、游戏，虚拟网络已经给了他们足够的满足感，所以他们相比于上一辈人群更少需要从现实生活环境中汲取情感的营养，结果可能是他们成年之后不再知道自己是一个现实孤独的个体，或者不会认可自己在这个现实社会中是孤独的，因为他们并不认为现实生活中的交往更有满足感，而自己又随时可以从网络世界获取自己的娱乐和需求。

2. 从固定空间到流动空间

2015 年 2 月 3 日，笔者第一次对孙岗村走访调研，当时去了村内唯一的一所小学，七间低洼的红砖瓦房围成一块空地，内设一个简单的滑梯。下课时，孩子们在砖头铺成的不整齐的路面上嬉闹；下雨天，走在松动的砖头上，总会有水溅到人们的鞋裤上。现在这所学校停止招生，现有的学生已被送到其他学校去上学。那天主要是对老师使用新媒介的情况进行调研，临走时候，有一个大约 7 岁的小姑娘 G 一直看着我们拿着手机拍拍照，于是我就和她有了一段简单的对话。

笔者：“平时用不用手机呀？”

G：“手机是爷爷奶奶的，平时如果可以用，都是和外地的爸爸妈妈打电话。”

① 中华人民共和国教育部．品德与生活课程标准（实验稿）［M］．北京：北京师范大学出版社，2002.

笔者："现在还打电话吗?"

G："过年了爸爸妈妈回来了就不打了。"

笔者："平时喜欢给爸爸妈妈电话吗?"

G："一点都不喜欢给爸爸妈妈电话。"

笔者："为什么呀?"

G："因为打电话说明爸爸妈妈就在外边打工了，不在家。"

每次想到小姑娘和我的这段对话，我都感到一丝的震惊和难过。我没想到在一个7岁的小姑娘眼里，手机的存在是这种意义。新媒介加强了外地亲属和本地村民之间的联系，在一定程度上弥合了人们因长久未能联络所造成的情感缺失。面对现实环境，新媒介充当着情感沟通的桥梁的角色，这种角色是在一种流动的空间扮演而非在一个固定的空间。以往的乡村社会，家作为日落而息的港湾，本质上就是交往空间的固定化，从而让个人产生对于家庭的情感、乡土的情感，而现在固定的交往空间变成一种流动的交往空间，乡村社会的村民在不同的地方不断地流动，这种流动的交往空间并不利于情感的积淀，更无法满足一个儿童对于情感的需求。以至于在一个留守儿童眼里手机成为家长离开自己的象征，这也决定了新媒介在社会交往中无法体现原本的乡土情感的厚重感。

以上是从乡村的现实环境到虚拟环境、从固定空间到流动空间等方面通过四个具体的例子进行了论述，笔者认为，在空间环境上由传统的现实中的交流到虚拟环境的交流，成年人和儿童都能从虚拟环境的互动中获得满足，而这种满足本应该来自现实生活的交往；在空间形态上从固定的空间到流动的空间，乡村社会交往的空间不再是固定的，而是一种流动的形态，一直处在这种形态下的村民逐渐失去了家的味道和乡村的情感。

（二）社会交往对象的改变

传统乡村社会交往的对象以地缘、血缘为基础，费孝通先生认为的差序格局和熟人社会就是基于这种宏大历史背景下的表述。村民的社会交往对象是相对固定甚至是单一的，家庭成员是村民经常的社会交往对象，社会活动由此展开；再加上安土重迁的思想，彼此之间对交往对象有充分的了解，即对交往对象的家庭、性格等具有个人私密化的信息都能知道。而以手机和电脑为代表的新媒介，则为村民社会交往打开了未知对象的窗口。

200份调查问卷显示，在上网的153人中有97人有网友，约占上网群体总数的63.4%，占调查问卷人数的48.5%；37人选择没有网友，约占上网总体人数的24.2%；还有19人没有这个选项勾选，约占上网总体人数的

12.4%。以职业为外出务工人员为数据参考，外出务工人员中的93人可以使用手机上网功能，其中69人选择拥有网友，约占外出务工人员手机上网总数的72.2%，7人对是否有网友选项没有勾选，共有17人选择没有网友。从上述数据表明，所参与调查的孙岗村村民几乎有一半村民有网友，而外出务工人员有网友的比例相比于常住村民有网友的比例高。

“通过网络聊天，您联系最多的是谁?”在200份调查问卷中，共有22人选择了家人，14人选择了亲戚，78人选择了朋友，还有3人选择了邻居，如图9所示。

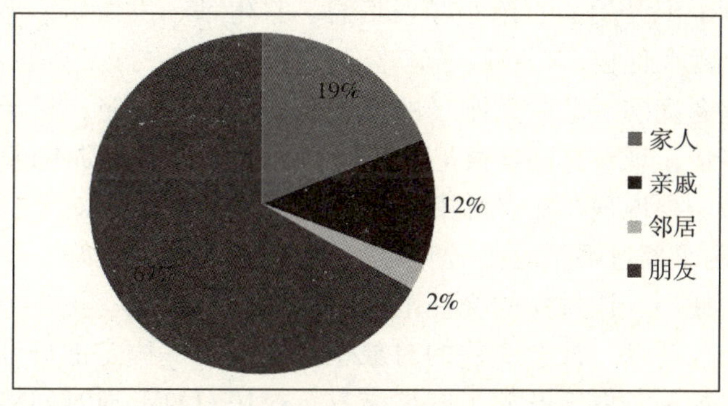

图9　网络聊天联系最多的人员占比情况

从图9可以看出，网络交往中村民选择联系最多的是朋友，占总人数的67%。而传统乡村村民进行面对面的人际交往对象基本上是家人，可见社会交往的对象已经发生了较为明显的变化。

1. 刚子的故事：网友——熟悉的陌生人

到2016年就28岁的刚子，说自己的“老婆”年前就不见了。刚子是土生土长的孙岗村孙小庄人，和这个村庄的大多数年轻人一样，他初中毕业就跟随着村里的亲戚出去打工了。据刚子说，他刚开始在制鞋厂工作时，从早上到晚上基本上不休息，连给家里打电话的时间都没有。第一次过年回家之后，他见到自己的爹妈就哭了，说还是想家。后来到了结婚的年龄，刚子把多年打工的钱拿了出来，父母又东拼西凑借了一些钱，通过媒婆说合娶了一个老婆。刚子说，其实媒婆就是他家的亲戚，可是结婚钱还是没少花钱。结婚之后，刚子便没有再外出打工，不久有了一个孩子。谁知道好景不长，这几年两口子因为小事总是闹矛盾，刚子说他老婆没事就看他的手机，有一次竟然还把他的手机给摔了，至于原因，刚子没说，后来两人实在过不下去了，就在2014年离婚了。离婚之后，刚子告诉笔者，本来打算2015年出去打工，后来他通过微信和一个湖北的女孩小琴聊得很投机，小琴说想到刚子这边看看，于是刚子就没有出去打工了。那个女孩是2015年3月份来的，刚子还特意到火车站去接她。刚子告诉笔者，小琴在他家里一住就是大半年，结果在11月份突然走了，至今也联络不上。笔者问，刚子怎么不选择结婚，刚子不知道小琴家具体在哪里，只听她说过一次在老家无锡因为老公打她，就赌气一个人去了湖北；再说结婚还要花钱，开销太大了。笔者问到小琴怎么样的时候，刚子说他感觉那女孩不是能够勤俭持家的人，天天就是玩手机聊微信，其他也不会做什么，他和小琴也因为手机的事情吵过架。笔者问刚子还会去找小琴吗，刚子说开始一直给小琴发信息、打电话、发微信，不过小琴一直没有回过他，现在他也不打算找了，准备过年之后出去打工[①]。

事后，笔者询问帮助联系刚子的村干部怎么看这件事，村干部表示这些都是个人的事情，现在交网友很正常。刚子的父母和亲戚都不过问相关情况，我们也不好管。再说现在在农村找老婆太难了，正常人家取个老婆也要30万到50万元，刚子离过婚，能在网上找一个，大家也觉得挺好。

新媒介的使用，让村民的交往范围可以无限地扩大，在一个虚拟的环境中进行社会交往活动，社会交往的对象也不再是单一固定的群体了。孙岗村的村民正是在这种条件下开始了网络交友。村民对自己通过网络交往的陌生对象，大都缺少了解，尽管刚子和小琴一起生活了将近八个月，却仍然对小琴的真实信息缺乏了解，甚至不知道小琴的老家具体在什么地方。这也许属于个案，但是通过这个个案，我们可以发现当下孙岗村村民的交往对象确实已经发生了改变。按照梁漱溟先生“伦理本位”的观点，村民之间的相互交往应该符合一定的伦理，两个人在交往之中产生相对应的责任关系。而通过网络认识的朋友就可能缺少这种对应负责的伦理关系，因为和网友交往本身就带有一种随机性，所以建立这种关系就带有一种随意性，这种关系破裂时也无须对谁负责。刚子与自己的妻子离婚后，给他介绍对象的媒人亲戚就很少和他家联系了，而对于小琴离开这件事，周围的亲戚朋友甚至刚子的父母都觉得是不用在意的。对于从网络认识的交往对象缺少天然的责任感，那么，移植到现实社会，就有可能成为类似于刚子和小琴之间的关系。

从另一方面来看，情感的发展是靠岁月的沉淀和两个个体之间持续性的

---

① 刚子、小琴为匿名刚子的故事是在走访发放调查问卷的过程中从村民口中知道的，后拜托村委会的人员安排并认识，于2016年2月20日早上去刚子家聊天，中午刚子让笔者在他家吃饭，没有同意，后来两个人连同一个介绍认识的人在汪庄小集镇的小饭店吃的饭。刚进饭店刚子的手机就连上了无线网络，吃饭时间刚子说了很多，并相互加了微信。

交往而累积，新媒介所带来的是一种碎片化的时间和断裂化的交往，能给两个彼此之间相互情感深厚的人带去新的沟通桥梁，用来传递本来已经拥有的情感并且不断地加深累积。而对于两个相对陌生的个体来说，这种桥梁的作用更适合于双方对情感的释放，是个人表达的需要而非双方积累情感的需求。人们仅仅依赖新媒介累积不了个体之间的深厚情感，它只能是情感传输的工具，陌生的个体对另一个陌生个体在网上形成的依赖，不过是个体对表达渠道的依赖。新媒介也许能够帮助你和谁相识，却不能决定你和谁相知。

2. 老人的故事：被剥离的权威

美国学者埃弗雷特·罗杰斯在其《创新的扩散》一文中提出创新是一种被个人或其他采用单位视为新颖的观念、实践或事物，就其接受的对象来说一共有创新者、早期采用者、早期众多跟进者、后期众多跟进者、滞后者，其中滞后者往往因循守旧，喜欢参考以往的经验，比较闭塞。新媒介时代的孙岗村，手机媒介得到了迅速发展。在问卷调查中拥有手机人中有 149 部手机有上网功能，约占拥有手机人数的 77.6%。手机没有上网功能的人数为 43 人，约占拥有手机人数的 22.4%，其中 50 岁以上的老人手机不能上网，人数为 31 人，约占老人群体总数 37 人的 83.8%，约占手机不能上网总人数的 72%。所以，相对而言，在孙岗村的范围内，老人群体就成了新媒介使用的滞后者，这与传统乡村社会中老人作为舆论领袖①的局面大相径庭，老人已经渐离了传统的权威地位。

孙岗村传统乡村社会老人主要通过三个方面来维护自己的权威。第一是作为财产的拥有者，这种财产往往多以土地屋舍的不动产为主，但是在改革开放后，大量人员外出务工更能显示其经济价值；第二是经验信息的传递者，孙岗村老一辈的生活经验对于年轻一代有着指导作用，而今社会环境急速发生变化，人员外出离开了本土的规制，老人的社会生活经验在新的社会场景中已经失去了原有的效用；第三是伦理本位社会的感召，传统社会人与人之间固定在一个相对的区域内进行社会交往，孙岗村的村民之间由此产生了确定的义务与责任，一旦不履行这个责任和义务就会受到整个集体的排挤；而当今社会人与人之间快速流动，孙岗村再也不存在一个固定的交往地域，与此相对应，村民之间的伦理道德感也逐渐弱化。所以相比于传统社会，孙岗村的老人权威式微，地位受到挑战。

新媒介在乡村生活中渗透，在乡村老人权威式微中起到了一定的作用，

① 舆论领袖是指能够非正式地影响别人的态度或者一定程度上改变别人行为的个人。

图 10 孙岗村老人的常用机型

（拍摄于 2016 年 2 月 16 日，地点：孙岗村卫生室）

主要是以下两个方面：一是新媒介让孙岗村青年一代拓宽了信息索取渠道，转变了乡村社会的交往方向，改变了青年人的交往对象。在 2014 年孙岗村“村两委”选举中，笔者发现有意愿参选的人大多会通过县政府网站去了解具体的选举信息，并且通过手机时时和愿意为自己投票的人进行联络，这和以往参选人员依赖于村中老人进行联络并咨询选举信息已经发生了很大的变化。二是对于老年群体，新媒介的使用其实是相对弱化了老人的社会交往能力，无论是手机还是电脑的使用，孙岗村的老人都是滞后者。老人权威的剥离，实质上是以家族为整体的乡村社会分解为以家庭为单元的乡村社会，宗族权力不断地被分化和细化。新媒介是一把锋利的小刀，每个个体通过新媒介都拥有了分割权力的能力，每个人都能通过新媒介选择自身的交往对象，并超越了现实地域空间的限制。

随着新媒介在乡村社会的渗透，村民的交往范围无形之中扩大，使得交往对象也开始改变，但是笔者不认为仅仅依赖于新媒介就能形成乡村社会中村民和外界陌生人之间的情感累积；同样，外部的新媒介的使用同样会影响乡村社会内部的交往。由于新媒介技术的发展，村民寻求社会经验和知识拥有更便捷的途径，改变了老人作为固定交往对象的地位，在一定程度上剥离了老人的传统权威。

（三）社会交往方式的改变

200 份调查问卷显示，在关于平时和别人使用哪种方式联系最频繁的问题中，有 117 人使用手机、短信方式，占问卷人数的 58.5%；使用微信、QQ 等网络聊天工具的人数为 64 人，占问卷人数的 32%，因此通过手机等新媒介工具进行交流的人数占问卷人数的90.5%；面对面交流的为14人，占问卷人数的7%，其中在家务农者和个体户共71人，有6人选择面对面交流，在校学生15人中有8人选择面对面交流（如图11所示）。问卷数据表明，在一定程度上新媒介技术已经对传统农村的交往方式产生了影响。

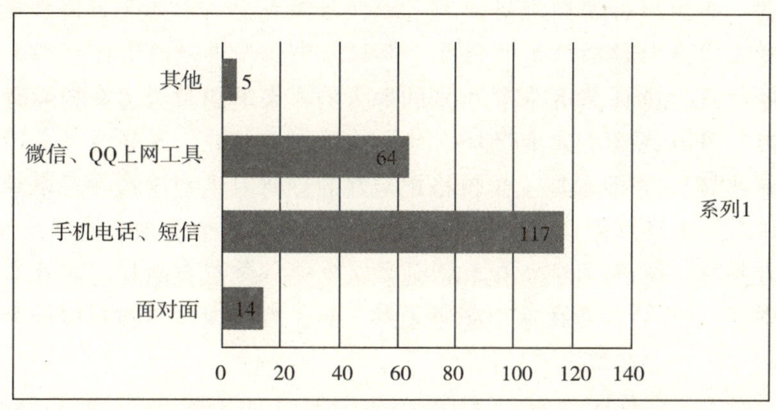

图11　平时村民和别人使用最频繁的交流方式

乡村社会交往方式的改变，是外出务工人员和常住村民频繁互动的结果，新媒介介入这一改变的过程，既是改变的原因之一，也是改变的结果之一。

1. 乡村医生：职业化的历程

2008年，柴集镇开始建造各村卫生室，作为本村实行新型农村合作医疗制度的服务点。从2010年开始每个村卫生室都开始配备有线宽带网。村医务室的电脑要连接电子处方与建立居民健康电子档案。病人拿药需要在电脑中进行登记，由电脑自动对药品的价格进行结算，交钱之后到另一个房间去领药品。卫生室的工作人员以本地人为主。孙岗村2016年合作医疗保险覆盖率达100%。

在新型农村合作医疗体系还未完整建立之前，村里的病人去村诊所看病，一个医生就可以完成抓药和收钱的工作，而医生对于药价有一个自己定夺的区间。当病人是亲戚或者邻居，药品的价格相对较低；而当病人是相对陌生的人，药品的价格则按照市场药价来计算。尽管药品的价格差别一般很小，但是这种细微的价格差体现了中国传统的人情世故。这就是以往村民生病之后往往会去自己比较熟悉的医生那里就医的原因。一般情况下，村民看病不是按离自己物理距离的远近而是心理距离的远近去找医生，这在客观上也树立了医生的权威。早期医生在乡间社会的另一个称谓是“先生”，这种称谓不仅有尊敬还有敬畏在其中。

孙岗村卫生室的医生老夏已经行医二十多年了，他是从当年的赤脚医生成为现在的村卫生室工作人员。下面是笔者和他的谈话节选①。

笔者："现在找你看病的人和以前找你看病的人有区别吗？"

老夏："现在看病的都是自己村里的人，以前不一样，有我在外边村的亲戚朋友。"

笔者："为什么？"

老夏："现在看病都能报销，别的地方的人来咱们村看病不能报销。"

笔者："现在拿药还能便宜吗？"

老夏："现在都是电脑上出价格规定好的，村卫生室这边一旦下单，上级医院都知道，不像以前自己进药自己卖，熟人还能给个优惠啥的。"

笔者："您觉得现在做医生和以前做医生哪一个更有面儿？"

老夏："现在在村里做医生感觉是打工的，没有以前自在；以前来看病的人叫我们先生，现在都没有叫的了。"

随着新农村合作医疗体系的建立，每个村卫生室都配备一台联网的电脑，电脑主要的作用是：一方面加强本地的村卫生室和安徽省各大医院之间的联系，病人的电子医疗档案可以在全省查询；另一方面，病人通过电子药品单据可实时报销。由于药品的价格全部是通过电脑打印出来的，于是医生本人对于药品的价格失去了以往的定价权，对于不同的病人，药品的价格不再有差别对待。这样每个村卫生室最大限度地覆盖了本村的人口就医，病人去看病也不用担心面临"物理距离"和"心理距离"这两个选择，于是村民去"找先生"变成了去"看医生"。医生的职责也比以往更加明确，和病人之间的关系也更加细化。

以电脑为载体的新媒介分割了传统医生与病人之间的多重关系，一种按电脑给出的药品价格使得医生对于农民病人在经济上的"优惠不再"，而这种优惠成为以前农民对于医生抱有敬畏感的因素之一，现在通过联网的电脑技术控制药品价格，药的价格不会在医生的手里起到任何的变化。随着医疗水平的均等化，物理距离慢慢取代了心理距离，新媒介的使用在一定程度上迫使村民改变了以往因为生病需要进行社会交往的方式，从而对自身的社会交往关系产生了影响，以前农村社会的人与医生的多重关系的重叠朝着更加明确单一的方向转化。在新媒介改造的乡村社会里，人与人之间关系渐渐变得

① 访问时间：2016 年 2 月 21 日上午；访问地点：孙岗村卫生室；访问情况：就老夏个人做了一个深度访问，后期时常联络。

明确化，少了以往的带有多种利益性质的交往。此外，传统的乡间社会人情关系逐渐变得弱化，也就是所谓的人情味淡薄，人际交往过程中少了一层隐晦的含义。医生和患者之间的相互关系成为一种职业所要求的关系，而非传统社会伦理所要求的由“人情”而互相负责的关系。

新型农村合作医疗制度，因为有新媒介技术的参与，使得这个制度得以运行流畅，新媒介的应用也在一定程度上改变了村民与乡村医生之间的交往方式，从而改变了村民的社会交往关系。

2. 请帖：遥远距离的呼唤

在乡村，婚丧嫁娶是一个家庭集结所有认识的乡邻亲戚到自己的家中进行聚会的重要原因①。对于这个家庭，这既是一次社会交往关系的全面检验，又是一次对家庭组织协调能力的考察。首先需要做的就是下请帖。从确定具体的日子之后，这家人就要开始对要请的乡邻发放请帖。先要在自己家里规划好路程，按距离远近逐一发放；碰到许久没有联络的亲戚朋友，发请帖时就免不了长时间的客套聊天，无形之中增进了感情。发请帖要做到不能漏了任何一家，如果有一家没有收到请帖，就相当于以后可能不再和这家亲戚或者朋友进行来往；如果是由于过失例如忘记发放，未接到请帖的人家往往也会拒绝出席聚会，所以发放请帖的准确性对于这个聚会的成功有着重要意义。在孙岗村调研的时候，笔者特别就这个问题问到老梅②。他说，在没有代步工具的年代，如果家里有婚丧嫁娶，都是要走路给亲戚送请帖，有的七八里路也都是靠两条腿。他家大姑娘结婚的时候家里只有自行车，给所有的亲戚发完请帖用了小半个月。后来到了2008年儿子结婚，家里有摩托车，仍然用了一个星期的时间送请帖。如果碰到去的时候亲戚朋友外出，还要送第二回。这样发放请帖的过程，本身就是一种人际面对面交往的过程，发请帖社会交往行为最终使得村民自主减少交流空间上的距离，从而缩短情感距离。

2016年2月20日上午，笔者走访发放问卷时，遇到一个名叫强子的人。听到笔者需要他填写调查问卷，强子很爽快就答应了，并与笔者攀谈了起来。强子高中毕业便出去打工，2015年5月结婚，结婚之后就没有立刻出去，打算新年之后再出去务工。在说到结婚的时候，笔者便询问了强子相关的问题。下面是对话的节选。

① 这种聚会也属于家宴，发请帖的家人要在家中要备置好所有菜品，餐具、桌椅都摆放在自己家的庭院，如果放不下，邻居家里也会摆上几桌。

② 访谈时间：2015年2月16；访谈地点：梅会计家中；访谈情况：在孙岗村上午走访调研发放问卷结束后，梅会计邀请笔者去其家中吃饭，因为相识便没有拒绝，后中午吃饭聊天谈到。

笔者："结婚是不是花了不少钱？"

强子："结婚不仅花钱还累得要命，要不然早就出去打工了。"

笔者："你家的请帖都是你发的，怎么这么累？"

强子："请帖还轻松一点，关键是买菜，什么菜都要买。"

笔者："发请帖不是要挨家跑吗？你家的亲戚朋友少？"

强子："用的是照相馆给我做的电子结婚邀请函，通过微信 QQ，我直接都发给我的朋友了；其他需要请的人，我都是一个一个打电话的，实在打不通了，我才去发个请帖，不用两天就好了。"

笔者："这样会不会不太正式？"

强子："我们村现在结婚很多都这样，打个电话就可以了，跑来跑去多麻烦。"

后来强子把他结婚时候发的电子邀请函转发给了笔者。电子邀请函不仅有强子的结婚照片，还有背景音乐，最后还有一个页面可以输入被邀请人的信息和祝福新人的话语（见图 12）。

图 12　强子微信婚礼邀请函的截图

为了求证强子说的话，笔者向村干部询问关于现在村子里发请帖的情况，村干部表示手机打电话前几年就有了，比以前是方便了。现在发帖前都打个电话，询问对方是否在家，一般接电话了也就不要请帖了。可能也是村里人情味淡了，大家主要也都是上个份子钱，所以怎么发请帖大家也都不在意。问到他有没有收到此类的电话邀请，梅会计表示自己确实也收到过，不过也有下请帖的。

针对使用手机或电脑后，村民和他人关系是否更密切这一问题，在192人中的回答中132人选择了和之前一样，约占69%；57人选择比之前好，约占30%；还剩3人选择比之前密切。具体数据如图13所示。

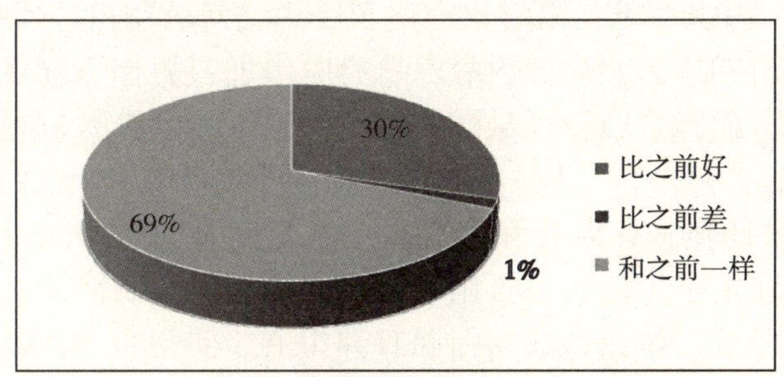

图13 村民使用新媒介之后和他人关系变化情况

关于现在的老乡关系和之前相比有何变化的数据表明，认为比从前更好的有51人，占总人数25.5%；认为和从前一样的有62人，占总人数31%；认为有点不如从前的有54人，认为大不如从前的有33人，两个数据合计占总人数43.5%。具体数据如图14所示。

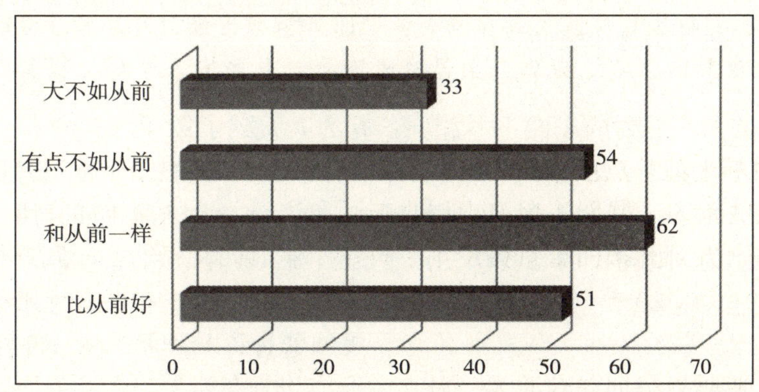

图14 现在老乡关系和从前相比的变化情况

问卷调查数据显示，132个人认为在使用手机后和周边人群的关系没有变化，87个人认为老乡的关系不如从前，这也在一定程度上说明了传统的乡村乡邻关系已经发生变化，新媒介的使用契合和当下变化的方向，村民不再像从前那样以面对面交往的方式登门到户发请帖，通过新媒介可以更加快速便捷地传递信息，请帖不再是一个具体的物件表现形式，请帖作为一个交往的象征性意义大大降低。请帖通过新媒介这个转换器变成了数字的、口语化的非实体，情感的直面沟通变成了电话里面的几句寒暄，请帖成了现实生活中一个遥远的呼唤，而非一双紧握的双手。

以上通过具体事例和乡村医生的职业变化的事例来表现社会交往方式的变化和影响力，经过调查研究，笔者认为新媒介的应用客观上改变了传统依赖于血缘亲缘的医患关系，同时也方便了医患之间的交流，促使乡村医生加快职业化进程；新媒介技术在请帖功能的应用上一方面方便了村民的生活，另一方面则体现了乡村人际关系的淡化；新媒介技术下的交往给村民呈现了前所未有的图景，却没有给他们带来实现图景的条件，新媒介的交往方式将村民的乡村生活割裂开来。

四、结语和本研究的不足

传统乡村的村民绝大多数是面对面地进行社会交往活动，而交往的对象大多是以血缘和地缘为基础的延伸，交往对象具有固定性；再加上村民本身具有的安土重迁的思想，使得乡村社会的交往空间往往局限于有限的空间。这种农业文明衍生出来的社会交往，使得村民之间个人的发展过度依赖周边的环境，依赖亲族乡邻而非外界社会，因此村民也把最大的情感和最多的时间投放在乡村社会这个空间之内。

新媒介在乡村社会的使用，为村民打开一扇看外面世界的大门，透过这扇门，不同的人看到的东西不尽相同：有的人看到了欲望，有的人感觉到未知，有的人触摸到了情感。新媒介对于个体产生什么样的作用，是由村民个体所在环境的复杂性决定的，很难预测，从这一点来说新媒介只是一个工具。新媒介的使用，对村民的自我认知产生着影响，改变了村民之间的相互交往行为，随之传统乡村社会交往发生变迁，预示着作为个体的乡村村民的社会关系也正在发生着变化，这种变化又在影响着现今村民所说的乡情的改变，从这一角度看，新媒介超越了作为简单交流工具的范畴。

由此可见，随着新媒介技术的发展，新媒介将每个村民变成了可以随处连接的独立信号，特别是以手机为载体的新媒介成为现代人必备的沟通工具。不论人们相隔多么遥远，拥有新媒介就可以实现无限沟通。它打破了固有的传播地域空间，村民通过新媒介技术实现了与外部世界的关联而不再仅限于本地区域，交往空间发生了彻底的变化。新媒介技术的应用同样对乡村社会本土造成了影响，面对面的沟通交流不再是村民的首选交流方式，社会交往方式的改变，满足了村民传递信息的需求。以手机和电脑为载体的新媒介，为我们建立起了一个全新的网络世界，村民开始在网络中索取自己所需要的信息，而不是像传统社会那样必须向周边的人索取。另外，结交网友成为一个新的交往现象，村民不断扩大交往的范围，同时弱化了乡村内部的社会交往，改变传统乡村社会的交往方式和交往对象。随着这种交往对象的复杂化、交往空间广域化、交往方式的便捷化，个人不再将自身的情感仅仅投射在乡土这一片区域，个体家庭不断出现不同的自我需求，弱化了整个宗族的影响力量，整个社会开始以家庭为单位进行相互之间的交流交往。

新媒介应用于乡村的社会交往之中，既是时代发展使然，也符合村民自己社会交往的需求。新媒介应用到不同的场景中显示出不同的效用，在社会交往中对交往方式、交往对象、交往空间等方面的变化更是一个强大的助推力。马克思说，人的本质是一切社会关系的总和，新媒介在乡村社会交往中的介入，最终对村民的社会交往关系产生了影响。传统乡村社会的变迁，能从村民的社会交往变化方面去探寻。新媒介只是介入乡村社会交往中，实际上不能让村民日益留恋的传统乡村社会更加持久地存在，也不能让乡村社会立刻变为新农村。在改变甚至重构之下的意义值得我们去深思，但是，不可否认，基于农业文明下的传统乡村社会在商业文明的摧枯拉朽的攻势中，已经奄奄一息。

笔者选择了皖北经济并不发达的一个乡村进行研究，村中的外出务工人口超过常住人口，在一定区域内可能具有一定的相似性，但是在整体上讲并不具有普适性。

由于笔者的能力有限，在新媒介技术的研究中，未能将乡村社会中报纸书籍下的交往到电视、电话、广播下的交往再到新媒介下的交往形成一种纵向深度的对比，从而探寻传统乡村社会交往的变迁。本文只是从细微处研究乡村社会交往在不同的媒介环境的表现，以期盼看到新媒介下的乡村社会交往的变化。

本文虽然选择了多个事例进行分析研究，但是因为新媒介应用与个人的生活经验有着千丝万缕的关系，每一个人应用新媒介效果、方式、过程都不可能是相同的，因此，所做的研究只能局限于孙岗村应用新媒介技术概况性的探讨，对使用新媒介具体的行为研究不足。

仪式传播中的民族身份认同与表达

——基于定远县二龙回族乡回族婚礼仪式的研究

陆　璐

摘要： 随着社会的发展、人口流动的加剧，我国少数民族文化受主流文化的影响逐渐加深，一些少数民族具有独特性的传统文化开始渐渐消失，如何保护民族文化的多样性成了亟待解决的问题。文章选取内陆地区与汉族长期杂居的安徽省定远县二龙回族乡为研究地，从二龙回族乡的回族婚礼仪式的传承和变迁出发，来看仪式的举行是否有对民族文化的传承起到一定的作用，在仪式传播中，当地回族居民对民族身份是如何认同与表达的。

关键词： 仪式传播；身份认同；婚礼仪式

我国是一个多民族国家，每一个少数民族的传统文化都是中华民族五千年灿烂文化的有机组成部分。历史上，由于生产方式和交通手段等方面的限制，各少数民族人口总体流动性不大，同一民族基本聚居在一起，相近的生活方式和共同的信仰让各少数民族的传统文化受外族文化影响很少，得以很好地传承。

美国著名传播学家詹姆斯·凯瑞认为，仪式不仅是传递信息，更重要的是在共享，共享共同的信仰、文化和精神。在此前提下，本文选取内陆地区与汉族长期杂居的安徽省定远县二龙回族乡为研究地，从二龙回族乡的回族婚礼仪式的传承和变迁出发，分析在仪式中每一个有回族特色的符号所携带的信息、内含的信仰，试图从中探寻当地的回民在仪式中对自己民族文化的理解，以及在当今的仪式中运用了哪些符号来彰显自己的民族特性、表达自己的民族文化；通过当地回民对回族文化的理解和表达来看他们对民族文化的认同感如何，在传统回族文化的传承过程中仪式的作用是如何的，仪式的举行是否有增强当地回民的民族认同感，并通过对上述问题的分析，探讨少

作者简介： 陆璐，安徽大学艺术与传媒学院教师。

数民族文化的媒介传承路径。

一、定远县二龙回族乡婚姻习俗的背景

（一）地域和历史

定远县位于安徽省的东部，是皖东地区面积最大的县，自古以来就有“境连八邑，衢通九省”之誉，二龙乡位于定远县城东南部约 30 公里处。明朝时期著名的开国将领蓝玉因骁勇善战、屡立战功，二龙乡为蓝玉的封地，当时的二龙乡居民多为蓝玉的族人，因此二龙乡在当时被称为“蓝府城”。洪武二十一年（1393 年），锦衣卫指挥告发蓝玉谋反，下狱鞫讯后，狱词称同景川侯曹震、鹤寿侯张翼、舳舻侯朱寿、定远侯王弼、东莞伯何荣及吏部尚书詹徽、户部侍郎傅友文等谋反，拟乘朱元璋籍田时发动叛乱①。当时的朱元璋正在巩固和加强中央集权，于是以谋反罪将蓝玉收监治罪，后又派出手下黑马将军王瑛至蓝府城欲将蓝家满门抄斩并诛灭九族。但王瑛并未严格执行朱元璋之命，待蓝案之后，王瑛奉命定居蓝府城，自王瑛落户蓝府城之后，此地的王姓居民越来越多，由于王瑛及王姓居民多为回民，“蓝府城”后渐渐被人们称为“王回岗”。

“王回岗”一词一直沿用 1940 年。1940 年 2 月，新四军二师政委谭震林到此察看战斗地形，看到此处地形像“二龙戏珠”，深有感触地说：“这里以后就叫‘二龙’吧。”从此，王回岗就改称“二龙”②。但由于“王回岗”一名沿用了很长的历史时期，已经深入当地居民的生产生活之中，因此现今当地部分居民仍称二龙为“王回岗”。1949 年随着新中国的成立二龙乡建乡，官方使用“二龙乡”这一名称。

（二）人口和经济

早在 700 多年前的元朝，二龙就有穆斯林在此集中居住生活。到了明朝时期，因二龙为蓝玉的封地，当时聚居在此的仅蓝姓回民就多达 600 户。后

---

① 凤凰网.“平民皇帝”朱元璋：酷刑株连大杀功臣宿将［EB/OL］. http：//news. ifeng. com/history/zhongguogudaishi/detail_ 2008_ 10/21/322553_ 1. shtml.

② 二龙回族乡论坛. 1936 年王回岗（今二龙回族乡）回民调查记（节录）［EB/OL］. http：//hzx. yescity. cn/home. asp? mainURL = % 2Fscript% 2Fforum% 2Fview% 2Easp% 3Farticle_ id% 3D826450% 26IsInFrame% 3D1.

因蓝玉案爆发，当地受牵连的蓝姓居民或改换“青”姓，或逃亡至其他地区，但随着王瑛奉旨来此定居，慢慢地王姓回民越来越多在此聚居。

1936 年石觉民《王岗回民调查记》（节录）中记载如下：

王回岗位于安徽定远县东南，距城六十余里。全村长约二十里，四周约六十里。居民三千余户，尽系回民，以王姓居多，又以地势颇高，故名余曰王回岗。人民信教笃诚，富于团结，宗教界限，划分极严，对外往来极少，兼以交通不便、邮电不通，俨然另一区域①。

到了 1982 年，二龙乡被安徽省政府批准成为全省第一个民族乡，经过 30 多年的发展，二龙回族乡已然成为安徽省回族人口聚居最多的民族乡。全乡有 5 个行政村，其中回族村 4 个，总人口 1.57 万人，其中回族人口 1.19 万人，占全乡总人口的 75.8%。

二龙乡所处的定远县为丘陵地貌，四季分明、气候温和，适宜种植农作物，定远也素以农业大县著称，因此二龙自古至今绝大部分居民以农业生产为主业。由于所属的定远县经济也并不发达，加上二龙多为回民家庭，鲜与外界接触，有的二龙回民家庭世代为农，经济状况不佳。

在国家少数民族及宗教政策的指引下，二龙回族乡以自身少数民族以及安徽最大少数民族聚居地的特色吸引了不少外来投资，个私经济发展较快，借助招商引资的政策吸引不少资金在该乡建立起了数家花生加工厂；此外，由于粮食产量丰富，米厂、面厂等粮食加工厂也纷纷建立起来，打破了以往只依靠农业的单一经济结构，带动了一些二、三产业的发展。

（三）典型民族特色

1. 清真寺的完好保存

随着二龙的回民人口不断增多，到了清朝末期开始以南大寺为核心，先后修建了 7 座清真寺供当地的回民礼拜、集会等。在“文革”中，西寺、北寺、大安寺的建筑被毁，只有南大寺保存较为完整。2015 年 7 月 19 日，有着一百多年历史的二龙回族乡中汤清真寺举行了“清真寺重建”落成庆典仪式，重建过后的中汤清真寺占地面积由 1400 平方米扩大至 2700 平方米（见图 1）。目前全乡共有 6 座清真寺供当地的回民前来进行礼拜活动。

---

① 二龙回族乡论坛. 1936 年王回岗（今二龙回族乡）回民调查记（节录）［EB/OL］. http://hzx.yescity.cn/home.asp?mainURL=%2Fscript%2Fforum%2Fview%2Easp%3Farticle_id%3D826450%26IsInFrame%3D1.

图 1　二龙回族乡中汤清真寺

2. 建筑的回族元素

二龙乡街道两旁的楼房基本上与汉族建筑风格无异，都是上下两层无院居民楼，但在细节之处仍保留一定的伊斯兰特色。传统的伊斯兰房屋的屋顶必须修建成圆顶，而二龙乡的楼房在屋顶的修建上参考了汉族风格，有的是平顶，有的是斜顶；与汉族楼房不同的是，在房顶正面的两角建有小型的仿伊斯兰风格的穹顶和宣礼塔尖。回族楼房虽与周围的汉族楼房远看结构无异，但在细节上还是能看出当地回族楼房明显的伊斯兰风格。

图 2　二龙回族乡清真风格门楼

3. 民族服饰的穿戴

在与汉族几百年的杂居中，很多二龙当地的回民已不再全身穿着回族的民族服饰，与汉族居民也是毫无差异地穿着西装、时装，冬天穿棉衣和羽绒服，但是他们仍保留女戴头巾、男戴礼拜帽的习俗。

4. 特殊的饮食习惯

在《古兰经》中规定了一些饮食的禁忌，禁止吃死物、血液制品、猪肉等，其中不食猪肉是广为人知的回族的饮食禁忌。此外二龙乡的回民也保留着回族爱吃羊肉的习惯，由于二龙烹调羊肉采用的是白煮，尽量少加入调味料，与当地汉族的烹饪手法不同，因此，二龙的羊肉汤也是当地的一个特色，常常吸引周围的汉族居民前往品尝正宗的清真羊肉汤。

通过以上所述，我们可以看出二龙回族乡的回族传统文化底蕴是很深厚的，但是传统文化和现代文明交往互动加剧，仪式的举行对传统文化的传承和发展是否有促进作用？下面将选取二龙回族乡的婚礼仪式来探讨这些问题。

二、理解——来自安拉的传统回族婚礼

回族是一个全民信仰伊斯兰教的民族，伊斯兰教是一个非常严格的教派，回民的行为受到伊斯兰教很深的影响。回族婚礼从婚姻观念到婚礼流程，再到婚礼过程中符号的运用，无不体现着伊斯兰教的风格和元素。

由于回民生活区域遍布于全国各地，因此婚礼的习俗各地略有不同，但一些传统流程在当今二龙乡的婚礼上也依然存在。

（一）请媒人提亲和看人看家道

旧时，回族男子在适婚年龄，通过他人介绍等各种途径相中一个女子，想要跟她缔结婚姻关系时，就需要请媒人去女方家提亲。这个习俗在其他民族也是存在的，但是回族提亲通常需要两个或两个以上的媒人，一个媒人代表男方，一个媒人代表女方。代表男方的媒人带着四色礼如茶、糖等，来到女方家，代替男方家向女方家表达男方想要与女方结婚的意愿，在这个过程中，男方的媒人要向女方家介绍男子的详细情况；由于伊斯兰教分为几个教派，因此在提亲的时候还需向女方家庭介绍男方家庭的教派信息。女方家庭在了解男方的基本情况之后，若觉得合适，就会传递满意的信息。这个时候，女方家就会请媒人到男方家看家道，接着男方和女方的媒人就会在双方家以外的地方安排小伙子和姑娘见面，若男女双方能看得上对方的相貌和人品，

男方的媒人就会安排男方的父母或男方的长辈和小伙子与姑娘正式见面，在正式见面的时候，男方的父母需要带上四色礼，小伙子还需要带上见面礼。若是姑娘和女方无异议，就收下小伙子的见面礼；若是不同意这门婚事，则拒收见面礼。即便到了现代，男女双方是从自由恋爱走进婚姻的门槛，在婚前也少不了请媒人提亲这一环节。

我和我老婆是初中同学，她家就住我家对面那条街，在上学的时候，我就经常去她家玩，我们双方的父母也早都认识了。我们两家特别熟了，但我们决定要结婚的时候，我父亲还找了我们家门（家族）的一个堂叔去她家提亲，搞得还挺正式的，带了红糖啊、白面啊，还有什么东西，反正是四样东西，我们叫“四色礼”，去她家的。然后我岳父也请了我老婆的大伯来我家，站在我家院门那儿看看大门，看看房子什么的，我们叫“看门头”，反正就是走了这样一个流程。（访谈对象：王某某，37 岁，定远县二龙乡居民，回族，农民）

在古代，由于封建礼教，女子不能随意出门，男子在有了心仪的姑娘的时候，通过提亲的方式向姑娘表达爱慕之意，同时这也是向女方家表达自己的诚意的一种方式。在现代，由于恋爱自由，男女双方在提亲之前已熟识，提亲更像是走过场，不再承担第一次向女方介绍男方详细情况的功能，但由于二龙乡的回民把提亲看作建立一场婚姻关系的必须经过的流程，也作为对女方的尊重，依然保留了提亲的环节。

（二）说“色俩目”和定亲

二龙当地人的说“色俩目”，在有的地方被称为“定茶”或“道喜”。说“色俩目”一般要选择主麻日（星期五），男方家要准备回族喜欢喝的花茶、绿茶、陕青茶、龙井、毛尖等各种高中档茶叶，还要准备一些红糖、白糖、桂圆肉、核桃仁、葡萄干、红枣、花生米、芝麻等，然后分别包成约一斤重的小包，每个小包上放一条红纸，表示是喜庆的事[①]。在说“色俩目”的当天，男方和父母还要带一两套给女方姑娘准备的喜庆、漂亮的衣服，女方家则要杀鸡、宰羊，热情地摆宴席来款待。在吃完宴席之后，双方家庭在双方的亲朋好友的面前，互道“色俩目”。说“色俩目”的目的是告知大家，双方已经定下了这桩亲事，双方互为亲家。

在二龙乡，定亲也被视为婚姻关系的开始，因为定亲结束后，女方姑娘

---

① 杨宏峰．回族历史文化常识［M］．银川：宁夏人民出版社，2013.

就是男方家的一员了，所以定亲也可以看作婚礼仪式中很重要的一个前奏。定亲最主要的目的就是男方纳聘金以及双方定下正式婚礼的日期。纳聘金是事前女方根据需求提出一定的金额，再由媒人向男方转达，男方提前准备好聘金，同时女方向男方提出要求购买一些日常生活用品、家用电器以及首饰等作为聘礼。定亲的仪式一般会选择在主麻日或主麻日前后两日进行，在这一天，男方要由阿訇带领，和家里至亲带着聘金和购买的聘礼来到女方家，女方家也会有一位阿訇或者家族的德高望重的老人在家接待。女方家还要炸油香、宰羊、过“尔麦里”（引申义为功修）[①]。在此之后，男女双方和亲人一起共同赴宴，这时候双方就会说些祝福新人的话，同时会讲述缔结婚姻关系的意义。最后双方家庭就会在一起商量婚礼的大致日期。

我们那时候条件不好，没有现在年轻人讲究礼金要给什么吉利数字，主要还是聘礼吧，其实也没有什么聘礼，就是几床被和一点生活用品。我们定亲那天，我婆婆抱了两床新被来，被子（的棉花）是新弹的，被罩也是新扯的布做的，新的图个吉利嘛。我们农村没有钱，那时候不看条件，主要看这小伙子人可老实，所以我的父母也觉得聘礼是个意思好了。定亲那天吃饭的时候，我婆婆和我妈就把结婚的日子定下来了。（访谈对象：王某，45 岁，定远县二龙乡居民，回族，定远县二龙乡政府工作人员）

（三）举行婚礼庆典仪式

与汉族结婚选定婚礼日期不同，回族的婚礼不看黄道吉日，一般选定在主麻日或主麻日的前一天举行。由于回族比较忌讳在迎亲路上遇见孕妇，因此在结婚当天，接亲的队伍会很早便出发。男方会随身携带一些核桃之类的坚果前去女方家里接亲，到了女方的家里，要将核桃撒在院子的地上，随后到客房吃饭，吃完饭之后陪同新娘一起上车返回家中。女方家要为姑娘准备一些衣服、鞋子、钱等给姑娘带到男方家使用，回民叫作“填箱”。

我结婚那天我妈给我扯了花布，做了两套衣服，我大妈（伯伯的妻子）给我纳了好几双鞋，还有些东西放到一个大箱子里锁起来，然后把钥匙给了我，在我们这叫“填箱”，不管放什么东西进去，要把箱子装满。后来他们家人来接亲，就把定亲那天带来的被子和这个箱子一起搬到板车上了。那个箱子就算作我家里给我的嫁妆了，跟着我到婆家了。（访谈对象：王某，45 岁，

① 杨宏峰．回族历史文化常识［M］．银川：宁夏人民出版社，2013.

定远县二龙乡居民，回族，定远县二龙乡政府工作人员）

待迎亲的队伍将新娘和嫁妆都带到男方家的时候，回族婚礼仪式中最重要的一个程序——写“伊扎布”就要开始了。新娘送入新房之后，女方送亲的客人开始在男方家主人的安排下进屋喝茶歇脚。与此同时，男方家会请出阿訇为新娘和新郎念“尼卡哈”：男方事先要准备一张桌子，桌子的三面摆上椅子，上位的椅子上坐着阿訇，左右方位的椅子上坐着证婚人和新郎的父母，在桌子的另一面地上铺上毯子，一对新人或跪或坐在毯子上，聆听阿訇的教诲。在大家都落座之后，阿訇会诵读《古兰经》中关于婚姻的章节，然后再用汉语解释一遍。接着阿訇会问新郎是否愿意娶新娘为妻，此时新郎一般会立刻大声回答愿意；然后阿訇再问新娘是否愿意嫁给新郎为妻，按照二龙当地的风俗，新娘不能立即回答，阿訇会接着再问两遍，在阿訇第三遍询问的时候，新娘方可小声回答愿意，以此来表示新娘的羞涩。随后，阿訇会大声宣布，从今日起，两人正式结为夫妻，并向新郎新娘说一些祝福的话语。紧接着阿訇就会拿出准备好的“伊扎布”（婚书），为新人写“伊扎布”，在回民看来，回民结婚不仅要去婚姻登记处登记得到国家法律的认可，还有很重要的一个程序就是写“伊扎布”得到安拉的允许和佑助。

（四）回门

跟汉族婚礼的流程一样，在正式婚礼仪式举办之后几天，新娘和新郎要回到娘家看望女方父母及亲属。一般在回门之前，女方家就要做好准备，款待回门的女儿女婿，除此之外，新娘的近亲属家庭也要宴请新娘和新郎。当晚新郎要返回家中，而新娘要留在父母家多住几天，几天后新郎再至岳父母家将新娘接回。

三、表达——回族婚礼仪式的现代符号

二龙回族乡自有穆斯林开始聚居起，就形成了一个特殊的文化环境氛围，内是回民聚居，外与汉族杂居，千百年来与汉族的交往中，二龙回族乡的传统文化也在发生着一定的变迁，很多的风俗习惯也受到了当地风俗的影响。

（一）二龙回族乡回族婚礼的历时描述

1. 婚姻：从“包办”走向自主

在传统的回族婚姻观中，双方走进婚姻必须是基于双方自愿的前提，穆

斯林男女都有自由择偶的选择权。而在新中国成立前的二龙回族乡，受到封建礼教的影响，男女婚事全凭“父母之命，媒妁之言”，年轻男女没有自主选择婚配的权利。

1936 年石觉民对当时的二龙回族乡的调查《王岗回民调查记》（节录）中记载：“该村婚姻，纯以媒者之言、父母之命为准。订婚谓之‘下礼’，下礼以布饰等物送于女家为礼，多半童时订婚，谓之娃娃亲。”①

在石觉民的调查中，可以看出，当时的二龙回族乡年轻男女的婚姻，没有婚姻自由，伴侣的选择权在父母手中，大部分当地回民的婚事在他们还处于孩童时期就已经由父母定下，称之为娃娃亲；没有定下娃娃亲的回族男女，到了适婚的年纪再由父母为他们选择婚姻。

虽然封建时期的婚姻不能自主选择这一点与伊斯兰教关于婚姻的规定有悖，但是婚礼仪式基本遵循了传统回族婚礼仪式的流程，请阿訇念喜经、写“伊扎布”等都还是遵守着伊斯兰教的规定。

2. 婚礼：由繁到简

1950 年，新中国颁布了第一部《中华人民共和国婚姻法》，在《婚姻法》中明确规定：“废除包办强迫、男尊女卑、漠视子女利益的封建主义婚姻制度。实行男女婚姻自由、一夫一妻、男女权利平等、保护妇女和子女合法利益的新民主主义婚姻制度。”② 在《婚姻法》颁布之后，青年男女关于婚姻的自主选择意识开始觉醒，二龙回族乡的“包办婚姻”开始逐渐减少，到 20 世纪 60 年代，这种由父母决定的“包办婚姻”就基本消失了。

基于当时全国的大环境，60 年代的回族婚礼仪式走上了简化的道路。

那时候不像以前是父母包办的，但也没有现在这么开放，年轻男女自己搞对象的很少，大部分都是到年龄了，家里人就开始托人打听了，哪家有小姑娘、小伙子也到年龄的。（要是）有看上的，就要请人去说媒了，人家一听，还不错，媒人就安排见面了。那时候年轻男女没有现在接触这么多，只能靠这种熟人介绍的方式。

我跟我爱人就是这样认识的，那时候我 20 了，我妈就开始托我老婶（最小的婶婶）帮我留意了，我老婶是我们村有名的媒人，（撮合）成了不少对。

① 二龙回族乡论坛. 1936 年王回岗（今二龙回族乡）回民调查记（节录）［EB/OL］. http://hzx. yescity. cn/home. asp? mainURL = %2Fscript%2Fforum%2Fview%2Easp%3Farticle_ id%3D826450%26IsInFrame%3D1.

② 尹旦萍. 当代土家族女性婚姻变迁：以埃山村为例［M］. 北京：社会科学文献出版社，2009.

正好我爱人的小姨跟我老婶关系好，当时我爱人正好也在找人说婆家，于是我老婶就跟我妈说了，我妈觉得都知根知底的，就让我老婶安排我们见面了。我们是逢集的时候在街上见面的，见了面双方都觉得挺好的，就开始处对象了，没处多久就准备结婚了。

我当时在村里工作，吃着国家的饭，就要按照国家的规定办。首先要向上面（上级）打个结婚报告，申请结婚，然后开张介绍信让我们去乡里面负责打结婚证的地方。到那就有人很严肃地问我们是不是自由恋爱结婚的，确定我们不是包办婚姻，也就给我们打了证。我跟我爱人都是回民，比较遗憾吧，那时候政策不允许，结婚的时候没有摆酒席，也没有请阿訇来写“伊扎布”。结婚那天我走路去我爱人家，然后她再跟着我走回到我家，之前我给她做了几套衣服，到她家她就拎了个箱子跟我走了，到了我家，就跟我家至亲在一块吃了个饭，就算是结婚了。（访谈对象：青某某，72 岁，定远县二龙乡居民，回族）

那时候的婚礼仪式受政治因素影响较大，回族特色婚礼仪式无法举行，给很多当时结婚的回民带来一定的遗憾。随着时代的发展和民族政策的放开，二龙回族乡的回族婚礼仪式逐渐回到了当地人们的生活中，但是现代的回族婚礼仪式也发生了一定的变化。

（二）充满现代符号的婚礼仪式

1. 提亲：逐渐弱化

由于现代社会男女的自由交往，双方建立婚姻关系之前，对各自家庭情况都有一定的了解，提亲和媒人的说媒功能逐渐弱化，由以前的媒人介绍双方认识变成了双方相识、相爱之后再找媒人。在现代提亲的环节中，媒人更多的是充当双方家庭关于婚礼正式仪式筹备事项的某些环节的传话人和传递者。现在越来越多的男女方家庭关于婚礼仪式的筹备是使用电话进行交流的，但是诸如聘金的商讨还是需要经过媒人在中间进行传话的。

2. 定亲：流程简化和形式隆重

二龙回族乡由于经济较为落后，很多年轻人选择外出打工，他们通常是专程回乡举行婚礼仪式的，时间较为宝贵，因此现代的说“色俩目”和定亲基本会选择在同一天举行，有的家庭会直接省去说“色俩目”这一程序，直接定亲。

在传统的二龙回族婚礼仪式中，男方要在阿訇的带领下带着给女方的聘金和聘礼来到女方家，如今，很多二龙回族乡当地的青年都是在外地工作，也有部分人定居在别的城市，在定亲时男方给女方送聘礼一般就简化为聘金和金银首饰，而金银首饰也受当地风俗的影响，一般为三金，即金戒指、金项链和金手镯（或金耳环）。

我跟老公都在苏州那边打工，回家时间非常紧，到家第一天就去了县城买衣服，买首饰，城里人都兴白金的，我们农村还是喜欢黄金，我就买了个金戒指、买了对耳环、还买了根项链，结婚，三金是不能少的。彩礼是我妈跟我婆婆早就讲好的，通过老红（媒人）讲的。像那些家用电器啊什么的我们暂时用不到，我婆婆说等我们有了自己的房子，再给我们补上。现在我们这里结婚都是定亲时只给礼金和首饰就好了。

第二天定亲，我们回民有喜事一定要吃炸油香的，所以我妈一大早就起床把面和好放在那里发酵，等他们（男方家人）快来的时候就下锅炸了。我老公跟我公公婆婆还有他家人一起来了以后，老红把彩礼钱就递给我了，当着全家人面说，以后我就是他家的人了，然后我们两家亲戚就在一起吃吃油香喝喝茶。以前定亲都是要宰羊、杀鸡来摆酒，现在吧，真在家里宰羊的估计没有了，现在人手里也有点钱了，定亲出去（酒店）吃的也很多，感觉隆重一点。（访谈对象：穆某某，29岁，定远县二龙回族乡居民，回族，在外务工人员）

婚礼在回族人看来是一生中最重要的几个仪式之一，必须很隆重地举行。随着当地回民越来越富裕，定亲宴请的地点也逐渐由家里发展到了酒店，酒店良好的环境氛围和丰富的菜式能给人带来一种正式和隆重的感觉。虽然地点和聘礼在发生变化，但是吃油香这一传统在二龙回族乡的婚礼仪式中却一直保持着。

3. 仪式：传统与现代结合

过去，二龙乡的回民们在挑选结婚的日子时，一般以“主麻”日为佳期，但随着现在越来越多的年轻人在外地务工，结婚只能在过年回家的几天或者固定的几天婚假中举行，若在假期有主麻日则最佳，若没有，则也会借鉴当地汉族挑选农历双日为吉日。

受现代婚礼的影响，现代的接亲车队也会尽新郎家所能使用较好的车辆充当婚车，在这些车中选择品牌最大最好的一辆车作为主婚车。在现代回族婚礼中依然保留有“填箱”这一习俗，随着经济的发展，新娘的嫁妆也变成了一些小型的家用电器如电脑、洗衣机等，但是新娘出嫁依然会带上一只箱子，里面会装着娘家给新娘准备的钱留作未来小家庭生活开销之用。

我姐姐结婚的时候，是在姐夫家客厅写“伊扎布”的，我们到姐夫家的时候，阿訇已经等在客厅里了，姐姐和姐夫坐在毯子上听阿訇念喜经。我们现在都不怎么能听懂，所以阿訇会再用汉语说一遍喜经的意思，大致就是在结婚之后要承担起家庭的责任，要孝敬双方的父母等等。中午的时候我们是去县城的饭店里办的酒席，也请司仪办了仪式，就跟现在一般的婚礼仪式差不多了。我姐和姐夫还一起倒的香槟塔啊什么的，以前我们回民家结婚是不允许喝酒的，但是喝点酒热闹吧，反正现在都是有酒的。因为要办这样的仪式，姐姐早上出门的时候就穿的婚纱，头上戴的白色头巾，特别好看。我把姐姐结婚的照片发到朋友圈里，我同学都说头巾配婚纱又好看又有特色。（访谈对象：王某某，22 岁，定远县二龙回族乡居民，回族，安徽某高校大学生）

图 3　访谈对象王某某的姐姐正在聆听阿訇教诲

随着移动互联网时代的到来，人们无时无刻不处于与外界文化交流的状态，开始接受最新的潮流，因而传统的回族风俗也在一点点受到主流文化风俗的影响。这一点在回族婚礼仪式上得以体现，现代二龙乡回族婚礼上，新娘越来越多是穿着婚纱，新郎穿着西服，但是仍保持着男戴礼拜帽、女戴头巾的回族特色风俗。

伊斯兰教是禁止穆斯林饮酒的，传统的回族婚礼上，在宴席上也都是饮茶来庆贺新人的新婚之喜。在二龙回族乡现代的婚礼宴席上，酒则是为了气氛必不可少的，有的新人在酒店的舞台上还会效仿西方倒香槟塔来表达期望美满婚姻的愿景。

越来越多的二龙回族婚礼走进了酒店，在酒店的选择上多是选择二龙当

图 4　访谈对象穆某某酒店举行婚礼仪式现场

地的清真饭店，但由于当地经济发展较为落后，有很多讲究排场的年轻人则会选择到离二龙不远的定远县城的酒店举行婚礼仪式，此时他们往往会在宴席的菜品上提出清真的要求。

图 5　二龙回族乡清真婚宴菜品

（三）二龙乡回族婚礼仪式流变原因考察

1. 观念：方便至上

在二龙回族乡现代婚礼仪式上，随处可见现代的符号元素，如婚纱、西装、香槟塔、已经印制好的“伊扎布”等等。在这些元素中，有些是从未在传统回族婚礼仪式上出现过的，有些则是替代传统仪式中的符号出现在现代婚礼仪式上的。这些现代元素的出现，有的是为了迎合潮流，有的则是为了方便。

传统婚礼仪式举行的日期基本上选在主麻日或者主麻日的前一天举行；现代婚礼仪式的婚期则大多选在农历新年附近，首选仍是主麻日，但是如果有意外情况出现不能将婚期定在主麻日的话，那么很多二龙的年轻人则会选择农历双日作为婚期。

在婚礼的流程方面也和传统的婚礼仪式发生了变化，如现代的二龙回族婚礼更多的是将说“色俩目”与定亲结合在一起或者直接省去说“色俩目”这一环节。

以前我们回回结婚，阿訇的地位是很高的，像定亲啊、看日子啊、结婚当天啊好多阿訇都是必须到场的。但是现在年轻人都太忙了，结婚时间也紧张，大部分也就只在结婚当天请我们阿訇去念喜经、写“伊扎布”了。（访谈对象：黄某某，39岁，定远县二龙回族乡居民，回族，二龙回族乡某清真寺阿訇）

随着经济水平的提高，很多新人举行婚礼仪式的地点就越来越倾向于选择酒店，但有的年轻人会觉得当地的清真饭店环境不够好，选择去县城的大酒店举办仪式。在非清真的环境下举行一生中最重要的婚礼仪式，这在以前是万万不被允许的。

2. 现实：经济原因被迫离开家乡

二龙回族乡的传统经济是以农业为支撑，大部分的回民以种地为生，随着定远县招商引资力度的加大，以二龙民族乡的特色吸引了不少外商的资金，在二龙办起了米厂、花生厂、养牛场等，虽然给当地回民增加了不少就业的机会，但是经济仍然较为落后。近年来也有不少厂因经营不善或其他种种因素，停止了生产，大部分的当地回民仍要回归田地生产活动。正是这样的原因，越来越多的二龙回族乡的年轻人离开家乡，到别的城市务工，与大多数农村一样，留守家庭的多为老人和孩子。

我们乡在外打工的人很多啊，大概占全乡人口的50%吧，青壮年劳动力基本上出去打工了，在外面挣钱多啊，谁愿意在家种地呢。有的小孩，十六七岁就跟着家里大人出去打工了；还有的小孩，从出生就跟着大人在外地，只有过年才能回来一次；有的家里老人不在了，除了家里亲戚办事（需要办仪式的事情，如婚礼、搬家、丧事等），也就基本不回来了。（访谈对象：王某某，45 岁，定远县二龙回族乡居民，回族，定远县二龙回族乡党委书记）

二龙回族乡党委书记王某某说，因为经济不发达，只要有劳动能力的当地回民都会选择外出务工来维持生计。如果家里有老人留守，那么外出务工人员则会在逢年过节的时候回到二龙；如果家里老人不在了，或者已经在外地定居的人员基本上就不怎么回到二龙了。但由于家族还有亲戚仍在二龙定居，如果亲戚家有喜事、丧事等需要举行仪式的时候，此时，在外人员则会返回二龙参加仪式。

为了维持生计，很多年轻人在很小的时候就离开了家乡，离开了聚居地，他们对自己民族的婚俗文化等都不甚了解。在外地的生活，让他们与外族的交往增多，受到最前沿的文化影响，对本族文化的认识在与外族文化交往中发生一定的变化。

3. 教育：土壤的缺失

在二龙回族乡，因为经济落后，教育的发展也受到深深的阻碍，教学水平不佳直接导致了生源的严重流失，结果就是在 2012 年二龙中学与二龙小学合并了。很多父母选择将孩子送到距离二龙不远的张桥小学、张桥中学读书；也有的父母会不辞路途遥远，将孩子送到教学质量较好的大桥乡读中小学；也有的孩子跟随在外地务工的父母，直接在别的城市读书。

一个人在学校读书的时期，正是形成世界观、人生观和价值观的阶段，他从书本中、老师的授课以及与同学们的相处中逐渐产生对这个世界的最直接的认识。这些离开二龙求学的孩子，在学习和生活中多是与汉族同胞相处，更容易受到汉族文化的影响，对自己民族特有的风俗、文化不甚了解；或者由于文化的交融，对自己的回民身份认识不足。

除了现实教育的土壤缺失，当地适合民族文化发展的土壤也有一定的缺失。

可以这么说，没有伊斯兰教就没有我们回族，我们回族的每一个风俗习惯都是来源于伊斯兰教，现在我们二龙很多人都可以说是假回回，不做礼拜，不会说“色俩目”，甚至还有的人没有底线地吃猪肉。当然我们阿訇在这个问题上是要负责任的，但问题是，我们现在没有很好的场合去宣教，很多人不来做礼拜，甚至不在家，只有结婚、站者那则（葬礼）的时候能聚集到一起，

所以现在宣教的机会和场合都不好。（访谈对象：黄某某，39岁，定远县二龙回族乡居民，回族，二龙回族乡某清真寺阿訇）

因为没有发展回族文化的良好的环境，缺少播种的土壤，很多当地的回民对自己民族的认识不够，对自己的民族身份认识也不够，能够学习民族文化的场合和机会都不多，这样就可能导致有些年轻人只有在参加婚礼仪式或自己举行婚礼仪式的时候，才能足够多地去学习回族的婚俗文化。因此婚礼仪式或者其他一些仪式的举行就提供当地的回民全面、直观地去了解自己民族风俗和文化的一个平台。

（四）走入困境的民族信仰

因为求学或经济等因素离开家乡，外出读书和务工的二龙回族乡民，在各自现今生活的地方，一直处于不断地和外族人口的交往中，同时也在不断地接受着不同的文化冲击和同化。

1. 缺少定期强化的信仰

作为全民信仰伊斯兰教的回族，礼拜自然是回民生活中最重要的一部分，此外，伊斯兰教以七天为一周，伊斯兰教历一礼拜的礼拜天称为主麻日，在这一天回族的穆斯林需要聚集到当地较大的清真寺做集体的礼拜。

然而远离家乡在外地生活的二龙回族乡民们，由于如今生活的区域不是家乡那样回族聚居的地区，很多地方没有清真寺可供他们做每周一次的集体礼拜，因此，在离开家乡之后，可以说他们脱离了回族的文化环境，脱离了构建信仰的环境。

我们在外打工的，每天从睁开眼睛就要到厂里去工作了，一天有的时候都要工作到10个小时以上。像我们在外面，主麻日也没有清真寺给我们去做礼拜啊。（访谈对象：穆某某，29岁，定远县二龙回族乡居民，回族，在外务工人员）

信仰是一种思维方式，也是一种行为准则，它的构建、形成不是一朝一夕的，也需要人们通过一系列的方式不断地强化去维持自己的信仰体系，主体通过将自己的信仰转化为一定的具体的行动反过来促进自身的信仰体系。一旦当这种长期以来的强化行动频率逐渐减少甚至是停止的时候，主体的信仰体系的发展就会停滞不前，需要去面对各种外界的思维方式、文化的冲击，在这种情况下，主体的信仰体系就会容易遭受影响。

2. 多元化文化冲击下的信仰

旧时，人们的信仰构建和形成大多是来自于家庭、族群的口口相传，拥有共同信仰和文化背景的人们聚居在一起，他们共同遵守着信仰包含的行为准则，用行动去固化和加深自己的信仰体系，且当时的人们可以接触到的文化十分有限，在这样的情况下，以前的人们对信仰和文化的固守程度是非常高的。

在多元化文化存在、发展的现代社会，人们接收信息不再局限于族群内的人际传播，他们开始从广播、电视、网络等媒介中接收到外界的信息，信息来源的丰富，使当地回民开始接触本民族以外的文化。这本身就对民族信仰的构建和形成带来了一定的冲击，加之，越来越多的二龙乡回民离开家乡，与外族人口的交往中，难免会受到外族文化的影响；学生在学校接受的系统的科学文化知识与伊斯兰教教义中宣扬的有或多或少的不同，这些都对二龙回族乡的传统文化和信仰产生了不小的冲击。

3. 屈居经济追求第一原则后的信仰

我国自1978年党的十一届三中全会以后，开始进入改革开放时期，经济发展成为国家建设的首要任务，在这样的社会大环境中，人们的生活重心开始倾斜。

外界良好的社会经济形势给每个人的生存和发展带了前所未有的机遇，二龙回族乡的经济并不发达，因此，二龙乡的回民们纷纷离开家乡到对民工需求量大的城市，希望可以收获比自己在家乡务农多数倍的收入。市场经济在给当地的贫困人口带来了一定的发展机遇的同时，也对当地回民的思想观念产生了一定的影响：人们的更多精力和时间开始花在对物质的追求上，几乎全部的时间都用在工作之上。他们的生活全是围绕着工作、经济展开的，几乎无暇去顾及工作之外的其他事情。

4. 对民族身份的认同呈现下降趋势

回族的建立和发展与伊斯兰教密不可分，可以说回民对自己的民族身份的认同与他们对伊斯兰教的信仰是呈正相关的。

图6为笔者的访谈对象二龙乡的清真寺阿訇黄某某在二龙回族乡百度贴吧中所发的帖子，在这个帖子下面，有很多人附和了该文作者所叙述的现象，他们普遍认为越来越多的二龙乡回民被同化，吸烟、喝酒等穆斯林的禁忌也都不再遵守。可见，如今二龙回族乡的回民们对民族信仰的认识不够，自身的信仰体系也未能构建成功。基于他们对信仰的认同不足，可以看出随着社会的发展、时代的变迁，二龙回族乡回民对自己的民族身份认同呈现着逐渐走低的态势。

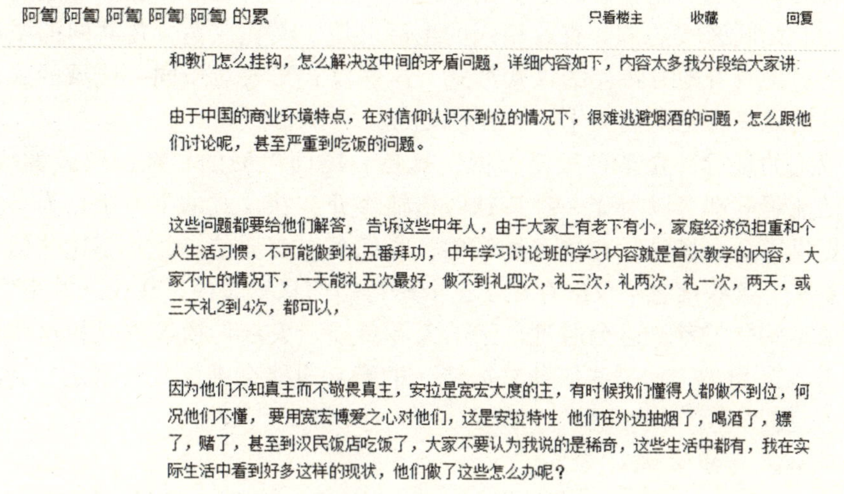

阿訇 阿訇 阿訇 阿訇 阿訇 的累 只看楼主 收藏 回复

和教门怎么挂钩，怎么解决这中间的矛盾问题，详细内容如下，内容太多我分段给大家讲

由于中国的商业环境特点，在对信仰认识不到位的情况下，很难逃避烟酒的问题，怎么跟他们讨论呢，甚至严重到吃饭的问题。

这些问题都要给他们解答，告诉这些中年人，由于大家上有老下有小，家庭经济负担重和个人生活习惯，不可能做到礼五番拜功，中年学习讨论班的学习内容就是首次教学的内容，大家不忙的情况下，一天能礼五次最好，做不到礼四次，礼三次，礼两次，礼一次，两天，或三天礼2到4次，都可以，

因为他们不知真主而不敬畏真主，安拉是宽宏大度的主，有时候我们懂得人都做不到位，何况他们不懂，要用宽宏博爱之心对他们，这是安拉特性 他们在外边抽烟了，喝酒了，嫖了，赌了，甚至到汉民饭店吃饭了，大家不要认为我说的是稀奇，这些生活中都有，我在实际生活中看到好多这样的现状，他们做了这些怎么办呢？

图6　二龙乡的清真寺阿訇黄某某在二龙回族乡百度贴吧的发帖

四、从婚礼仪式传播看民族共同体构建与身份认同

（一）作为仪式的婚礼

1. 仪式的传播性

符号、流程和一系列动作构成了一套完整的仪式，这些都是特定象征意义的表达。仪式按顺序、完整地“演绎”就是进行了一场象征意义的表达和传播，郭庆光在《传播学教程》中说：“意义是人类以符号形式传递和交流的精神内容。”[①] 在人类生活中，很多精神内容依靠仪式中的符号就可以传播开来，如在中国的过年仪式中，燃放鞭炮是流传了千百年的一个重要流程。古时，人们通过燃放鞭炮来驱赶神话中的猛兽——年；如今，人们则通过在零点燃放鞭炮来象征着告别旧年，告别霉运，以表达自己想要招来好运的愿望。仪式中的鞭炮并不是出现就带来了意义，是人类赋予它这些意义，因此这些元素不是仪式中最重要的，通过这些符号表达出它们所承载的意义才是举办仪式最重要的目的。

世界各地都有着各式各样的仪式，这些仪式的举行可能是为着同样的目

① 郭庆光．传播学教程［M］．北京：中国人民大学出版社，1999.

的，却有着不同的流程和符号；也可能使用相同的符号和流程，却是有不同的目的。相同区域的人，有着相同的生活环境、文化底蕴，在共同的生产活动中创造出有着地方特色的仪式形式，这些仪式形式对于同一区域的人们有着特殊的意义，是他们文化、生活的沉淀。

仪式的举行，在某种程度上说，就是一场面对面的传播，仪式的场地、仪式的流程等都可以看作一种特殊的传播媒介。在仪式的举行中，为参与的人们提供了一个场域，在这个场域内，人们可以交流信息，共享这些信息附着的意义。这些信息不仅会存在于这个短暂的信息场域内，在仪式结束之后，得到信息的参与者，还会通过自己的人际传播、大众传播等方式将这些信息流“散布”出去，使这些信息“携带”的意义也能突破仪式的限定，到达更广阔的范围。

2. 仪式传播的意义

20 世纪 70 年代，美国著名传播学者詹姆斯·凯瑞提出了传播学上著名的概念——传播的仪式观，它主要强调在传播的过程中，思想、文化、习俗乃至信仰的共享和交流，同时强调这些对于人的影响，对人际关系的影响和维持，有着整合社会秩序的功能。凯瑞提出的“传播的仪式观”，从仪式和传播共同的特性上揭示了传播所具有的仪式性以及仪式所具有的传播性。

在仪式中，人们严格遵守一套仪式的流程和秩序，通过仪式中的象征符号、动作、言行举止等传递着属于参与仪式的人共同的记忆、共同的信仰，承载着当地的风俗习惯。这些共同的记忆，增强了他们对集体的认同感，增进了感情，维系着社会关系，维护着社会的稳定。

3. 婚礼是一种仪式活动

仪式是由具有象征意义的符号、流程、动作等组成的一套完整的系列活动。因此，这些符号是类型化的，动作是重复的姿势，具有一定的表现性、指代性的行为方式。在仪式中的大到步骤、流程，小到参与仪式的人的一个细小动作、具有象征意义的符号，在仪式千百年来的流传中都被“仪式化”了。这些“仪式化”的流程、动作和符号区别于人类的日常生活，超越了实际效用，带有一定的目的性。

相传我国最早的婚姻礼仪从伏羲氏制嫁娶、女娲立媒妁开始。在伏羲氏时代，当时的人们以打鱼狩猎为生，兽皮是极为珍贵的物品，在男女双方即将建立婚姻关系时，男方送给女方两张鹿皮作为礼品，即所谓的“俪皮之礼”。婚娶以俪皮为礼就成了我国婚姻礼仪的开端，至周朝时逐渐形成了一套完整的婚姻礼仪流程，称之为“六礼”。我国婚礼仪式的流程尽管各地有异，但是经过千百年的流传，仪式上所使用的符号、动作却是大同小异的。婚礼仪式在千百年的不断演进中，一些“仪式化”的符号、流程、动作基本上被确定下来，每一次婚礼仪式的举行，都是不断重复这些仪式化的流程。

从行为上来看，婚礼仪式具有模式化，也具有一定的表演性。婚礼的庆典仪式很好地诠释了婚礼仪式的表演性，一对新人参演了之前商讨好的流程，向亲朋好友宣布双方的结合，自庆典仪式之后身份开始发生转变。所有的流程都是固定好的，新人和双方亲友则配合他们走完这些流程，所有人员各司其职，按部就班地完成表演。

（二）婚礼仪式传播中的共同体构建

1. 民族文化与想象共同体构建

回族，作为我国分布最广的少数民族，全国98%以上的县市都有回族居民的分布，可以说回族居民的足迹遍布于中国。如果说在历史上，民族共同体依靠面对面的直接生活联系来维系，那么在如今的社会背景和发展环境下，直接的生活接触早已不能满足共同体的维系，此时，民族文化就要担当起维持民族共同体的大任。

在广阔的地域空间中分布的回族居民，他们的民族共同体是超越共同生活、直接交往的，是基于对共同民族历史渊源和共同文化发展历程的理解之上的，他们的共同体构建是建立在想象的基础之上的，是一种想象的文化共同体。著有《想象的共同体》的本尼迪克特·安德森认为：“所有比成员之间有着面对接触的原始村落更大（或许连这种村落也包括在内）的一切共同体都是想象的。”① 同时，安德森认为，使得这种共同体的想象成为可能的决定性因素有两点：一是文化根源，二是民族意识。

从安德森的话中可以看出，共同的文化根源是民族这样一个共同体得以形成的基石，也是共同体得以维系的纽带。有了这个基石和纽带，拥有共同民族文化的人们就能形成一个民族共同体、文化共同体。如果说相同的文化根源是构建共同体的基本，那么民族意识则为共同体成员维护共同体完整的形态和长久的存在添砖加瓦。

2. 婚礼仪式传播中的共同体构建

婚礼是一种仪式活动，同时也是文化的构成元素之一，婚礼仪式传播中的每一个符号、流程、动作也都是文化的一部分。因此那些对婚礼文化有着相同理解和有过共同记忆的人，就能在婚礼仪式传播的过程中形成文化共同

---

① 本尼迪克特·安德森．想象的共同体［M］．上海：上海人民出版社，2005.

体。对于二龙回族乡的回民们来说，婚礼仪式传播的过程中，包含着他们共同的伊斯兰信仰、传统回族风俗，甚至婚礼仪式的重复性表演会勾起他们曾经共同的回忆，制造新的群体记忆，因此，婚礼仪式的传播可以构建和加固回族文化的共同体。

对于文化共同体来说，信仰和价值观需要传播来共享和维持。对于二龙回族乡来说，生活在这个回族聚居的环境中，他们对伊斯兰教的信仰来源于从出生以来存在于日常生活的人际传播。他们依靠对伊斯兰教共同的信仰和对回族身份的认同来维系回族这样一个少数民族群体。共同的伊斯兰教信仰构成了回族这一民族共同体形成的相同文化根源，是共同体形成的基石；而对回族身份的认同则是民族意识的体现。

二龙乡回族婚礼仪式的传播所形成的共同体从地域上来说包含了每一个二龙回族乡的回民同胞，他们既是在地域上形成共同体的“区域共同体”，也是有着相同身份、共同信仰的“文化共同体”。由于婚俗是一种文化，那么婚礼仪式就是一场婚俗文化的展演，正是仪式的传播让二龙乡回民这一个共同体相聚在一起，形成了一个短暂的公共空间。在这个公共空间中，人们共享关于回族婚俗文化的信息、在婚俗文化中的伊斯兰信仰等等。与此同时，人们也通过婚礼仪式的传播来学习和巩固回族特色的婚俗文化以及其中所包含的信仰。参与婚礼仪式的回族同胞都是民族共同体的一员，他们在婚礼仪式的传播构建的公共空间里能够共享中学习、学习中共享；在仪式传播中维系共同体的同时，也在加强和巩固着这样一个民族共同体。

鉴于每一个回族居民都拥有着相同的文化根源，历史和现实使得构建民族共同体有了可能，因而构建民族共同体的重点就在于增强民族意识、增强共同体构建的凝聚力。而婚礼仪式为增强民族意识的想象提供了空间，婚礼仪式上婚俗文化的展演也为成员们提供了了解婚俗文化、了解民族文化的平台。婚礼仪式本质上是一种传播，是日常生活中人际交往的加深，在仪式传播过程中，信息的共享和交换都为共同体成员对探寻文化根源、提升自我民族意识提供了可能，为民族共同体的构建提供了可能。

（三）从婚礼仪式传播的角度看民族身份认同

1. 民族身份认同与民族意识

对民族身份的认同是建立在对民族文化认同的基础之上的，人们基于对民族的历史、文化的了解，从而充分认同这个民族的历史和文化。在对民族文化的认同之上，人们对于自己属于民族共同体的成员开始有一定的了解，通过日常的交往、观看电影、电视等，不断加深对民族共同体的想象，以及自己作为这一共同体一员的认识，直到成员对共同体以及自己在共同体中所处位置有了稳定的认识之后，开始对自己的民族身份有了认同。之后，作为民族共同体的一员，就开始有了维系共同体完整的民族自觉意识，从而开始关注共同体的发展。

二龙回族乡的回族人口在对自己回民身份的认同中，首先要建立在对回族的认识之上。他们对自己民族的认识建立在自身参与的各类交往、生产活动中，通过对他人共享的信息进行学习、思考，最终转化成为个体对民族的认识，对民族文化的认识。二龙乡的回民从出生起，就生活在一个较为封闭的只有回民聚居的环境中，在他们成长的过程中，一直处于这样的文化共同体中，不断与共同体中的成员进行文化、信仰的共享、学习等，最终形成了自己对于民族文化的认识。在有了自己的文化认同之后，他们对在这样文化的社群以及社会关系中所处的位置有了自己的理解，从而形成了自己的回民身份的认同。

由于现实经济发展的因素，许多二龙乡回族人口离开家乡到外地工作、生活，他们离开了回族聚居的环境，需要融入与其他民族杂居的环境中，虽然二龙乡的周边均是汉族居民，但显然外出生活的他们要面对更为复杂的人际交往关系和生活环境。在与其他民族的交往过程中，他们要充分保持对自己是回民的认识需要一定的民族身份认同。有着强烈的民族意识会极大地帮助一个回民很好地理解和认同自己的身份；反过来，有着一定的身份认同又会增强自己的民族意识。强烈的民族意识可以加深成员对共同体的“想象”，加强成员与共同体之间的紧密联系。

2. 婚礼仪式传播中的身份认同

回族婚礼仪式让参与的二龙回族乡的回族同胞相聚在一起，不管他们平时处在什么样的群体、共同体中，在婚礼仪式举行的期间，他们是有着相同身份的回民，婚礼仪式为他们构建了一个公共空间，创造了一个可以共享文化的过程。在这个公共空间，当地回民共享回族特有的婚俗文化，是共同的信仰的创造、共同文化的表征，使他们找到了对回族这个共同体的归属感、对回族文化的认同感，也是对回民身份的认同感。

在婚礼仪式中，新娘和新郎所戴的头巾，也是每一个二龙乡回民的民族服饰；到了新郎家进行的写“伊扎布”的环节，由阿訇为新郎、新娘念喜经和写“伊扎布”，这里阿訇本身就是回族生活中不可或缺的存在，可以说是回族文化中具有代表性的存在。作为真主的使者一直伴随着回民的生产、生活，念喜经和写“伊扎布”是每一个回族穆斯林在结婚时必须有的流程。回民的婚礼写了“伊扎布”才能得到教内的承认，才能得到真主的护佑，因此写

“伊扎布”象征着新人的结合得到了真主的同意。这些回族婚礼仪式中的符号都是刻在每一个二龙乡回民的心中，属于回族特有文化的一部分，这些符号的出现让婚礼仪式得以构建每一个回民的民族认同感、回民身份的认同感。

詹姆斯·W. 凯瑞将传播放在文化的视角中进行了考察，在仪式观下对传播进行了重新的定义：“传播是一种现实得以生产、维系、修正和转变的符号过程。”① 婚礼仪式本身就是一个传播的过程，自然可以将婚礼仪式看作是一个生产、维系、修正和转变的符号过程。在回民参与婚礼仪式的过程中，他们不会在意得到了哪些新的理念，或者得以从新视角去看待问题，他们更关注的是，自己得以更加全面地学习婚礼仪式是怎样的一个过程，在这一过程中有什么细节是自己之前没有关注到的，强化了他们对回族婚俗文化的认识。

3. 婚礼仪式传播在构建身份认同中的作用

婚礼仪式是一个传播的过程，也是一个互动的过程，是人与符号互动的过程，也是人与人通过符号作为媒介互动的一个过程。

对于举行婚礼仪式的回族新人来说，他们需要通过仪式中符号的运用来表达自己的民族身份和新人身份。首先，新娘要用穿婚纱、和新郎一起在衣服上别着印有“新娘”“新郎”字样的红花胸针等等的符号，来表达自己的新人身份；与此同时，他们也要通过戴头巾、礼拜帽，穿民族服饰、请阿訇写“伊扎布”等符号来表达自己的民族身份。新人在仪式过程中，通过与民族特色的服饰、“伊扎布”、油香等符号的互动来找到自己的民族认同感，同时也是通过互动加深了自己民族认同和身份认同。

对于参加婚礼仪式的回民来说，表达新人民族身份的符号同时也是属于自己的文化，在新人表达民族身份认同的同时，也让参与仪式的回民在与出现在仪式上的民族符号互动时，加深自己对回族文化以及回民身份的认同。

在姐姐结婚之前，我对我们当地的婚俗文化其实并不是特别了解，只知道我们回回的婚礼是要写“伊扎布”的。因为姐姐的婚礼，我才很具体地去了解了所有的婚俗文化，不仅了解了我们二龙的习俗，也了解了我们传统的习俗。我们毕竟是回民，婚礼在我们看来是很重要的，所以我觉得婚礼上一定要展现出我们民族的特色来。（访谈对象：王某某，22 岁，定远县二龙回族乡居民，回族，安徽某高校大学生）

与此同时，在婚礼仪式这样一个传播过程中，以符号作为中间媒介，新

① 图古丽·斯依提. 传播仪式观视域下维吾尔族婚礼仪式变迁研究［D］. 兰州：兰州大学，2013.

人和参与者关于回族的传统文化、信仰、婚礼风俗等得以共享、交流，在婚礼仪式构建的短暂公共空间中，符号携带的信息得以传递和共享。

婚礼仪式作为一种直观的传播方式，每一个参与者得以对回族的信仰、婚俗文化有一个直接经验的体会，这种亲身体验是从书本习得、从父母、阿訇口中习得的知识所不能比拟的，也是获得和表达民族认同感最强烈的一种方式。

与此同时，婚礼仪式对那些地域分布较远的回民有着更为强烈的民族意识刺激，当他们回到阔别已久的家乡，从“想象”共同体回归现实直接联系的共同体，婚礼仪式通过对婚俗文化的展演，将他们在脑海中想象的符号和文化具体地展现出来，将想象具化，也为日后的“想象”增添现实的依据，从而增强当地回民对自己身份的认同感。

五、少数民族文化仪式传承路径

（一）仪式传播中的文化传承

1. 仪式传播对民族认同有积极作用

前面我们探讨了婚礼仪式传播对民族认同是有一定的作用的，既然婚礼仪式作为仪式的一种，其他的仪式传播自然对民族认同也是有积极作用的。

仍以回族为例，回族的葬礼仪式也包含了很多回族的信仰和文化。比如，伊斯兰教认为安拉以泥土造化人祖阿丹，人是由泥土造成的，死后仍归于土中，由此回族实行土葬，并且一般主张亡在哪里就埋在哪里①。此外，伊斯兰教主张“葬必从简”，回族在处理丧事的时候，反对铺张厚葬，提倡节约，因此回族的葬礼上是不用棺椁的，只用三丈六尺的“卡凡”（即白布）裹身；同时，伊斯兰教强调人人平等，因此无论贫富，都不允许陪葬。在葬礼仪式中，“回族符号”的出现，同样也可以增强参与者的民族认同感。

2. 仪式传播可以提升文化传承的自觉性

仪式的进行过程，是文化的展演，是文化的传播。仪式传播中的符号象征着一个文化共同体构建的基石——信仰、精神和文化。参与仪式的每一个共同体成员，都在经历着一个文化传播的过程，他们在仪式传播中共享信仰，在仪式传播中学习文化。

---

① 杨宏峰．回族历史文化常识［M］．银川：宁夏人民出版社，2013.

仪式传播的直观性，带给参与者的震撼是任何人际传播、大众传播等任何一种都无法比拟的。因此在仪式传播中获得的民族认同感和身份认同感是十分强烈的，正是这种强烈的认同感，使得每一个人都有强烈的民族使命感，这种认同感和使命感强化了民族文化共同体的维系，也让每一个共同体的成员渴望和他人分享自己对民族文化、对自己民族身份的认识。而这种渴望共享的情感就代表了民族文化传承的一种自觉性，自己身为群体的一员，渴望将群体的传统继续传承下去，让民族文化得以流传而不至于消失。

在人口流动加剧的今天，少数民族文化与外族文化在交流中融合，在融合中发生变迁。与此同时，随着网络和移动互联时代的到来，每一个人都在新媒体的浪潮中，即时地接收着外界的信息，不同的文化通过手机、电脑屏幕对每一个人产生影响，当然也包括生活在聚居地的少数民族群体。此时仪式传播的场景，不仅可以让那些在地域上远离文化共同体的人们在心理上重回群体，也可以强化他们的民族认同感。在各民族文化不断交流和融合的趋势下，如果有着强烈的民族文化传承的自觉性，对推动少数民族文化的传承有着巨大的作用。

（二）少数民族文化传承的内在要求

1. 强调民族独特性

在全球化趋势不断加快的今天，在各国文化以及各民族文化不断交流下，处于弱势的文化发生变迁是历史潮流的趋势，人们应该在正视这种变迁的同时去保护那些弱势文化。对于未来的文化发展形势如何，我们不可预测，但是在今天全力追求共性的时候，应该停下不断向前的、匆匆的步伐。我国少数民族的文化是五千年灿烂历史文化中不可或缺的有机组成部分，强调和保护少数民族文化的独特性，也是在保护中华民族文化的独特性。

2013 年 7 月 31 日，哈尔滨市首届非物质文化遗产代表性项目展示展演及颁牌仪式在防洪纪念塔广场举行。回族婚俗“伊扎布”被列为哈尔滨市级非物质文化遗产项目①。以哈尔滨将“伊扎布”列为市级非物质文化遗产项目为例，这增加了少数民族风俗文化在人们面前展现的机会，强调了回族婚俗文化的独特性，不仅让回族人民也让各族人民有了一个了解回族婚俗文化的机会。

---

① 东北网．回族婚俗“伊扎布”列为哈尔滨市级非物质文化遗产［EB/OL］．http：//heilongjiang. dbw. cn/system/2013/07/31/054947786. shtml.

2. 给予良好的文化传承环境

除了少数民族同胞的民族自觉以外，外界也应该给予少数民族文化发展的良好环境，尤其是政府可以推动改善少数民族民俗活动举办场所的环境。如回族文化的传承离不开清真寺，回族的多种仪式举行都是在清真寺中举行，如葬礼仪式、开斋节仪式等，政府可以出资修缮清真寺，更好地为回民进行礼拜活动、各类仪式提供便利。

除了现实环境的改善，政府和少数民族群体也可以推进人文环境的改善。以文中田野调查地定远县二龙回族乡为例，当地的经济发展水平不够高，很多青年劳动力纷纷外出务工，加上当地教学水平较低，很多家长带着孩子到离家不远的定远县城读书，导致二龙乡的中小学生源严重不足，以至于2012年二龙乡中学与二龙乡小学只得合并办学。这种情况直接导致很多年轻人和学生在很小的年纪就离开了聚居地，脱离了民族文化的共同体，他们本应是二龙回族乡回族文化传承的主力军，却以种种原因被迫离开家乡，因而更容易受汉族文化的影响，更有甚者，完全不忌讳吃猪肉。

此时，政府可以弘扬二龙回族乡的民族特色发展，推动二龙乡的民族特色经济发展，以此来提高当地的就业机会；加大对当地教育的投入，提升教学质量，让青年流失、文化流失的现象逐渐减少。

文化的传承和保护不仅要靠当地的二龙回族乡民，也需要全社会的关注和帮助，这就是文化传承的第二点内在要求——需要良好的文化传承环境。对于外界社会来说，仪式也是最直观展现文化的方式，然而那些深藏其后的背景，则需要人们进行深层次的挖掘。以二龙回族乡独特的婚礼仪式为例，若当地政府可以通过纪录片的形式，将婚礼仪式发展的全貌以及背后的文化展现出来，对没有共同文化基础的其他民族成员来说，是一个非常好的传播文化的形式，让更多的人参与到传承和保护少数民族独特文化的行动中来。

政府、公众、媒体三方协作视域下我国微博舆情治理研究

严贝妮 郝珊珊 石 凌

摘要：微博作为大众传播信息的重要载体，是政府治理的有力工具，是及时反映社情民意的网络平台，更是构架政府部门与普通民众交流的桥梁和纽带。然而由于微博自身的缺陷以及微博的便捷性、草根性，极易引起谣言的产生，致使微博舆情事件连续爆发。文章在界定微博舆情概念和分析微博舆情特征的基础上，详细总结微博舆情治理现状中存在的问题以及微博舆情治理的必要性，基于政府、公众、媒体三者协作治理的角度提出对微博舆情进行治理的策略，要充分完善和发挥政务微博的作用，要在公众中培养意见领袖，要充分调动传统主流媒体的积极性，旨在改善我国微博舆情治理中的困境，进一步加强我国微博舆情治理，推动微博在我国的良性发展，促进和谐社会的构建与完善。

关键词：微博；协作；舆情治理

一、引　　言

“微博”一词最早源自于美国的 Twitter，2009 年微博开始在中国兴起。自 2010 年“微博元年”以来，短短的几年时间里微博已经成为继传统媒体之后的第二大新兴媒体，它的快速、便捷和强大的功能逐渐受到政府、公众、媒体的热拥与追捧。中国互联网信息中心于 2013 年 1 月所发布的《中国互联

基金项目：本文系 2016 年安徽省高校优秀青年人才支持计划重点项目与安徽大学舆情与区域发展协同创新中心 2014 年度重点招标课题系列成果（ADYQXC14ZD03）。

作者简介：严贝妮，安徽大学管理学院副教授、硕士生导师，博士后；郝珊珊，安徽大学管理学院硕士研究生；石凌，安徽大学管理学院硕士研究生。

网络发展状况统计报告》显示，截至 2012 年 12 月底，我国微博用户规模为 3.09 亿，相比于 2011 年年底增长了 5873 万，网民中的微博用户比例较上年底提升了 6 个百分点，达到 54.7%[1]。如此庞大的微博用户在微博平台上对我国时下市场经济转型期所发生的事件进行交流，难以避免地产生一些极端情绪，这些民意会引发社会中很多问题的出现，而微博舆情就是这些民意的载体。在如此复杂的社会环境下，加强微博舆情的治理与监管势在必行。2013 年 3 月 26 日，李克强总理指出："现在社会已经是一个透明度很高的社会，我国微博的用户有数以亿计，有些政府信息不及时公开，社会上就议论纷纷，甚至无端猜测，容易引起群众的不满，产生负面影响，给政府工作造成被动"[2]。在目前的社会环境下，如果我国政府仅仅依靠自身力量采用老式手段对微博舆情进行治理可能会收效甚微。当前最有效的手段是打破传统的以政府为主的治理模式，需要政府、公众、媒体三方协作来对我国微博舆情进行综合治理，通过政府、公众、媒体的三方互动为治理微博舆情衍生出创新且有效的手段与机制。

二、微博舆情的概念界定与特征分析

（一）微博舆情的概念

微博自诞生以来至今发展迅速，它的特点明显，具有很强的便捷性、自由性和低门槛性。伴随着 2014 年新浪在美国的上市，我国微博的发展更是不可思议。"微博"是一个基于用户关系信息分享、传播及获取的平台。微博用户可以通过以 web2.0 为基础的各种客户端（如：WEB、WAP 等）组建自己的"个人社区"。而微博与传统博客最为不同的是文字内容的简短性——以少于 140 字符的内容传递自己的信息。舆情即舆论情报，具体而言是指人们对在电视、电脑、手机等传播媒介上传播信息的认知和行为的心理导向[3]。本文认为，"微博舆情"则是指微博用户对其生活中所涉及的各方面事情引发的带有一定的影响力和倾向性的情绪、观点、意见等集合民意的舆情在微博这一载体上的呈现与反映。

（二）微博舆情的特征

随着微博 2.0 技术及互联网应用技术的普及，微博继传统媒体之后成为我国网络中重要的舆论场，作为一种新型的网络舆论场，微博舆情具有如下的特点：

1. 微博文本碎片化

微博被用户神圣地称为“最自由的国度”，用户的发言基本上不受任何组织形式和语言规范的限制，有时几个字、一张图片、一段动画甚至几个标点符号都可以作为内容发布、被转发和评论。它的这种像是“唠家常”式的信息传播，内容很容易被及时反馈，是对传统媒体不足的弥补。正是这种“唠家常”式的碎片化传播内容更符合用户的日常需求。用户以最轻松的方式实现了自己内心最真实想法的交流。

2. 信息发布的实时性

传统的信息发布是一种自上而下的垂直的“金字塔”式的模式，大多数是单向输出，微博的出现彻底改变了传统模式，信息的发布由纵向垂直向扁平化方向发展。每分每秒微博的内容都在更新，同时信息的发布者也可以成为信息的接收者，用户通过一键转发、@、评论等功能在很短的时间内实现了信息的传播。比如2011年7月23日温州动车事件消息最早是微博用户通过微博直接发出的。而相比之下，在事情发生45分钟之后，浙江交通广播电视台才发布了第一条关于此事的消息，更缓慢的是在22小时之后才开始有多家媒体关注这一事件。可见，传统媒体的反应相对迟缓。从“7·23”动车事故可以看出，微博有着自己独特的实时性。

3. 微博主体趋于草根性

微博的主体是普通大众，在我国主要有包括新浪、搜狐、网易、腾讯、BBS等网络平台，其中新浪微博的普及性最广，微博的出现使人人都是发声器，加之微博注册使用的低门槛性使微博用户呈现出高速增长性，他们以匿名的方式任意发布微博信息，转载和评论，容易引发微博舆情危机，使我国政府在人民群众心中的信任性和权威性面临着极大的挑战。

三、目前我国微博舆情治理中存在的突出问题

自微博诞生以来，微博舆情危机呈现出“井喷式”的发展形势，对国家的政策、大众的生活甚至社会的安定造成了一定的影响，同时给政府对舆情迅速而有效的治理带来了巨大的挑战。近年来，政府对舆情的治理大都采用以“堵”为主的治理方式，这种传统单一的治理模式在微博舆情治理过程中诸多问题都凸显出来。

（一）部分政务微博形同虚设，回应滞后

一般说来，政务微博是指政府工作人员以真实可查的身份在某些微博网站上实名认证后开通的微博[4]。在网络微博时代，利用政务微博可以使政府从“幕后”走向“台前”，直接发布信息、接收信息，以最快的速度和最直接的渠道了解民意的动向，体现了传播的民主化。但就目前形势来看，一些政府官员对于政务微博的理念还处于认识不足和缺失的状态，不能在微博舆情爆发之时及时发挥政务微博在网络中的领导作用，对舆情进行调查和原因分析，不能在舆情发生之时及时地向公众传达正确的信息，不能对民怨及时进行疏通和引导，满足不了民众在舆情爆发之时对信息的诉求心理。像这种对舆情真相公布迟缓的行为造成公众胡乱猜测和揣度的现象，往往会引发二次舆情危机。部分政务微博甚至是为了满足上级的硬性要求而开设的，在开张大吉后就很少再有更新，形成了没有实质内容的“空壳微博”，类似一些僵而不死的政务微博平台简直就是形同虚设。

（二）草根公众盲目跟风，形成群体极化

“群体极化”类似于“洗脑”的过程，在一个团体中，一个人或少数人对某个信息持有某种偏激的态度，经过持续讨论后，其他人都接受了这个人或少数人的观点，形成对这个信息的一致的偏激态度，这就是“群体极化”。微博的注册和使用不受社会地位、收入的高低、受教育程度高低等众多因素的限制，用户只需要用邮箱或者是手机号码注册就可以进行即时使用。由于微博“零门槛”的特性，因而微博用户呈现出平民化、草根化，社会中的大众人人都有“麦克风”，人人都是“发声器”，这便使得消息的来源和看待问题的眼光和视角也呈现出多样化。对于生活中的突发事件会有很多不同的声音和观点偏向出现。观点相同的人会自动形成团体或组织，而作为这些团体或组织的草根微博粉丝的政治素养参差不齐，面对网上的海量信息，他们中的大多数根本就不懂得如何辨别信息的真伪，容易受迷惑跟风加入拥有某种偏向的团体或组织，共同参与网络上的口水战之中，继续朝着所持有的偏向走下去，最后形成群体情绪化。

比如在“7·23”温州动车追尾事件中，由于铁道部门的信息不透明，微博用户带着极端情绪在微博上制造出一系列的谣言，诸如说高铁司机只培训了10天就上岗了，死者遗体未经家属同意就拉去火化等等传言。微博用户各执己见，争论不休，出现了明显的情绪极端化。

（三）少数媒体微博无根据，哗众取宠，夸张事实

如今，少数媒体为了迎合大众的口味和需要，利用“吸引眼球”的效应来达到其经济利益的目的，不负责任地经常将一些未经核实的图片、视频、语言放在微博上公布和传播，甚至一些国内的知名媒体也沾染了捕风捉影的恶习，不顾社会伦理和社会道德约束，投机取巧，哗众取宠，夸张事实。然而，由于微博主体的草根性，微博用户大众缺乏甄别信息真伪的素养，对媒体在微博上发布的信息进行争论、评论、@、转发一番互动与共鸣之后引发激烈的情绪化危机。

四、政府、公众、媒体对微博舆情协作治理的必要性

当前，我国正处在转型时期，政府、公众、媒体三者之间的关系已经发生了微妙的变化，媒体和大众不再像以前一样受制于政府之下。如今，三者之间相互制约却又各自独立发展，三者之间是一个相关的动态系统。对于微博舆情治理而言，如果政府抛开公众和媒体独自运用传统的治理手段和治理模式则达不到预期的效果。应从新的视角出发，通过政府、公众、媒体三者互动模式，综合利用各种可能有利的因素对舆情进行治理，可以有效地实现对微博舆情的监管和控制。

（一）有利于政府做出正确的舆情决策

据中国传媒大学网络舆情研究所统计，网络热点事件中，18.8%的舆情的源头来自微博[5]。此时，微博已经成为仅次于传统报纸媒体的舆情来源，微博舆情占据了我国网络舆情的重要一块。所以作为政府，宣传执政理念和管理思想应该适时地将部分重心转向微博领域，才可以更加贴近民众。民众和媒体的介入是政府对微博舆情了解的有利途径，能促使政府增强沟通能力。对舆情信息的全面把握，有利于政府根据实际情况做出正确而有效的舆情解决策略，不会因为信息的不对称引起政府偏离主题。

（二）有利于调控公众的恐慌心理

善用微博可以联系民众、服务民生、管理民情[6]。然而，微博舆情的出现似乎使现实与这些背道而驰。如今，微博舆情正在如火如荼地发展，这在某种程度上导致了社会诸多问题的复杂化。微博舆情爆发之时，民众的暴动

和不安很容易被激发。俗话说，星星之火可以燎原。民意如果得不到疏通的渠道，后果也是非常严重的。民意的良性疏通是关系国家长治久安、社会稳定的主要因素。政府、公众、媒体三者之间的合作，可以实现政府和民众良好的沟通与互动，从而保证民意得到顺畅的表达，从根本上缓解并消除民众因积压的情绪得不到疏通的管道而引发的恐慌心理。

（三）有利于媒体实现良性运作

媒体是政府传达思想、掌握公众思想、帮助政府有效运转的工具。俗话说，“过犹不及”，“言多必失”，当媒体的“喉舌”功能如果过度地发挥和利用，就会给社会造成很多不必要的麻烦。媒体对微博舆情的引导始终关乎着国家的经济命脉的发展和执政地位的稳定。媒体作为我国政府的话语权的代表，是国家政府应对微博舆情的关键因素。政府、公众参与对微博舆情的监控与管制，可以实现政府对媒体的引导以及公众对媒体的监督，实现媒体在社会中的良性运作，使媒体以国家和公众的利益为重，不报道和爆料损害国家利益和引起民众恐慌的信息，从而实现社会的和谐稳定。

五、政府、公众、媒体协作下对微博舆情的综合治理策略

微博舆情是我国新兴的舆论场，在此政府、公众、媒体三方进行博弈。对微博舆情的治理也是相当复杂的，应该以政府为指导，结合公众、媒体的力量积极做好各方面的措施。

（一）充分完善和发挥政务微博的作用

微博的生命在于它的“实时性”与“互动性”，实时性是它区别于传统媒体的主要特性。首先，对于政府来说应该完善政务微博的作用，积极利用政务微博收集民意，了解对于网民关切的舆情热点事件。政府应该掌握主动权，并且第一时间通过政府的官方微博发布最权威的舆情信息，增强信息的公开性与准确性，满足公众的知情权，积极还原信息的事实真相，禁忌“鸵鸟政策”，应以最快的速度和利用最短的时间打破公众的质疑和猜测。其次，加强政务微博与民众之间的互动，明确政务微博的总负责人，明确信息发布人、信息收集人，以及三者间的互动关系。有时适度与适当地使用网络上流行的语言和词句，不仅可以增加政务微博的“地气”，而且还可以提高政务微博的易懂性，提高群众与政务微博的互动性。最后，加大对政府官员微博理

念和微博意义的教育，让他们正确认识微博的作用，消除他们“谈微色变”的恐慌心理，从根本上利用政务微博服务民众。

（二）政府要在公众中培养意见领袖

“意见领袖”是指在一些在人际传播网络中的话语有较大影响力的人，他们除了提供一些独到的信息外，一般还起到某些信息的中介作用，通过他们可以对普通民众的思想起到较大的影响。通常意见领袖的思想较一般公众来说比较先进，意见领袖对群众的意识影响比较明显，政府通过意见领袖来实现对公众的舆情引导是事半功倍的，具体措施如下：

1. 在公众各领域培养意见领袖

如今，越来越多的社会各领域的活跃人士成为意见领袖，他们在微博上的粉丝数以万计，在社会中的影响力不容小觑，他们的只言片语就能引发舆情风波，如果利用意见领袖的影响力平息谣言，对于政府舆情的治理帮助巨大。例如，2012 年 8 月发生的湖南永州嫖宿幼女事件引发了舆情风波，经过姚晨的转载后迅速得到大家的关注，当事人最终得到了释放。因此，政府可考虑在体育、教育、商业、娱乐圈等各领域通过投票选举产生各领域中的代表性人物，使其成为各领域的意见领袖，通过他们对各自领域的公众的思想加以引导与疏通，以避免混乱与躁动。

2. 积极引导意见领袖使其成为社会的良性节点

据不完全统计，与微博相关的舆情事件中有近五成与意见领袖有关联，在许多舆情事件中，意见领袖的频频发声，受到网民热情的追捧[7]。作为公众各领域的意见领袖，其对各领域内的公众有一定的责任，意见领袖大都是各领域内的精英，精英应该成为社会的良性节点。政府应该重视对意见领袖的引导作用，提高他们的综合素质，避免一些不法分子借助领袖的发言权，对公众传播有损政府形象和扰乱社会秩序的信息；通过对他们进行道德和法律方面的教育，提高他们的社会认知度与社会责任感；当舆情爆发之时，通过他们的原创和转发来对网民的关注点和质疑点进行引导，加强与公众沟通，了解民意并及时反馈给政府，以利于政府做出正确的舆情决策。

（三）充分调动传统主流媒体的积极性

传统主流媒体在舆情的报道中有着独特的优势，传统媒体可以投入相当多的时间、金钱和精力进行舆情的实地考察、走访、询问、调研，对所存有的海量信息进行把关和筛选，进而作出更全面、更深刻、更真实的新闻报道。充分调动传统主流媒体在政策宣传和舆情把握导向方面的积极性，是我国战胜舆情风波的有力武器。特别是在如今的社会中，一些身处社会边缘的弱势群体，由于“数字鸿沟”而无法运用网络来表达自己的主观真实的意愿的时候，应加强主流媒体建设，努力构建定位准确、特色鲜明、功能互补、覆盖广泛的舆论引导新格局。

近年来，微博对于我国政府实现社会有效治理和社会良性运作的作用越来越大，是政府和网民直接对话的媒介。虽然微博舆情是近几年才出现的现象，但是对其治理的重要性却不容小觑，在社会转型期尤其要创新治理手段。本文从政府、公众、媒体三者协作的角度全方位探讨微博舆情治理问题，旨在推动微博在我国的良性发展，促进和谐社会的构建与完善。

参考文献：

［1］吴隆文．浅析微博时代的舆情与治理［J］．辽宁医学院学报（社会科学版），2014（1）．

［2］新浪网．微博用户数以亿计，政府信息要及时公开［EB/OL］．（2013-03-26）［2015-10-09］．http：//news. sina. com. cn/c/2013-03-26/193226648402. shtml.

［3］孙国永．微博网络舆情应对研究［J］．情报探索，2013（9）．

［4］张冬梅，吕晓阳，顾翠芬．发挥政务微博在舆情引导中的主体地位与作用［J］．教育教学论坛，2014（11）．

［5］新华网．研究机构发布报告：微博成为中国第二大舆情源头［EB/OL］．（2011-07-18）［2015-10-09］．http：//news. xinhuanet. com/2011-07/18/c_ 121684906. htm.

［6］唐双．社会管理视域下我国微博舆情引导研究［D］．长沙：湖南大学，2012.

［7］彭艳华．突发事件中民众对政务微博的心理诉求及引导措施［J］．学理论，2013（9）．

探索与应对：突发事件网络舆情引导研究

——以“亳州市中学生打老师事件”为例

许文敏　李致君　卫凌霞

摘要：在新媒体时代，各种力量在网络平台汇聚，突发事件的网络舆情也变得更加复杂。文章基于“亳州市中学生打老师”事件，主要采用内容分析法，探究突发事件网络舆情的传播模式和影响因素，在此基础上重点探讨突发事件网络舆情的阶段性特征，并为突发事件的舆情引导提出建设性意见。

关键词：突发事件；网络舆情；传播机制；舆情引导

一、研究的背景

近年来，在社会转型的现实背景下，随着新媒体的快速发展，媒体报道在时效性和内容的全面性上有了前所未有的突破，尤其对突发事件的追踪，广大受众和专业媒体联手，对推动事件的解决起到重要的作用。同时网络舆情也变得更加复杂，各种力量和势力在互联网上汇聚交锋，次生舆情的出现对官、民两个舆论场的对话产生了新的影响。本文研究突发事件网络舆情演化的传播规律和特点，通过个案分析突发事件网络舆情的生存时间分布、影响因素和阶段特征。并利用所形成的理论成果来审视当前我国突发公共事件网络舆情管理的现状和问题，提出相应的对策。

2016 年 4 月 19 日，在新浪微博爆出的“安徽亳州市中学生打老师”事件，是 2016 年影响极大的舆情事件。本文以“亳州市中学生打老师”事件为样本，对突发事件的舆情演化的传播模式、影响因素和阶段特征进行个案研

基金项目：安徽大学舆情与区域发展协同创新中心 2015—2016 学生招标项目阶段性成果，（ADYQYJS15）。

作者简介：许文敏，安徽大学新闻传播学院 2015 级硕士研究生；李致君，安徽大学新闻传播学院 2015 级硕士研究生；卫凌霞，安徽大学新闻传播学院 2015 级硕士研究生。

究，对突发事件在网络舆情环境下如何及时、有效地进行舆情引导提供借鉴思路。

二、文献回顾

具体来说，中外学界对突发事件的网络舆情探讨主要集中在突发事件网络舆情的形成机理、舆情的基本特征、舆情引导的必要性、舆情引导存在的问题、舆情引导的策略方法等方面。

首先是关于突发事件网络舆情的形成机制研究。大多数学者通过分析大量的事件，总结出突发事件舆情的形成过程。王平、谢耘耕在《突发公共事件网络舆情的形成及演变机制研究》中，通过对2007—2011年5年内的1420起影响较大的网络事件进行研究，从舆情的五要素及舆情的过程的角度提出了影响舆情演变的关键因素。高岩在《涉警突发事件网络舆情引导》中认为，突发事件发生后，针对所发生的事件，“网络舆论制作者”经过网络媒体报道反映或评价后，一旦引起网络受众的关注与讨论，便会产生网络舆论热点，其思想认识和观点态度等在网络的信息交流中通过模仿、暗示、顺从等逐渐趋于一致，形成网络舆情。

其次是关于突发事件网络舆情的特征的研究。学者也是通过分析大量的具体案例，从中总结出突发事件的网络舆情的特征。北京大学青年研究中心在《高校突发事件的网络舆论引导模式研究初探》中认为，突发事件网络舆情呈现两大主要特点，其一是持续周期长，后续关联影响大；其二是易以非理性或失真的状态向社会媒体传播。李伟东在《学生危机事件情境下的高校网络舆论引导》一文中，从高校突发事件网络舆情的角度出发，认为在学校突发事件情境下，网络舆论会呈现出无序和先入为主的特点。

再次是关于突发事件网络舆情引导的必要性及意义。秦均华在《我国突发事件网络舆论引导策略浅析》一文中认为，突发事件已经严重影响到了社会稳定和经济发展，基于对解决突发事件自身发展隐藏的危机和社会主义和谐社会建设层面的考虑，对突发事件网络舆论理性、正确的引导是各级政府的必然选择。曾润喜等在《高校网络舆情的控制与引导》一文中认为，突发事件都具有一定的危害性，充分运用网络舆情的有利因素，切实提高应对突发事件的引导能力，这是新形势下对高校管理和发展的一项重要考验。

最后是关于突发事件网络舆情引导的实现方法及策略。蔡晓平等在《高校网络舆情诊断及引导研究——以广东省高校为例》中认为，应以引导需求为导向，有选择地汇集舆情信息，以是否急需引导作为导向，有选择性地汇集舆情信息；以引导方式为重点，分门别类分析舆情，以便对不同种类的舆情进行引导，采取不同的策略和方式。唐喜亮在《我国突发公共事件的网络舆情研究》中认为，在突发公共事件中，公众最信赖的仍然是主流媒体的声音。从突发公共事件的发生直至结束，甚至是事件发生前的征兆预警，媒体始终扮演着重要角色，发挥着不可替代的作用，因此，应加强政府官方网站建设，发挥主流媒体作用，营造网上主流舆论。

三、研究的方法与设计

（一）研究的对象

本文以“亳州市中学生打老师”事件为研究对象，在进行具体的研究设计之前，为了方便统计此次事件中的媒体报道数据和公众态度的数据，主要对事件发生后的一个星期内的百度新闻和新浪微博上的相关数据进行研究。媒体报道数据来源于百度新闻，百度作为全球最大的中文搜索引擎，新闻报道数据较为完整。公众态度的研究数据来源于新浪微博，新浪微博的用户数量大，影响范围广，信息较容易收集，能客观地反映公众态度。

（二）研究的方法

1. 文献分析法

本文以突发事件网络舆情为关键词，通过查阅专著、与本文相关的研究论文、期刊报纸等相关文献来获取资料，对突发事件及网络舆情引导的现状进行分析，了解现在突发事件网络舆情引导的整个现状，以便下文对研究的进一步探讨。

2. 案例分析法

本文以“亳州市中学生打老师”为案例进行分析，剖析突发事件过程中网络舆情发展阶段的特点、传播模式、影响因素，探讨完善突发事件网络舆情引导的途径。

3. 内容分析法

本次研究主要通过关键词的检索，查找4月10—25日期间，百度新闻关于“亳州市中学生打老师”事件报道的篇幅、每篇报道的议题内容，得出媒体对此事件的传播概况。用同样的检索方法对新浪微博上关于“亳州市中学生打老师”事件用户态度进行分类，探讨其在舆情传播和发展过程中的影响。

四、“亳州市中学生打老师”个案研究

（一）事件回顾：网友爆料如何升级为全民关注的事件

2016年4月19日，新浪微博名为@爱撒娇的萌妹子通过发布秒拍视频爆料“中学生打老师”事件，将亳州市蒙城县范集中学置于舆论的旋涡之中。该网民发微博视频称：此事发生在安徽省亳州市，老师让缴试卷，学生不缴还出言不逊，最后竟然几个孩子一起动手打老师！教育已经畸形到什么地步了！请帮忙转发!! 由于该微博既涉及教育问题，又涉及伦理道德，一出现就在网络上传播开来，舆论哗然，成为热议的话题。短短7天内，“亳州市中学生打老师”百度搜索结果高达3万多条，新浪微博搜索结果近2万条（见表1）。2016年4月21日，警方发布调查结果：鉴于涉事学生均未成年，当地教育、公安部门已对涉事学生进行了批评教育，责令涉事教师马某某写出深刻检查，由教育主管部门按规定程序处理；责令事发地学校相关负责人停职检查。“中学生打老师”以非常快的速度进入公众的视野，尽管警方快速地公布了调查结果，但某些负面情绪仍然没有及时消退，值得反思。

表1：亳州市中学生打老师事件传播过程

事件节点	发展历程
2016-04-15	蒙城县范集中学英语老师马某给九（1）班寄宿学生上辅导课时，因收发试卷不当与学生戴某某发生冲突，进而引发该班学生马某某等其他四名同学参与
2016-04-18	参与冲突的戴某某、马某某、戴某三名学生向老师马某某当面道歉
2016-04-19	新浪微博名为@爱撒娇的萌妹子 通过发布秒拍视频爆料“中学生打老师”事件，将亳州市蒙城县范集中学置于舆论的旋涡之中
2016-04-20	经当地教育、公安部门联合调查，视频反映内容属实。目前，涉事师生已达成谅解
2016-04-21	涉事的五名学生再次向老师马某某当面承认错误并赔礼道歉，老师马某某也进行了自我检讨并向学生道歉，双方互相达成谅解

（续表）

事件节点	发展历程
2016-04-22	媒体以“亳州市中学生打老师刺痛了谁?”为标题的报道，在网络上引起网民关于教育的反思

（二）媒体报道与微博传播概况

笔者在百度搜索引擎输入关键词“亳州市中学生打老师”，检索到相关媒体新闻报道共有485篇。通过统计事件发生后一个星期的媒体报道数量，发现事件被爆料出来的4月19日媒体报道数量为0，4月21日的媒体报道数量最多达156篇（见表2）。

表2　2016年4月19—25日媒体报道量表

日期	4月19日	4月20日	4月21日	4月22日	4月23日	4月24日	4月25日
媒体报道（篇）	0	15	156	14	5	3	2

“亳州市中学生打老师”事件的发展呈现快速爆发与快速消退的特点，从图1可以看出，事件的播报高潮是在警方公布调查结果的4月21日，传统媒体和新媒体传播了警方的调查结果，并回顾了事件的发展过程，还有一些媒体对事件本身做出了评论和反思。

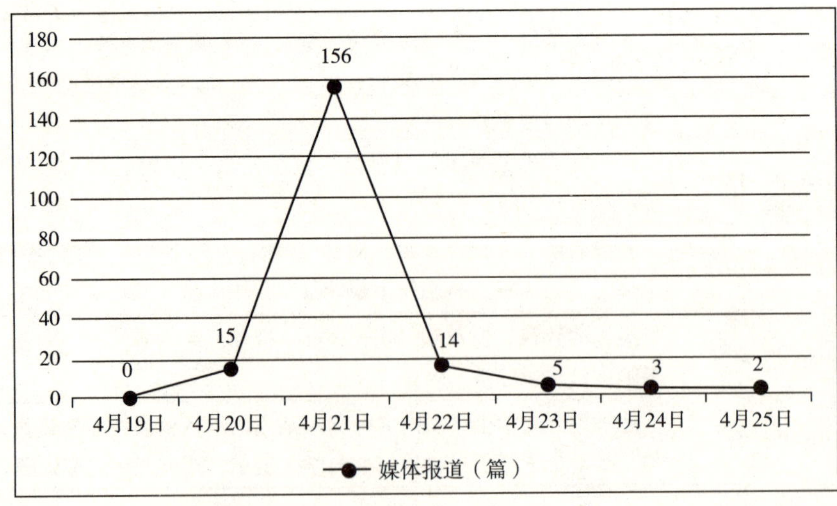

图1　2016年4月19—25日媒体报道量走势图

笔者通过新浪微博高级搜索2016年4月19—25日，以“亳州市中学生打老师”为关键词，共有836条微博，通过统计分类，在事件发生的一个星期内，每天发布的微博数量呈现一定的趋势（见表3）。

表3 2016年4月19—25日新浪微博发布数量

日期	4月19日	4月20日	4月21日	4月22日	4月23日	4月24日	4月25日
微博（条）	6	156	386	163	84	36	5

微博上的网民舆论在事件当事人和警方回应的当天达到传播高峰，网民对事件信息的转发、评论以及对事件过程的揣测都加速了这一事件在网络上的传播。该事件在媒体报道传播达到高峰之后，媒体报道的热度明显下降。从图2可以看出，2016年4月25日后，媒体对该事件仍有关注，但报道的数量已经不多。与此同时，该事件在微博上的关注度也大幅下降。

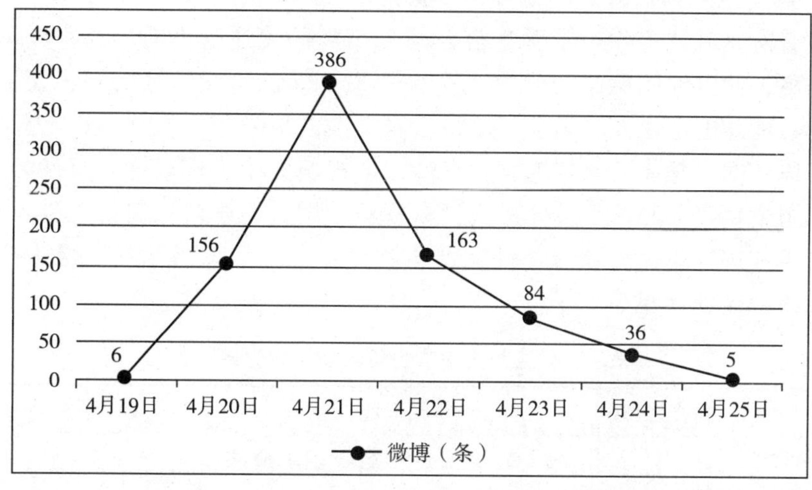

图2 2016年4月19—25日微博发布量走势图

（三）突发公共事件网络舆情的阶段特征分析

突发公共事件突如其来，难以预料，一旦发生便很难从失衡状态拉回到正常的秩序中来。危机像任何事物一样有自己的发展逻辑和生命周期。针对突发公共事件不同发展阶段的特点，突发公共卫生事件网络舆情的重点也随之转移。本文基于芬克的阶段分析理论，对“亳州市中学生打老师”事件网络舆情的各阶段特点进行分析。

1. 潜伏期：舆情通常处于萌芽状态

此时，事故原因、事故责任人往往都不明确，舆情呈现出分散性、无序性和浮动性等特点。在突发公共卫生事件的潜伏期，网络媒体、论坛和社交网站上通常会出现一些零星的报道、讨论和关于症状的交流，这些交流一般只局限很小的范围，并不会扩散。在这一阶段，舆情并未形成聚集效应，只以个别意见形式存在。突发公共卫生事件网络舆情的浮动性特点表现在，舆情的发展态势并不稳定，若隐若现，时而引起小范围的聚集，但又迅速散去。

2016 年 4 月 19 日 21 时 09 分，新浪微博用户@爱撒娇的萌妹子发布秒拍视频爆料“中学生打老师”事件，视频中几个穿着校服的男生拿起凳子向站在角落的老师砸去，旁边站着很多围观的学生。该微博将亳州市蒙城县范集中学置于舆论的旋涡之中，“中学生打老师”成为新浪微博的热搜，迅速吸引了网民的眼球。

2. 爆发期：网民讨论加速事件传播范围

随着网民对“亳州市中学生打老师”事件的关注度不断提高，媒体报道密度提高，此事件的网络舆情进入全面爆发期。该阶段持续时间最短，但对公众的心理冲击也最大。为求证爆料的真实性，2016 年 4 月 20 日，万家热线传统媒体和网络媒体开始报道这一事件，电视新闻中出现对这一事件的报道，事件的主要负责人和涉事主体进入公众视野。网民纷纷对相关信息进行转发，对这一事件进行讨论。随着事件的严重程度提高，信息迅速在网络中的各种信息枢纽中蔓延（见表 4）。

表 4 “亳州市中学生打老师”曝光路径

时间节点	曝光媒体	新闻标题	议题内容
2016-04-20-14：52	万家热线	震惊！亳州近十名中学生群殴老师	亳州十名学生打老师
2016-04-20-15：29	搜狐网	安徽亳州近十名中学生群殴老师 学生拿板凳砸老师	安徽亳州学生拿板凳砸老师
2016-04-20-21：14	安徽网	安徽一中学多名学生拒交试卷持板凳围殴老师	交代原因：安徽中学生因被要求交试卷殴打老师

3. 蔓延期：事件真相逐渐明晰

2016 年 4 月 21 日警方公布事件调查结果，“学生打老师”的细节不断地被网民和媒体挖掘出来。这件事发生在 4 月 15 日晚，蒙城县范集中学英语老师马某给九（1）班寄宿学生上辅导课时，因收发试卷不当与学生戴某某发生冲突，进而引发该班学生马某某等其他4名同学参与。4月18日，涉事学生向马某道歉。4月19日被网友发布到微博上，引起网民大范围的关注。舆情发展到蔓延期，“打老师的原因”“学校内部的管理制度”甚至“中国的教育体系”等话题的探讨不断出现。媒体开始对这些话题做出相应的调查和发声，意见领袖和网民根据官方的调查结果进行争论和探讨。

表5　引发亳州市中学生打老师事件原因曝光路径

时间节点	曝光媒体	新闻标题	议题内容
2016-04-21-5：46	中国青年网	学生拒交考卷群殴老师拳打脚踢凳子砸头	老师被打的起因
2016-04-21-10：37	新浪网	安徽亳州中学生群殴教师：拒交试卷引发校长承认此事	确定事件的真实性
2016-04-21-17：27	安徽网	亳州蒙城中学生群殴老师续：涉事师生已达成谅解	涉事双方的现状
2016-04-21-19：44	扬子晚报	亳州中学生群殴教师：拒交试卷引发	事件发生的原因

4. 消退期：事件热度下降，慢慢淡出公众视野

2016年4月21日，在警方公布事件调查结果后，舆论慢慢消退，事件进入冷静讨论阶段（见表6）。在这一阶段媒介对舆论进行引导，从“学生打老师”本身转向新的议题：整治教育机制。由于舆论热度慢慢消退，网民对议题的关注度、参与度也不高。

表6　衰退期媒体报道的新议题

时　间	来　源	新闻标题	议题内容
2016-04-22-9：04	中国网络电视台	安徽亳州：学生殴打老师痛的是什么？	学生打老师的痛
2016-04-22-15：04	三门峡生活网	既然读书不能改变命运，中学生敢群殴老师也就不怪	读书与命运的关系
2016-04-22-14：11	网易新闻	中学生群殴老师背后的喝彩声	关于事件的喝彩

在舆论消退阶段，受“中学生打老师”事件的影响，媒体对师生关系、教育体制等进行了反思（见表7）。这一阶段媒体充当的是舆论引导器，以“亳州市中学生打老师”为契机，媒体向公众提出议题。

表 7 媒体反思的报道

时　间	来　源	新闻标题	议题内容
2016-04-25-17：05	川北在线	学生群殴老师谁该反思	教育道德缺失
2016-04-22-14：04	光明网	群殴教师背后的问题不容忽视	社会道德沦陷，未成年人保护法必须修改
2016-04-24-08：51	网易	学生群殴老师，道无情，看客更无情	看客行为比殴打教师本身更无情

从舆情的涨落趋势来看，突发事件网络舆情的涨落态势属于波浪形运动形态，波峰为舆情的顶点，波谷为舆情的下落点，波峰和波谷交替出现，在不同影响因素的作用下，滚动前进。

舆情的传播是一个信息扩散的过程，同时也是一个不断变化的过程。舆情在潜伏期，只有比较少的人进行讨论；舆情爆发期，传播速度加快，在这个过程中，其受众人数呈现几何级数增长。随着事件影响扩大、涉事双方的澄清和真相的公开，舆情传播进入高潮期。当舆情消退后，媒体的角色逐渐转变为一个引导者和反思者，舆情的传播频率开始下降。

（四）舆论场中的网民观点

网民作为事件舆论的主要参与者，研究网民在这一事件中的观点和看法有利于研究舆情的整体走向。

1. 微博中网民行为与态度的分析

笔者对事件传播的高潮阶段的 2016 年 4 月 21—25 日的新浪微博，以“亳州市中学生打老师”为关键词进行搜索，随机抽取 100 条（20 条/天 5 天）作为研究对象，对微博用户的内容进行分类统计，笔者绘制了网民态度分布情况，如图 3 所示。

统计结果显示，32%的网民在“亳州市中学生打老师”事件的传播过程中有信息扩散行为；45.6%的网民对该事件发表了评论，其中言辞较为激烈的评论占 21.5%，言辞相对平和的评论占 24.1%；呼吁寻求真相的评论占 16.8%；爆料揭露内幕的占 5.6%。

2. 网民观点分析

（1）老师的错还是学生错？

网民对“学生打老师”批评、讨论的深层原因是老师和学生背后所涉及的伦理道德，但究竟是“老师的错”还是“学生的错”，对于此问题，网民各执己见。网络暴力时有发生，而“中学生打老师”之所以能引起网民的关

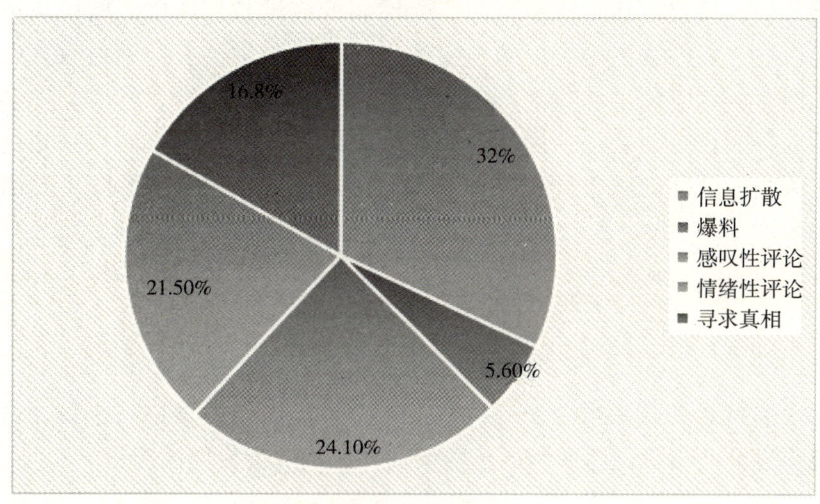

图 3 微博中网民态度分析

注与大讨论，在于它和人性、道德联系在一起，网民的言论也从“中学生打老师”事件本身转向对中国教育制度和中国老师教育方法的批评。

中学生群殴老师，恰恰是一种暴戾情绪的彰显。众所周知，中国社会的传统伦理就包括尊师重教，包括对老师的尊重，以前所谓一日为师终身为父，现在恐怕很少会有孩子内心能体会这一点，他们想得更多的是自身权益或个性张扬。如果说大多数人对安徽发生的中学生群殴老师丑闻深感不安并强烈指责，但事实上也有相当一部分“80 后”“90 后”“00 后”们，他们以反传统的姿态表达了对这种谴责的强烈不满。

（2）治安事件还是教育失败？

“亳州市中学的打老师”曝光之后，招来了大量网民的评论，有关部门还未开始调查，事件未得到权威证实的情况下，绝大多数网民已经“先入为主”，选择“信以为真”。在 4 月 21 日网易视频发布的《中学生打老师，痛的是什么?》的视频跟帖中，有 8392 人参与了讨论，其中“目无师长”“素质教育”“留这样的学生有何用”的跟帖被众多网友顶起。老师以往代表着权威、代表道德。学生代表着虚心、代表着懂礼数。“打老师”代表颠覆权威，打破传统。三者结合起来，就必定能使新闻产生重磅震撼力。

中学生群殴自己的老师，从法律的角度来看算得上是一起治安事件，但是作为公众，更愿意相信这是一个教育失败的典型示范，如果“学生”没有与“打老师”这一标签联系在一起，这一事件就不会在网民中产生这么大的波澜。人们仍然会老生常谈地从学校教育、家庭教育以及社会环境等种种角度进行分析，甚至将其归咎于当前广受诟病的应试教育体制。网民从道德层面来探讨这一事件就不是简单的一起治安事件，而是会上升到对教育失败的谴责。但有一点应该承认，教育部门喊了多年的素质教育，发展到中学生义无反顾地群殴自己的老师，说再多的客观原因也是徒劳，人们很难相信这样的师生关系、这样的教育环境，到底能为国家、为社会、为家庭培养出什么样的未来？

五、讨论与思考

本文通过对“亳州市中学生打老师”事件的舆情发展进行剖析，试图得出一般突发公共事件网络舆情的传播模式和影响舆情发展的因素。

（一）突发事件的网络舆情何以形成？

突发事件网络舆情生成发酵机制一般都遵循以下过程：网友爆料→网友讨论→新旧媒体互动报道→政府舆情应对。

1. 网友通过社交网络爆料，舆情逐渐产生

社交媒体时代，人人都是传声筒。媒体技术的快速发展，为广大网民的发声提供了便利的技术基础。使得网民在事件发生的第一时间可以通过微博等媒体进行爆料，大大缩短了以往事件从发生到报道的时间。于是某一事件发生时，围绕这一事件的信息会从多个信息源发出。不同的信息源自身的能力是有限的，于是每个信源都是从各自熟悉的角度发布信息，形成了信息的碎片化。信息的碎片化伴随着观点的多元化，要想获知事件全貌，便要把来自媒体的多方信息拼凑起来。

网友爆料主要包括以下几个方面的素材：一是网友亲临突发事件现场，通过手机以微博、QQ 等形式报道事发现场的信息。手机微博和 QQ 一键发布的功能，都让普通网民更加便利地分享身边事，也是突发事件舆情发展的一个重要因素。二是爆料当前官民、警民冲突这些社会舆论的焦点问题。“民与官”“民与警”“贫穷与富有”等鲜明的强弱对比，能唤起人们内心的不安和惶恐。强势一方不断地发展，每个人都可能成为被欺压的一方。由于网民进入群体的非理性，强烈的代入感使他们陷入自己想象的危险中，所以在事件发生的第一时间就开始爆料，以防万一自己成为不幸的那一个。

2. 网友大范围地跟帖讨论，扩大事件的影响力

勒庞认为，人在进入群体之后，就会变得非理性。网民的集群化行为观

念也体现在突发事件中，在事件的前因后果没调查清楚前，从情感和道德层面评价事件。网友在事件爆发出来以后，通过新浪微博、论坛、贴吧等平台发布自己的观点和看法，使得事件在短时间内获得最大的传播。微博热门话题、新闻跟帖这些都是网民常用的表达形式，他们不仅表达宣泄了自己的看法和情绪，也使得有些隐蔽的事件进入大众眼中。

这时候的网民大多数还不了解事件具体的来龙去脉，甚至连当事人都没弄清楚。但是由于事件中带有某些字眼、某个名人或者事件本身曲折离奇，这些都是引起网友讨论的因素。对事件产生的原因、发展过程、涉事主体等进行揣测，推动事件真相不断显露。在网民大范围集中地讨论这一事件后，为引起其他网友的关注，一些网友还用娱乐的形式，比如出现网络流行语、网络视频来戏谑这些事件，都无形中扩大了这些事件的传播面；或者讨论过程中挖掘敏感问题，尤其是官民、警民、贫富等具有冲突问题的话题，更容易引起网民的关注，从而形成舆情压力。

3. 新老媒体互动，推进舆情发展

微博等新媒体率先报道，报刊、电视、电台等传统媒体寻找材料不断跟进，新旧媒体议题互动，共同掀起突发事件网络舆情高潮。

一方面是新媒体对事件的不断披露倒逼传统媒体发声。互联网的产生给以报刊电视为代表的传统媒体带来了极大的挑战，传统媒体的话语权开始下移。近年来，全国各地发生的突发事件，因为互联网的传播使得事件的处理结果受到影响。往往新媒体在事件发生后，会产生很多与此相关的信息。但由于自媒体人自身的素养或者资源缺陷，再加上把关薄弱，容易滋生谣言。所以又必须由传统媒体通过不断地调查和证实，来获取事件真相。

另一方面是传统媒体对网络等新媒体的回应。传统媒体虽然在新媒体到来后面临着巨大的挑战，但其长期累积的信息公信力、高质量的受众等方面明显优于新媒体。再加上传统媒体长期培养的受众信息阅读习惯，使得传统媒体的舆论引导功能依然是社会总体舆论环境的主流。因而传统媒体积极回应网络媒体，是引导舆论和应对突发事件的必要举措。

4. 政府应对，网络舆情消散

突发事件应对主体动用公共资源，积极应对网络舆情，网络舆情消散。相关部门需要对突发事件网络舆情制定相应的预警机制和网络舆情报送机制，如果对突发事件应对不当，网络媒体和传统媒体会发掘新的媒介议题，再次掀起更大的舆情波澜。因此，有关部门应在危机前的预防阶段实时跟踪网络舆情动态，尽可能早地发现舆情的苗头，事先做好舆情应对准备；在事件升级为危机之前，采取相应措施，引导舆论。

在网络舆情的消散阶段，突发事件应对主体需动用更多的资源解决问题，对与事实不符的谣言和流言及时澄清，对有事实依据的言论迅速调查，积极地发布调查结果，并追究相关部门和官员的责任，网友注意力才会转移，网络舆情才会消散。

（二）突发事件的网络舆情以何种模式传播？

1. 突发事件在网络媒介中的传播模式

突发事件能够最先进入人们视野，大多是在网络媒体中首发。网络中关于突发事件的传播方式是通过带话题的文字或者视频成为网络信息。网络媒介在一事件发生后，调动网络论坛、网络贴吧、手机微博等媒介工具进行发声。在多个媒介都在讨论相同的事件时，事件得到更大范围的传播，网络舆论由此产生。而传统媒体往往被动地参与突发事件的报道，民众在新媒体时代逐渐形成了“网络看新闻、微博看消息、报纸看社论”的阅读习惯。因此，传统媒体在权威性方面仍然是网络媒体无法取代的。

艾瑞咨询网站《2009 年中国网络社区发帖吸引度影响因素情况报告》的数据指出：网络社区中发帖情绪吸引人的占据 52%，“标题党”是网络社会吸引网民关注网络信息和网络新闻的产物。近些年，网络媒体通过“标题党”来吸引网民眼球的随处可见，有些甚至断章取义，把事件中某个因素突出，放到标题上。“标题党”作为网络媒体的一种传播手段，在某种层面上推动了突发事件在网络中的传播，加速了舆情发展。

2. 突发事件中网民参与的传播模式

网络舆情的主体是网民和手机用户，从“事情”被爆料演化成“事件”，再通过网络转变为“焦点”，网民和手机用户的发声发挥了很大的作用。新媒体的技术革命发生，使得普通大众迎来了“一键发布”的春天；加上网民群体数量庞大、表达的欲念强烈，事件的爆料只要符合网民的意愿，在一个小时内就能成为热点。网民主要通过微博评论、跟帖等方式参与讨论，同时推动网络舆情产生和发展。

现实生活中的民意，凭借网络被众多非利益群体熟知热议，从而形成了临时的虚拟利益共同体。在网络舆情的形成与传播的过程中，“意见领袖”起到了很大的推动作用。在“事件”升级为“热点”以后，网络舆情的发展有两种可能：一种是相关部门任由网络舆情的旋涡扩大，由此错过了处理突发事件的最佳时间，也增加了处理突发事件的风险。这时相关部门付出的不仅仅是金钱和时间，也伴随着公信力的损失。另一种是随着相关部门的介入和引导，网络舆情逐渐消退。网民群体在推动舆情发展过程中，起到了至关重要的作用。

（三）影响突发事件网络舆情传播的因素有哪些?

突发事件通过网络媒体的爆料，能够成为热点，除了网络提供的平台广阔，还与其他因素相关。本文通过对以往研究结果的梳理和对个案的分析，总结出可能会影响突发事件舆情传播的因素。

1. 新闻的数量

突发公共事件从发生到整个事件结束，媒体对突发事件的报道数量影响舆情的传播。我国政府规定，在突发公共事件中，有关部门必须做好信息的发布工作，要实事求是，正确引导舆论。我国的主流媒体大多具有官方背景，在突发事件传播过程中，政府对地方媒体具有绝对的领导权。传统权威媒体对突发事件的报道可以让民众获知事件发展的趋势。但网络媒体相对宽松，网民群体从各个角度讨论突发事件，会加速事件的传播。通过突发事件网络新闻的报道数量，可以间接明悉事件的处理进程。

2. 是否被电视媒体报道

电视媒体作为传统媒体，在当下的媒体环境下，培养了一大批习惯看电视的忠实受众。即使在网络媒介发达的今天，电视仍然是每个家庭的必需品。突发事件发生后，电视媒体对事件的相关情况进行报道，往往会对现实社会和网络造成巨大的冲击。在线下引起巨大的关注，对舆情的发生、发展和走势都有重要的影响。

3. 事件类别

突发事件的类别有很多，包括突发灾难事件、突发医疗卫生事件、突发公共事件等。各种突发事件的类型不同，其舆情的存活时间也不相同。一般来说，事件的波及范围广、影响人群多，甚至死亡人数多，以及与民众生命安全等息息相关的事件，都会引起大范围的民众关注，从而生成的舆情的生存周期也不相同。

4. 责任主体

突发事件的责任主体主要是整个事件发生过程的主要责任人、公司或者相关机构。通过对以往的案例分析，突发事件的责任主体主要有三类：个人、企业、政府。不同的责任主体具有不同的职责，对舆情传播又会有不同的影响。网民通常因为对责任主体带有刻板印象，在另一方面推动舆情的发展。

（四）建设性意见

通过对相关文献梳理和案例分析，笔者认为突发事件发生后相关部门的网络舆情引导应该注意以下两点：

1. 确定舆情引导的主体

突发事件发生后，在做到及时发声的同时，还要确定网络舆情的引导机制，要综合媒体和政府的力量。第一，在媒体方面，突发事件发生后，新媒体的实时传播、快速传播的特点为网民提供了大量的信息。这些信息鱼龙混杂、真假难辨，谣言和流言也掺杂在里面，媒介素养参差不齐的公众也很难辨别出信息的真实性，舆论场也变得尤为复杂。这时传统媒体要利用自身的权威和公信力，及时调查取证，为公众呈现整个事件过程。新媒体的交互性和传统媒体的权威性相互配合，发挥作用。第二，在政府方面，政府在突发事件发生后，除了利用自身开通的媒介进行报道，还应该重视多种媒体的综合运用，实现引导意图。例如政府可以开通微博、微信账号，吸引更多的年轻网民。微博、微信账号与官网连接，官网提供权威信息，微信、微博作为反馈渠道。这样能更有效地发挥政府的舆情引导作用。

2. 构建系统化的舆情引导机制

通过网络舆情不同阶段特点的研究，建构不同的舆情引导机制。新媒体技术的发展，为不同层次的人们提供表达意见的平台，民众也愿意在新媒体平台上发声。在事件爆发之后，相关部门及时对民众的疑虑和猜忌进行解答，就能起到减弱或者化解舆情危机的作用：在舆情的萌发期，利用新媒体平台疏导民众的情绪，力图在舆情危机爆发之前减弱舆情爆发势头；在舆情的爆发期，确定恰当的调控机制，正确地进行舆情引导；在舆情的蔓延期，新老媒体互动，纠正舆情中的偏差。在舆情发展的不同阶段，制定与之相对应的应对方法，能在一定程度上削弱舆情的态势，减少舆情危机产生。

六、结　　语

拉斯维尔的5W模式，大众传播的过程分别是由谁、说什么、通过什么渠道、对谁说、产生什么效果。传统媒体时代，大众传播是一种单向的线性的信息传播和流动方式。这时的大众媒体一直处于传播的中心地位，占据传播的主动权和主导权。突发事件从发生到传播，也是通过大众媒介传播到民众的视野中，时间跨度长，信息的准确度高，舆情产生后，很快会消退。在新媒体环境下，人人都有麦克风，信息的流动逐渐去中心化和去权威化，信息的传播呈现出点对点的方式，打破了固有的传播模式。虽然信息的来源渠道多，但在一些细节和关键性的事件环节方面容易被曲解，从而产生多种舆情危机。因此，利用新媒体的独特性，拓宽信息渠道，在舆情发生时及时的应对，做出相应的引导措施，在最大程度上减少舆情危机的产生。

本文通过对已有文献的梳理，对“亳州市中学生打老师”事件的媒体传播情况，舆情发展的阶段特征和网民态度进行详细分析，得出此事件中网络舆情发展的规律。试图获悉网络的传播模式和影响因素，从而为突发事件网络舆情的引导提供了可行性的建议。

参考文献：

[1] 胡正荣，张磊，段鹏．传播学总论［M］．北京：清华大学出版社，2008.

[2] 喻国明．中国社会舆情年度报告［M］．北京：人民日报出版社，2010.

[3] 丁柏铨．略论舆情——兼及它与舆论、新闻的关系［J］．新闻记者，2007（6）.

[4] 王平，谢耘耕．突发公共事件中微博意见领袖的实证研究——以“温州动车事故”为例［J］．现代传播（中国传媒大学学报），2012（3）.

[5]［法］古斯塔夫·勒庞．乌合之众［M］．冯克利，译．北京：中央编译出版社，2000.

[6] 郭庆光．传播学的研究对象和基本问题（上）［J］．国际新闻界，1998（2）.

[7] 沈正赋．突发事件中新闻报道机制的科学调控——从广东“非典型肺炎”事件的传播谈起［J］．声屏世界，2003（4）.

[8] 徐菱骏．国内突发公共事件报道研究综述［J］．新闻世界，2013（7）.

[9] 王培志．国外突发公共事件媒体报道的原则、方法和策略分析［J］．对外传播，2015（12）.

[10] 2015 年：舆情事件聚焦［J］．经济导刊，2016（1）.

An Investigation of Differences Between American College Student Twitter Addicts and Non-Addicts

（美国大学生 Twitter 成瘾者与非成瘾者之比较研究）

胡 牧 李梦洁 陈明惠 殷泽文

Abstract

Despite the popularity of Twitter among young Internet users and more and more anecdotal reportsregarding Twitter addiction, little empirical research has been conducted on Twitter addiction. The majority of SNS addiction studies are on Facebook. The present study is an exploratory step to examine the differences between Twitter addicts and non-addicts in terms of their Twitter use activities, psychological well-being, and daily life activities. Two hundred and sixty four college students completed an online survey. Twitter addicts, in contrast to non-addicts, spent more time on Twitter, used Twitter more frequently, and were more involved in almost all Twitter activities. As to psychological well-being, Twitter addicts were more lonely and depressed and perceived less social support from others. Twitter addicts were also found to be affiliated with less off campus and on campus organizations. Limitations of this study and future research direction are discussed.

SocialNetworking Sites（SNS）have been defined as "web-based services that allow individuals to（1）construct a public or semi-public profile within a bounded system,（2）articulate a list of other users with whom they share a connection, and

作者简介： 胡牧，Department of Communication at West Virginia Wesleyan College 博士，安徽大学舆情与区域形象研究中心研究员，安徽大学舆情与区域发展协同创新中心研究员；李梦洁，安徽大学新闻传播学院 2013 级研究生；陈明惠，安徽大学新闻传播学院 2011 级研究生；殷泽文，安徽大学新闻传播学院 2011 级研究生。

(3) view and traverse their list of connections and those made by others within the system" (boyd & Ellison, 2008, p. 211). SNS is distinct from other web services in that a user's SNS connections are visible to others. This uniqueness has two consequences. First, interacting with preexisiting relationships, rather than meeting strangers without offline relationship basis, is the main purpose of SNS use. Second, the path to meet strangers usually is not direct or random, but through a common social connection.

SNS has witnessed an exponential growth in the past decade. In 2005, only 8% of adult American Internet users were SNS users, while in May, 2013, this number skyrocketed to 72%. The age digital divide of SNS users is diminishing too: although youngsters are early adopters, 60% percent of SNS users are over 50 years old (Brenner & Smith, 2013).

"Every new technology finds dour critics (as well as ebullient proponents). Communication technologies in particular can be seen as opening the doors to all varieties of social ills" (Katz & Aspden, 1997, p. 81). It is common recently to see reports in mainstream media about "SNS addiction." There is also a growing body of literature in academia addressing this new topic. Researchers from different disciplines attempt to describe and explain SNS addiction in terms of its characteristics, causes, and consequences.

The majority of SNS addiction studies so far focus on Facebook, maybe because it is the SNS with the largest number of users. However, the diffusion of another popular SNS, Twitter, catches public's attention. Twitter's active user number has reached 200 million by March, 2013, 7 years after it was launched (Holt, 2013). Since November, 2010, the percentage of American Internet users who are on Twitter has more than doubled and reached 18%. Twitter seems to be particularly appealing to young Internet users, as Internet users between 18 and 29 years old are the most likely to use Twitter (Brenner & Smith, 2013). In the December of 2010, Pew Research Center's Internet & American Life Project started to release reports that exclusively examine people's Twitter use. Despite the popularity of Twitter, only a few studies have explored Twitter addiction. In the present study, we aim to investigate the relationship between college students' Twitter addiction and their Twitter activities, psychosocial well-being, and other aspects of life.

SNS Use

Since the first SNS SixDegrees. com was launched, SNS has become a part of many people's daily life. It diffuses faster than any of its media predecessors, such as radio, television, and the Internet. With rises and falls of numerous business attempts (e. g. , Friendster, MySpace, etc.), SNSs have evolved from web sites originally for dating or keeping touch with classmates to multifunctional web services that can meet people's various needs of information, communication, entertainment, and shopping.

SNS is unique in that it combines the consumption and interaction dimensions of media use. Traditionally, "mass media" usually serve a consumption function. People absorb and digest information from newspapers, radios, and televisions with their eyes and ears. In contrast, people use such "communication media" as telephones and emails to develop and maintain relationships with others. SNS, however, allows people to consume information and interact with other people via the same interface. People can read news articles and watch videos in SNSs and share them with their connections, which yield potential for further interactions. SNSs' "consumption-interaction" dual characteristics also influence traditional media. It is a routine nowadays that an online news article or video report is accompanied with logos of Facebook, Twitter, or email. Smart televisions are also equipped with social networking applications, which enable viewers to watch programs and interact with their friends on the same screen.

Burke, Kraut & Marlow (2011) propose that there are three types of SNS social activities: direct communication with individual friends (e. g. , send direct messages), passive consumption of social news (e. g. read others' updates), and broadcasting (write content not targeted at any individual connection) . Accordingly, Brandtzag (2012) identifies five types of users based on the degree to which they are involved with different type of SNS activities: (1) Sporadics (low level users of SNS), (2) Lurkers (people who mainly surf SNS information but do not contribute or interact), (3) Socializers (people who use SNSs mainly to interact with others), (4) Debaters (people who use SNSs mainly for debating and discussion), and (5) Advanced (people who are highly involved with almost all sorts of SNS activities).

Certain personality characteristics have been found to be associatedwith SNS use. Extroversion and conscientiousness are positive predictors of SNS use (Wilson, Fornasier & White, 2010). Those with higher levels of neuroticism prefer using Facebook wall, while those with lower levels of neuroticism like to post pictures on SNSs. Personality characteristics are related to the frequencies of people's engagement into different SNS activities, but not the attitudes toward SNSs (Ross, Orr, Sisic, Arsenneault, Simmering & Orr, 2009). Self-disclosure inclination is positively related to frequency of self-focused updates in Facebook use and Twitter, and narcissism is positively related to the size of Facebook network size and the number of self-focused tweets a user sends (McKinney, Kelly & Duran, 2012).

SNS Addiction

There used to bearguments on whether computer-mediated communication displace or complement people's real life communication. As to the "displacement" hypothesis, although there are a few early CMC studies supporting this hypothesis (Kraut et al., 1998, Morahan-Martin, 1999), there is little evidence later showing that people are involved in computer-mediated communication at the sacrifice of their real life interaction (Nie & Erbring, 2002; Nie, Simpser, Stepanikova & Lu, 2004). Instead, researchers have found that Internet users have larger social networks and are engaged in more social activities (Howard, Rainie & Jones, 2001; Rainie, Horrigan, Wellman & Boase; 2006).

These results are notsurprising. The displacement effect seems to be a valid hypothesis only when Internet diffusion rate is very low and "Internet users" mean early adopters. For instance, when Kraut and colleagues (1998) conducted their study in the mid 1990's, the majority of an Internet user's real life acquaintances were not equipped with the Internet yet. His or her cyberspace and "real space" did not overlap, which means his or her online and offline social networks were distinct from each other. Online communication means communication with strangers or "weak ties" back then, so if an Internet user spent a large amount of time on online communication, his or her time to communicate with real life relations or "strong ties" would be reduced accordingly. However, even when 60% of Americans were already Internet users, only 20% of them would have online communication with strangers (Nie, Simpser, Stepanikova & Lu, 2004) . In other words, the majority of Internet users only communicate with their preexisting relations online and online communication functions to strengthen offline relationships.

Recently, there are similar explorations in SNS research. As far as we know, except one conference paper on Myspace use reporting that more Myspace use is related to less social involvement (Nyland, Marvez & Beck, 2007), all other research findings are in favor of " complementing " hypothesis: communication through SNSs is an extension of communication with face – to – face relations. SNS users report greater use of SNS to connect with their existing relationships (boyd, 2008; Choi, 2006; Ellison, Steinfield & Lampe, 2007; Kujath, 2011; Subrahmanyam, Reich, Waechter & Espinoza, 2008) . Socially anxious adolescents may feel it threatening to collect information about their acquaintances face to face, but they can obtain such information from their friends' SNS profiles and their satisfaction with the relationships can increase accordingly (Courtois, All & Vanwynsberghe, 2012) . People with higher friendship contingent self–esteem tend to use SNSs more to keep in touch with their friends (Pettijohn, Lapiene & Horting, 2012) .

However, it is noteworthy that certain groups of people may use SNSs for compensation purposes. For example, new SNS users are more likely to seek strangers (Ellison, Steinfield & Lampe, 2007), and those who have negative feelings toward their social groups and low life satisfactions are inclined to use SNSs to communicate with outgroup members (Barker, 2009; Zywica & Danowski, 2008) . The underlying logic of these findings is similar to that of early CMC studies. On the basis of uses and gratifications theory, some researchers propose that such factors as low self – esteem, perceived rejection from others, and negative evaluations of interpersonal relationships prevent people from achieving satisfactory social relations in real life. Due to the unique characteristics of online communication such as easy accessibility, those who suffer from social relationship deficit may try to seek companionship on the Internet as a functional alternative to meet their social needs.

Compensatory Internet use arouses researchers' attention. What if people find online communication too appealing to stay away from? What if people use online communication as an escape from less – than – ideal and challenging real life? Is it possible that certain people are involved with Internet use so much that they become dependent or even "addicted" to online activities?

Internet addiction research can be traced back to the mid1990's when the Internet just entered people's daily life (Griffiths, 1996; Young, 1996). A fast growing body of literature investigating Internet addiction phenomenon accumulates within a few years (See reviews in Chou, Condron & Belland, 2005; and Widyanto & Griffiths, 2006). Researchers discover that Internet addiction is similar to other forms of addiction to substance or behavior, such as alcohol and gambling. It shows the core symptoms of addiction identified in DSM-IV (e. g., tolerance, compulsive use, and withdrawal symptoms) as well as the negative effects related to addiction (e. g., isolation from others, procrastination of work and study, lying about involvement with the substance or behavior, and physical health deterioration).

CMC research in general does not find a direct relationship between the amount of Internet use and psychological well-being. However, Caplan (2002, 2003, 2005) points out that not only excessive time spent online, but also perceived online benefits, perceived social control on the Internet, and withdrawal from social life, are criteria to diagnose Internet addiction. Researchers consistently find the difference of psychological well-being between addictive Internet users and non-addictive users. Internet addicts, in contrast to non-addicts, show higher levels of loneliness, anxiety, depression, stress, and lower social support and perceived self-esteem (Davis, 2001; Morahan-Martin & Schumacher, 2000; Nalwa & Anand, 2003; Niemz, Griffiths & Banyard, 2005; Young & Rogers, 1998).

With the proliferation of Internet applications, "online activities" refer to a lot more than surfing webpages and writing electronic mails. There have been studies reporting that psychological well-being is related to specific types of Internet use, rather than Internet use as a whole. For example, Matanda, Jenvey and Phillips (2004) find that lonely people like to use the Internet for entertainment activities, while those with lower anxiety spend more time in searching online information. Selfhout, Branje, Delsing, ter Bogt, and Meeus's longitudinal study (2009) shows that Instant messaging as a form of online communication predicts less depression, while surfing the Internet as a non-communication use predicts more depression and social anxiety. Therefore, researchers call for studying specific types of Internet addiction rather than addiction to the Internet as a whole (Armstrong, 1995; Davis, 2001; Young & Rogers, 1998). Davis (2001) distinguishes between generalized pathological Internet use and specific pathological Internet use, with the former one referring to a global set of online addiction behaviors and the latter one referring to addictive online behavior for a particular purpose, such as online sex or online gambling. Similarly, Young (2009) lists three subtypes of Internet addiction: excessive gaming, online sexual preoccupation, and email/text messaging. Tao (2008) proposes that Internet addiction includes online game addiction, pornography addiction, relationship addiction, information addiction, and shopping addiction.

There is evidence showing that SNS use is associated with Internet addiction. Kittinger, Correia, and Irons (2012) find that some college students' Internet addiction is attributable to Facebook use: those with higher levels of Internet addiction were more likely to report such problems as time management of Facebook use; the frequency of logging onto Facebook was a predictor of Internet addiction. So can people get addicted to SNSs, one of the most fast-growing and popular Internet applications?

Certain characteristics of SNSscan be particularly appealing or even addictive. First, in the early stage of the Internet, researchers have found out that people may not be addicted to the Internet, but to specific applications with interactive features (Griffiths, 1997, 1998; Young, 1996, 1998). For example, Young (1996) reported in one of the first Internet addiction studies that addicts spent significantly more time on such applications as chat rooms and MUDs than non-addicts did. SNSs have numerous interaction channels through which users can communicate both asynchronously and synchronously. Second, different from earlier "topic-centered" online communities such as electronic bulletin boards and online forums, SNSs are user-centered applications in which activities are organized around persons (boyd & Ellison, 2008). They foster a sense of "networked individualism," which allows a user to build and manage his or her SNS group around himself or herself, instead of making self-adjustment trying to "fit" other groups. Egocentrism has been found to be related to Internet addiction, so the "self-centered" feature of SNSs may especially trigger addiction (Kuss & Griffiths, 2011).

Despite the fast growth of SNSs and the plausibility of SNS addiction, only a limited number of studieshave been published on this topic. Balakrishnan and Shamim's (2013) survey of Malaysian college students reveals that four of the seven Brown framework's behavioral addiction symptoms (1997) can be found in SNS addiction: salience (the cognitive and behavior dominance of certain behavior), loss of control (inability to control participation in certain behavior), withdrawal and relapse (negative reactions toward being stopped from performing certain behavior), and reinstatement (resumption of certain behavior after attempting to terminate it). Pelling and White (2009) identified a small subset of SNS users who reported the existence of addictive tendencies in their Australian undergraduate student sample, and SNS self-identity (the perception that SNS use is important to an individual's self-concept) and need for belongingness were predictors of such tendencies. In another Australian study with college students, Wilson, Fornasier, and White (2010) measured college students' "big five" personality factors, self-esteem, and SNS addictive tendencies. Those who were more extraverted and less conscientious reported stronger tendencies toward SNS use. A Greek case study reveals how a 24-year-old woman has suffered from the negative impact of excessive and uncontrollable SNS on her everyday life. She spent 5 hours on average per day to surf her Facebook pages and added over 400 Facebook connections within 8 months. She was laid off from her work as a waitress due to her Facebook use in her work place. There was a clear sign of replacement effect of SNS on her because she stayed at home most of the day to check Facebook pages and stopped many other activities (Karaiskos, Tzayellas, Balta & Paparrigopoulos, 2010). Mustafa and Seyal (2013) discover that Facebook addiction is associated with social motives, depression, anxiety and insomnia.

Twitter Addiction?

As the above literature review shows, the majority of SNS addiction studies are about Facebook. Twitter is seldom, if not never, studied in addiction literature, maybe because its usage rate is still much lower than Facebook: 18% of American adult Internet users use Twitter, according to a recent report released in the August of 2013 (Brenner & Smith, 2013). However, this statistics may conceal Twitter's rapid popularity in a specific demographic group. Among all the age groups, Twitter is most popular among the youngest adult Internet users between 18 and 24 years old: 31% of them are Twitter users. Although the usage rates of all other major demographic groups remained steady between the May of 2011 and the February of

2012, the youngest adult Internet user group was the exception, up from 18% to almost one third in the same time period. Twitter popularity is attributable to its mobile friendly features. Twitter usage is highly correlated with the use of mobile technologies, especially smartphones. As of the February of 2012, 20% of smartphone owners were Twitter users, while only 9% of basic mobile phone owners used Twitter. As mentioned above, the youngest adult Internet users were the fastest growing Twitter adopters between 2011 and 2012, but meanwhile their smartphone ownership increased faster than any other demographic group too over the same time period (Smith & Brenner, 2012).

Due to Twitter's rapid growing popularity among the population between 18 and 24 years old, it is necessary to take an exploratory step to investigate Twitter addiction phenomenon in this group. In contrast to Facebook, Twitter can be even more addictive due to its unique characteristics:

"If Facebook's the mainstream social gateway, Twitter's the hard stuff. Everything about it provides instant, constant gratification. Nothing epitomises' f5 syndrome' — the desire to repeatedly refresh a webpage or app—better than Twitter. The 140 character limit on tweets means it takes seconds to contribute or notify, and the codification of posts, with their insignia for replies, direct messages and hashtags, gives a seductive, cliquey impression. When you stand on the outside and watch people voraciously using something, the urge is to join. Once you've on the inside of a universally addicted group, leaving can be very difficult" (Garratt, 2012).

There have been some anecdotal reports about the existence of Twitter addiction. For instance, a story titled with "Confessions of a Tweeter" appeared in *The New York Times* on November 13, 2011, describing how a "tweetoholic" male, due to his addictive use of Twitter, got laid off from work, separated from his wife, and moved out of his house and into a small apartment, . These turbulences in his life made him realize the severity of the negative consequences of his Twitter use, and finally he chose to commit a "Twittercide" and closed his account (Carlat, November 2011). Similarly, *The Guardian* reports a Twitter addict's frustration of "a permanently nervous, restless state" of checking his Twitter account while leaving little time for other activities, and how a trip to Africa without Internet access restored his calm and made him feel "detoxed" from modern communication technology (Russell, 2012). Lindsay Lohan, a famous American actress, couldn't help using Twitter even when she was in a rehabilitation center, which forced the center's staff to take actions to restrict her mobile phone usage ("Now Lindsay Lohan gets treatment for Twitter' addiction': Actress has phone usage slashed in rehab", 2010) . A reporter from San Diego Reader interviewed a woman who would be active on Twitter from 8 o'clock in the morning to 10 o'clock at night and send over 1, 100 tweets within a month. Her husband complained that she pretended to pay attention to him when she was actually checking her Twitter information (Salaam, 2012) .

The present study is one of the first studies to empirically explore Twitter addiction phenomenon. The research question of this study is:

Will college student Twitter addicts be different from non-addicts in terms of their Twitter activities, psychological well-being, and daily life activities?

Method

Sample

As mentioned before, Twitter is most popular among youths between 18 and 24 years old, so college students should be an appropriate sample for Twitter research. An online questionnaire was created and the students in a Midwestern liberal and arts college were asked to go to a computer lab on campus to participate in the study. The research participants were instructed to open their Twitter pagesbecause some of the survey questions would ask about their Twitter use. A total of 292 Twitter users participated in the study and 275 of them completed the survey. After further examination of the data, we removed 17 responses which are either outliers or problematic responses (e. g. , a respondent who reported that he followed 7, 891 people on Twitter, a respondent who reported that she posted 1, 500 tweets per week, etc.) . Therefore, 258 respondents' data were included in our data analysis. These respondents ranged in age from 18 to 58 (M= 20. 07, SD = 3. 02) . Sixty one percent were female (N= 158) and 36% were male (N= 95) . Eighty five percent of the sample were White/Caucasian (N= 220), 7 % were Black/African American (N= 19), 1% were Asian/Pacific Islander (N= 3), 1% were Hispanic/Latino (a) (N= 2), and 3% (N= 9) of the participants identified their ethnicity as "others." Five respondents did not disclose their information of age, gender, or ethnicity.

Measures

Twitter addiction. Twitter addiction was measured with the 18 items in the Bergen Facebook Addiction Scale (BFAS), devised by Andreassen, Torsheim, Brunborg, and Pallesen (2012). The 18 items reflect 6 core elements of addiction (salience, mood modification, tolerance, withdrawal, conflict, and relapse). We changed the word "Facebook" into "Twitter" in the scale because of our study topic. The Cronbach alpha of this scale in this study is. 94. The items were measured on a 5-point Likert scale (1 = strongly disagree, 5 = strongly agree). See Table 1 for the details of this scale.

Twitter activities. Twitter activities were measured with a number of questions, including the number of followers, the number of people whom the respondents follow, the percentage of people whom they know in person of those they follow on Twitter, the number of people they keep in touch with on Twitter ("keep in touch" means contact at least once a week), how long they have used Twitter (by months), the amount of time spent on Twitter every day (on a 6-point Likert scale from "1" to "6" being "less than 10 minutes," "10—30 minutes," "30 minutes to 1 hour," "1 hour to 2 hours," "2 — 3 hours," and "more than three hours"), the frequency of checking Twitter (on a 5-point Likert scale from "1" to "5" being "less than once a day," "once a day," "2—3 times a day," "4—5 times a day", and "more than 5 times a day"), the weekly number of tweets posted, the weekly number of direct messages sent and received, the weekly number of retweets, the weekly number of replies, the weekly number of tweets that they "favorite." At the end of this section, a question was asked about their perceived valence of feedback they receive from others on Twitter (on a 7-point Likert scale with "1" being "negative" and "7" being "positive").

Psychological well-being. Psychological well-being measures in this study include loneliness, depression, life satisfaction, and social support. They were measured respectively by the third version of UCLA Loneliness Scale (Russell, 1996), Center for Epidemiologic Studies Depression Scale (Radloff, 1977),

Satisfaction with Life Scale (Diener, Suh & Oishi, 1997), and Multidimensional Scale of Perceived Social Support (Zimet, Dahlem, Zimet & Farley, 1988). The wording of the items in the Satisfaction with Life Scale was adjusted slightly to refer specifically to the context of the liberal and arts college. The four scales' Cronbach alphas were. 94, . 91, . 91, and. 89. The items of psychological well-being scales were measured on a 5-point Likert scale (1= strongly disagree, 5= strongly agree). See Table 1 for the details of the measures.

Daily life activities. We measured a few aspects of a college student life, including the number of hours of sleep on weekdays and on weekends (both are on a 5-point Likert scale from "1" to "5" being "less than 4 hours," "5—6 hours," "7—8 hours," "9—10 hours," and "more than 10 hours"), the number of on campus and off campus organizations Twitter users are affiliated with, the number of "hangout" activities with others in the past 20 days (e. g., movies, restaurants, shopping, trips, etc.), and GPA range (on a 5-point Likert scale from "1" to "5" being "less than 2. 00," "2. 00—2. 49," "2. 50—2. 99," "3. 00—3. 49," and "3. 50—4. 00").

Results

Descriptive statistics

As to Twitter activities in this sample, on average, a Twitter user had 230 followers, followed 242 other Twitter users, knew 74% of those in person whom they followed, and kept in touch with 23 people on Twitter (contact at least once a week). The average length of the history of Twitter use was 18 months. The average score of time spent on Twitter every day was 2. 67, which falls between "10—30 minutes" and "30 minutes to 1 hour." The average score of frequency of checking Twitter was 3. 26, which falls between "2—3 times a day" and "4—5 times a day." In a week, a Twitter user on average posted 25 tweets, sent and received 3 direct messages, retweeted others' tweets 17 times, posted 11 replies, and "favorite" others' tweets 15 times. As to the perceived valence of feedback they received from others on Twitter, the score was 4. 27, which suggests a positive perception on average.

Regarding daily life activities, the average score of a Twitter user's sleep time on a week day was 2. 55, which is between "5—6 hours" and "7—8 hours." This score on a weekend was 3. 28, which is between "7—8 hours" to "9—10 hours." A Twitter user was affiliated with 2 on campus and off campus organizations and "hang out" with others 7 times in the past 30 days (restaurants, shopping, trips, etc.), and the score of GPA range was 3. 89, which is between "2. 50—2. 99" and "3. 00—3. 49."

Research Question Test

Although Andreassen and colleagues, the authors of the addiction scale used in this study, do not specify the cutoff scores for the categorization of addicts and non-addicts, they have pointed out that such a categorization is usually made when an individual meets a certain number of criteria in scale. The 18-item scale contains 6 core addiction elements: salience, mood modification, tolerance, withdrawal, conflict, and relapse, with each element represented by 3 items. We adopted a polythetic scoring scheme in line with research on other behavioral addictions and as suggested by the authors of the scale. Those who scored 3 or above on at least four of the 6 elements were identified as Twitter addicts (N = 75), and others were identified as non-addicts (N= 183).

A series of one-way ANOVA was conducted to compare the addicts and non-addicts in terms of their Twitter activities, psychological well-being, and daily life activities. The results are presented in Table 2, 3, and 4 respectively.

As far as Twitter activities are concerned, addicts were more involved in almost all the activities except weekly direct messages sent and received, but its difference between addicts and non-addicts is very close to a significant level with addicts scoring higher than non-addicts ($p = 0.05$). The addicts also had a large social network on Twitter, as suggested by the number of followers, the number of persons whom they followed, as well as the number of persons with whom they kept in touch on Twitter. They also invested more time on Twitter and checked Twitter more often. There were no significant differences on the percentage of people whom they knew in person of those they followed on Twitter ($p = 0.92$) and on the length of history of Twitter use ($p = 0.07$). The perception of the feedback received from others on Twitter was not significantly different between addicts and non-addicts either ($p=0.20$).

Regarding psychological well-being, Twitter addicts were more lonely, depressed and perceived less social support from others than non-addicts. There was no significant difference of satisfaction with life between these two groups ($p = 0.14$).

As for daily life activities, Twitter addicts were affiliated with less on campus and off campus organizations than non-addicts, but they were not different in terms of sleep time on weekdays ($p = 0.65$) and weekends ($p = 0.08$), the times of "hangout" with others in the past 30 days ($p = 0.57$), and GPA range ($p = 0.30$).

Discussion

The present study tested the differences between Twitter addicts and non-addicts in college students of their Twitter activities, psychological well-being, and daily life activities. Twitter addicts, in contrast to non-addicts, were more active in almost all the Twitter activities, had a larger social network on Twitter, spent more time on Twitter, andused Twitter more often. Twitter addicts were also lonelier, more depressed, and affiliated with less on campus and off campus organizations. Their perception of social support was also lower.

Since the addicts and non-addicts were significantly different in the majority of the dependent variables, our attention is drawn to thosein which they are not significantly different. First, the addicts and non-addicts were not different regarding the percentage of people who were known to them in person among those whom they followed. There was no difference between the frequencies of "hangout" with others between addicts and non-addicts, either. These results challenge the "escape" hypothesis, especially even when we did find that addicts perceived themselves to be more lonely and depressed and have less social support. It implies that less satisfaction with existing social relations does not trigger more likeliness to seek new relations on Twitter.

There may be two explanations to this finding. First, the idea of the dichotomy of "online" network and "offline" network is outdated, especially to college students nowadays who were born with the Internet. From the beginning of their life, the Internet is tightly interwoven with their daily life, as opposed to their previous generations who start to touch the Internet later in their life. The college students now may never perceive the online world as a separate "cyberspace" from their "real world." They may also be more "Internet literate" than their previous generations due to the wide education of the potential risks and dangers of launching communication with strangers on the Internet (e. g., Chris Hansen's cybersex "predators" series in NBC). Since the beginning of their Internet use, they are more sensitive and vigilant to the risks and dangers. While in the 1990's, people back then might pay more attention to the Internet's dazzling magic but not to the shadow of the Internet's emerging risks and dangers. The logic of "online communication is with weak ties and face-to-face communication is with strong ties," as suggested by Kraut et al. (1998), was reasonable in the 1990's, but it may not be shared by the college students in the second decade of the 21st century.

Second, as mentioned earlier in this article, Twitter is a "user-centered" application. A user establishes and manages his or her own "zone" of Twitter. The activities in a Twitter account revolve around the user of the account. The user can see who follows him or her and it is up to the user whom to follow. If the user decides not to communicate with a follower or even does not want to receive information from that person, he or she can block the follower. Therefore, a Twitter account is a private zone for an average Twitter user (Twitter accounts that represent organizations and celebrities are not within the scope of the present study, as those accounts are mainly for promotion purposes). As far as this feature is concerned, Twitter is more like Instant Messenger, although on Twitter a user does not need another user's permission to be added on the contact list. In contrast, other earlier online communities, such as chat rooms and forums which are formed based on common topics, interests, and hobbies, are usually the online public places where Internet users communicate with strangers. A Twitter space to an online chat room is like a private house to a bar. People normally will think of going to a bar to chat with strangers there but not getting into strangers' houses and trying to chat with them. In addition, anonymity can be an advantage to those who communicate with online strangers, especially to those with low self-esteem or whose self-disclosure needs cannot be satisfied with existing social relations due to the concerns of embarrassment or isolation. However, anonymity is often lacking on SNSs (Kujath, 2011). People usually use real names and true identities on Twitter, so when they follow or try to launch communication with strangers, they have to agree to reveal who they are. Therefore, true identity feature may also be a barrier for developing relationships with strangers on Twitter.

The addicts were not significantly different from non-addicts in their perceived valence of feedback received on Twitter. Previous literature shows that SNS peers' feedback is critical to users' psychological well-being and negative feedback does harm to users' psychological well-being (Valkenburg, Peter & Schouten, 2006). We ran a series of correlation analysis between the perceived valence of feedback and the psychological well-being variables (loneliness, depression, life satisfaction, and social support) on Twitter addicts and non-addicts respectively (See Table 5). As to addicts, the valence is related to none of the psychological well-being variables. With regard to non-addicts, the valence is negatively related to loneliness and depression, positively related to social support, not significantly related to satisfaction with life ($p = 0.06$). These results suggest that to Twitter addicts, whether the feedback they receive from Twitter peers is positive or negative is not related to their psychological well-being, while to non-addicts, negative feedback is associated with more loneliness and depression as well as the sense of less social support from others. These results constitute a further step than Valkenburg and colleagues' findings by showing that, on Twitter platform, the valence of feedback's influence on users' psychological well-being is dependent upon whether the users' are addicted to Twitter or not.

We did not find significant GPA differences between addicts and non-addicts. We also tested the relationships between GPA and the amount of time spent on Twitter every day as well as the frequency of checking Twitter every day on addicts and non-addicts. Neither groups showed significant relationships between Twitter use and GPA. These results are consistent with some of the previous research on Facebook use and academic performance (Kabre & Brown, 2011; Pasek & Hargittai, 2009). However, Pasek and colleagues and Shah, Subramanian, Rouis, and Limayem (2012) also find that Facebook users perform better in their academic work. So far, there is only one study suggesting the negative impact of SNS use on academic performance. Kirschner and Karpinski (2010) collected data from 102 undergraduate students and 117 graduate students and found that the GPA of Facebook users was lower than that of non-users, and users' study time was significantly lower than that of nonusers.

Although there are no significant differences between Twitter addicts and non-addicts in terms of theirsleep time on weekdays and weekends, we notice that the difference of weekend sleep time approaches a significant level with addicts having less sleep time ($p=0.08$), as opposed to the weekday sleep time difference ($p=0.65$). This may be because on weekdays, the students, no matter whether they were addicts or not, had to live a more similar lifestyle due to the similar course load and schedules of study and life. While on weekends, there were less mandatory obligations which left them more flexibility of managing their own time, and therefore the relationship between addiction to Twitter as a hobby and sleep time is more obvious. The present study's finding of sleep time is inconsistent with previous studies showing that the usage of Facebook is associated with less sleep time and poor sleep quality (Brunborg et al., 2011; Wolniczak et al., 2013), may be because Facebook and Twitter are different and therefore people use these two SNS applications differently.

There are few limitations of the present study. First, although we asked the participants to come to our lab and check their information on Twitter (e. g., number of followers) to fill out thequestionnaire, we cannot exclude the possibility that some participants did not listen to our instruction and provided some inaccurate information. Meanwhile, we cannot be certain that the outliers that we have removed from our data are inaccurate data. For example, maybe the respondents who reported to follow 7, 891 people or to post 1, 500 tweets per week were telling the truth. We should have further contacted them and confirmed the answers, and if their answers in the questionnaire are accurate, we can have in-depth interviews to obtain qualitative data about the Twitter use of these individuals.

Second, this study is a cross-sectional study. Although it shows the differences between Twitter addicts and non-addicts, readers need to be cautious if they try to draw causality conclusions. It is yet to be unraveled through other research methods such as longitudinal studies whether higher levels of Twitter usage, lower levels of psychological well-being, and lessaffiliations with organizations are the causes or the consequences of Twitter addiction.

Third, the Twitter addiction scale used in the present study is adapted from the Bergen Facebook Addiction Scale by Andreassen and colleagues (2012). The scale includes all the six core components of behavioral addictions. It has been adopted in nearly 30 studies since its publication in the April of 2012 and proved to have good validity and reliability. However, Griffiths (2012) argues that the concept of addiction to a certain SNS may be obsolete because a user can engage in many different activities on the site, not only socializing with peers but also playing games, gambling, listening to music, and watching films. Griffiths stresses the distinction between addiction to a SNS and addiction on a SNS. Therefore, he calls for a psychometric scale examining addiction to a particular online application (i. e., social networking) rather than the general activity on a particular SNS. Griffiths's argument is a response to Andreassen and colleagues and thus his concerns, criticism and recommendations are mainly toward Facebook. However, with more and more applications developed on Twitter, Twitter has also evolved from a pure social networking site to a multifunctional platform. Users can do much more than just socializing with others on Twitter. This may particularly influence the interpretation of our findings on the relationship between Twitter addiction and Twitter activities. The addiction scale that we used measures the addiction to Twitter as a SNS in general, but we only measured the social networking activities on Twitter as "Twitter activities," such as the numbers of tweets, replies, retweets, direct messages, and "favorites." The other activities are left unexplored in the present study, so we cannot rule out the possibility that some users who did score high in the Twitter addiction scale but low in the "Twitter activities" measures in this study.

Researchers who plan to further explore Twitteraddiction may consider the following directions. The first direction is to take into account of non – social – networking activities as well as its relationship to psychological well – being. The above discussion of the third limitation implies that people may be addicted to non–social–networking activities on SNSs. A question worth examining is whether people with different levels of psychological well – being will be addicted to different applications in SNSs and thus engaged in different types of SNS activities accordingly? This question has been well studied in studies on traditional media and CMC research. For instance, it has been found that people who are more chronically lonely tend to use "passive" strategies, such as overeating, sleeping, and drinking, to overcome loneliness mood. In contrast, those who are less chronically lonely are inclined to adopt "active strategies" such as social activities (Rubenstein & Shaver, 1982). In addition, people with different levels of loneliness have different attitudes toward these strategies: less lonely individuals perceive social activities to be more engaging, while more lonely persons showed give more positive ratings toward solitude activities (Rook & Peplau, 1982). CMC research also reveals that people who are different in loneliness, anxiety, and depression are involved in different online activities (Matanda, Jenvey & Phillips, 2004; Selfhout, Branje, Delsing, ter Bogt & Meeus, 2009).

Second direction is people's addiction to the Twitter pages of those whom they do not know in person. It is mentioned earlier that the Twitter accounts that represent celebrities are not within the scope of the present study, but some recent studies on parasocial relationship (audiences' illusive relationship with the media figures that they like) reflect that people have adopted SNSs as a channel to "keep in touch" with their media friends. Celebrities on Twitter tend to have serious and meaningful tweets in responding to their fans and have an impact on their followers (Stever & Lawson, 2013). Baek, Bae, and Jang (2013) explore the social relationship between SNS users and their existing connections and the parasocial relationship between them and their celebrities whom they follow. More dependency on parasocial relationship is associated with more loneliness and less interpersonal trust, but more dependency on social relationship demonstrates an opposite pattern. Dependency on both parasocial and social relationships are positively associated with SNS addiction. It is yet to be examined who are those addicted to celebrities' Twitter pages, whether they have difficulties in managing their existing relationships, and whether "socializing" with celebrities on Twitter (surfing their pages, replying to their tweets, retweeting their tweets, communicating with their other fans on Twitter, and so on) is for "compensation" purposes.

Third, although college students are an appropriate sample for Twitter research, it doesn't mean that the endeavors of studying other populations' Twitter use are insignificant. Twitter's usage rate is highest among youths between 18 and 24 years old, maybe because there are more early adopters in this group so their starting point is higher than other age groups. In the November of 2012 when Pew Research Center's Internet & American Life Project first released data about Americans' Twitter use, the usage rate of youths (18—24 years old) was the highest (16%) and as of the February this rate was 31%. Other age groups, such as those between 25 and 34 years old and those between 35 and 44 years old, in the same time period, the usage rates grew from 9% to 17% and 8% to 16% respectively (Smith & Brenner, 2012). Although their usage rates are not as high as youths, the speed of the increase of usage is about the same.

Fourth, intercultural communication models and theories need to be applied to the research on Twitter and its international counterparts. The majority of Twitter users are Americans, but there are a lot of similar SNSs in other countries which are much more popular in those countries than Twitter in the US. For example, Weibo (Microblog) is essentially a Chinese version of Twitter, which also has the 140-character limit and other similar features. According to China Internet Network Information Center (2013), its usage rate was as high as 56% as of the July of 2013 although it was launched almost three years later than Twitter. Despite the similarities between Twitter and Weibo, whether people's addiction to these two SNSs has similar causes and consequences? Are they addicted to similar components of them (as implied by Griffiths' question of "addiction to what on SNSs")? Boyd and Ellison (2008) and Kuss and Griffiths (2011) have proposed that SNSs are user-centered applications which fosters "networked individualism," and this feature may be one reason of SNS addiction. However, East Asian cultures value collectivism and emphasize the necessity of an individual to merge into groups. Why are such SNSs as Weibo so popular in these cultures? Furthermore, Despite Weibo's 140-character limit, Chinese is a logographic language and English is a phonetic language, so 140 Chinese characters can contain more information than 140 English letters (Chan, Wu, Hao, Xi & Jin, 2012; Zhang & Pentina, 2012). Will this make a difference between the communication on Twitter and Weibo respectively? It seems to be a promising act to replicate this study on Weibo to see if it can yield similar results.

References

[1] Andreassen, C. S., Torsheim, T., Brunborg, G. S., Pallesen, S. (2012). Development of a Facebook addiction scale. Psychological Reports, 110 (2): 501-517.

[2] Armstrong, L. (1995). How to beat addiction to cyberspace. Vibrant Life, 17 (4), 14- 17.

[3] Baek, Y. M., Bae, Y., Jang, H. (2013). Social and parasocial relationships on social network sites and their differential relationships with users' psychological well-being. Cyberpsychology, Behavior & Social Networking, 16 (7),

512-517.

[4] Balakrishnan, V., Shamim, A. (2013). Malaysian Facebookers: Motives and addictive behaviours unraveled. Computers in Human Behavior, 29, 1342-1349.

[5] Barker, V. (2009). Older adolescents' motivations for social network site use: The influence of gender, group identity, and collective self-esteem. Cyberpsychology, Behavior & Social Networking, 12 (2), 209-213.

[6] Boyd, D. (2008). Why youth (heart) social network sites: The role of networked publics in teenage social life. In D. Buckingham (Ed.), Youth, identity, and digital media (pp. 119-142). Cambridge, MA: MIT Press.

[7] Boyd, D. M. & Ellison, N. B. (2008). Social network sites: Definition, history, and scholarship. Journal of Computer - Mediated Communication, 13, 210-230.

[8] Brandtzag, P. B. (2012). Social networking sites: Their users and social implications - a longitudinal study. Journal of Computer - Mediated Communication, 17, 467-488.

[9] Brenner, J. & Smith, A. (2013). Seventy two percent of online adults are social networking site users. Retrieved fromhttp://pewinternet. org/Reports/2013/social-networking-sites. aspx.

[10] Brown, R. I. F. (1997). A theoretical model of the behavioural addictions—applied to offending. In J. E. Hodge, M. McMurran, C. R. Hollin (Eds.), Addicted to crime (pp. 13-65). Chichester, UK: Wiley.

[11] Brunborg, G. S., Mentzoni, R. A., Molde, H., Myrseth, H., Skouveroe, K. J., Bjorvatn, B., Pallesen, S. (2011). The relationship between media use in the bedroom, sleep habits and symptoms of insomnia. Journal of Sleep Research, 20 (4), 569-575.

[12] Burke, M., Kraut, R., Marlow, C. (2011). Social capital on Facebook: Differentiating uses and users. CHI '11 Proceedings of the SIGCHI Conference on Human Factors in Computing Systems, 571-580.

[13] Caplan, S. E. (2002). Problematic Internet use and psychosocial well-being: development of a theory-based cognitive-behavioral measurement instrument. Computers in Human Behavior, 18 (5), 553-575.

[14] Caplan, S. E. (2003). Preference for online social interaction. Communication Research, 30 (6), 625-648.

[15] Caplan, S. E. (2005). A social skill account of problematic Internet use. Journal of Communication, 55 (4), 721-736.

[16] Carlat, L. (2011, December 13). Confessions of a Tweeter. The New York Times. Retrieved from http: //www. nytimes. com/2011/11/13/magazine/confessions-of-a-tweeter. html? _ r=0.

[17] Chan, M., Wu, X., Hao, Y., Xi, R., Jin, T. (2012). Microblogging, online expression, and political efficacy among young Chinese citizens: the moderating role of information and entertainment needs in the use of Weibo. Cyberpsychology, Behavior & Social Networking, 15 (7), 345-349.

[18] China Internet Network Information Center. (2013). The 32th Statistical Survey Report on Internet Development in China. Retrieved from http: //www. cnnic. cn/hlwfzyj/hlwxzbg/hlwtjbg/201307/P020130717505343100851. pdf.

[19] Choi, J. H. (2006). Living in Cyworld: Contextualising Cy-Ties inSouth Korea. In A. Bruns & J. Jacobs (Eds.), Use of blogs (Digital Formations) (pp. 173-186). New York: Peter Lang.

[20] Chou, C. Condron, L., Belland, J. C. (2005). A review of the research on Internet addiction. Educational Psychology Review, 17 (4), 363-388.

[21] Courtois, C., All, A., Vanwynsberghe, H. (2012). Social network profiles as information sources for adolescents' offline relations. Cyberpsychology, Behavior & Social Networking, 15 (6), 290-295.

[22] Davis, R. A. (2001). A cognitive-behavioral model of pathological Internet use. Computers in Human Behavior, 17 (2), 187-195.

[23] Diener, E., Suh, E., Oishi, S. (1997). Recent findings on subjective well-being. Indian Journal of Clinical Psychology, 24 (1), 25-41.

[24] Ellison, N. B., Steinfield, C., Lampe, C. (2007). The benefits of Facebook "friends:" Social capital and college students' use of online social network sites. Journal of Computer Mediated Communication, 12, 1143-1168.

[25] Garratt, P. (2012). My life as a Twitter addict, and why it's more difficult to quit than drugs. The Huffington Post. Retrieved from http: //www. huffingtonpost. co. uk/patrick-garratt/twitter-addictions-more-difficult-to-quit-than-drugs_ b_ 1305760. html.

[26] Griffiths, M. D. (1996). Internet addiction: An issue for clinical psychology? Clinical Psychology Forum, 97, 32-36.

[27] Griffiths, M. D. (1997). Psychology of computer use: XLIII. Some comments on "addictive use of the Internet" by Young. Psychological Reports. 80: 80-82.

[28] Griffiths, M. D. (1998). Internet addiction: Does it really exist? In J. Gackenbach (Ed.), Psychology and the Internet: Intrapersonal, interpersonal and transpersonal applications. pp. 61-75. New York: Academic Press.

[29] Griffiths, M. D. (2012). Facebook addiction: Concerns, criticism, and recommendations—A response to Andreassen and colleagues. Psychological Reports, 110 (2): 518-520.

[30] Holt, R. (2013). Twitter in numbers. The Telegraph. Retrieved from http://www.telegraph.co.uk/technology/twitter/9945505/Twitter-in-numbers.html.

[31] Howard, P. N., Rainie, L., Jones, S. (2001). Days and nights on the Internet: the impact of diffusing technology. American Behavioral scientist, 45 (3), 383-404.

[32] Kabre, F., Brown, U. J. (2011). The influence of Facebook usage on the academic performance and the quality of life of college students. Journal of Media and Communication Studies, 3 (4), 144-150.

[33] Karaiskos, D., Tzayellas, E., Balta, G., Paparrigopoulos, T. (2010). Social network addiction: a new clinical disorder? European Psychiatry, 25, 855-855.

[34] Katz, J. E., Aspden, P. (1997). A nation of strangers. Communications of the ACM, 40 (12), 81-86.

[35] Kirschner, P. A., Karpinski, A. C. (2010). Facebook and academic performance. Computers in Human Behavior, 26 (6), 1237-1245.

[36] Kittinger, R., Correia, C. J., Irons, J. G. (2012). Relationship between Facebook use and problematic Internet use among college students. Cyberpsychology, Behavior & Social Networking, 15 (6), 324-327.

[37] Kraut, P., Patterson M., Lundmark V., Kiesler S., Mukopadhyay T., Scherlis W. (1998). Internet paradox: a social technology that reduces social involvement and psychological well-being? American Psychologist, 53, 65-77.

[38] Kujath, C. J. (2011). Facebook and MySpace: Complement or substitute for face-to-face interaction? Cyberpsychology, Behavior, Social Networking, 14, 75-78.

[39] Kuss, D. J. & Griffiths, M. D. (2011) . Online social networking and addiction—A review of the psychological literature. International Journal of Environmental Research and Public Health, 8, 3528-3552.

[40] Matanda, M. , Jenvey, V. B. , Phillips, J. G. (2004) . Internet Use in Adulthood: Loneliness, Computer Anxiety and Education. Behaviour Change, 21 (2), 103-114.

[41] McKinney, B. C. , Kelly, L. , Duran, R. L. (2012) . Narcissism or openness?: College students' use of Facebook and Twitter. Communication Research Reports, 29 (2), 108-118.

[42] Morahan-Martin, J. M. (1999) . The relationship between loneliness and Internet use and abuse. Cyberpsychology & Behavior, 2 (5), 431-439.

[43] Morahan-Martin, J. M. & Schumacher, P. (2000) . Incidence and correlates of pathological Internet use among college students. Computers in Human Behavior, 16 (1), 13-29.

[44] Mustafa, K. , Seyal, G. (2013) . Facebook addiction among Turkish college students: The role of psychological health, demographic, and usage characteristics. Cyberpsychology, Behavior & Social Networking, 16 (4), 279-284.

[45] Nalwa, K. Anand, K. P. (2003) . Internet addiction in students: A cause of concern. CyberPsychology & Behavior. 6 (6), 653-656.

[46] Nie, N. H. Erbring, L. (2002) . Internet and society: a preliminary report. IT & Society, 1 (1), 275-283.

[47] Nie, N. H. , Simpser, A. , Stepanikova, I. & Lu, Z. (2004) . Ten Years after the birth of the Internet, how do Americans use the Internet in their daily lives? Unpubished manuscript, Stanford University.

[48] Niemz, K. , Griffiths, M. , Banyard, P. (2005) . Prevalence of pathological Internet use among university students and correlations with self-esteem, the General Health Questionnaire (GHQ), anddisinhibition. CyberPsychology & Behavior. 8 (6), 562-570.

[49] "Now Lindsay Lohan gets treatment for Twitter ′addiction′: Actress has phone usage slashed in rehab" (2010, October 11) . The Daily Mail. Retrieved from http: //www. dailymail. co. u.

[50] k/tvshowbiz/article-1319372/Now-Lindsay-Lohan-gets-treatment-Twitter-addiction-Actress-phone-usage-slashed-rehab. html.

［51］ Nyland, R. Marvez, R., Beck, J (2007). MySpace: Social networking or social isolation? Paper presented at the Proceedings of the Midwinter Conference of the Association for Education in Journalism and Mass Communication, Midwinter Conference of the Association for Education in Journalism and Mass Communication, Reno, NV.

［52］ Pasek, J., More, E., Hargittai, E. (2009). Facebook and academic performance: Reconciling a media sensation with data. First Monday, 14 (5), Retrieved from http://firstmonday.org/htbin/cgiwrap/bin/ojs/index.php/fm/article/view/2498/218.

［53］ Pelling, E. L., White, K. M. (2009). The theory of planned behavior applied to young people's use of social networking web sites. Cyberpsychology & Behavior, 12, 755-759.

［54］ Pettijohn, T. F., Lapiene, K. E., Horting, A. L. (2012). Relationships between Facebook intensity, friendship contingent self-esteem, and personality in U. S. college students. Cyberpsychology: Journal of Psychosocial Research on Cyberspace, 6 (1), 1-7.

［55］ Rainie, L., Horrigan, J., Wellman, B., Boase, J. (2006). The strength of Internet ties. Retrieved from http://www.pewinternet.org/Reports/2006/The-Strength-of-Internet-Ties.aspx.

［56］ Radloff, L. S. (1977). The CES-D Scale: A self-report depression scale for research in the general population. Applied Psychological Measurement, 1 (3), 385-401.

［57］ Rook, K. S., Peplau, L. A. (1982). Perspectives on helping the lonely. In L. A. Peplau and D. Perlman (Eds.), Loneliness: A sourcebook of current theory, research and therapy (pp. 351-378). New York: Wiley.

［58］ Ross, C., Orr, E. S., Sisic, M., Arsenneault, J. M., Simmering, M. G., Orr, R. R. (2009). Personality and motivations associated with Facebook use. Computers in Human Behavior, 25 (2), 578-586.

［59］ Rubenstein, C., Shaver, P. (1982) The experience of loneliness. In L. A. Peplau & D. Perman (Eds.). Loneliness: A source of current theory, research and therapy (pp. 36-62). New York: Wiley-Interscience. Russell, D. (1996). UCLA Loneliness Scale (Version 3): Reliability, validity, and factor structure. Journal of Personality Assessment, 66, 20-40.

［60］ Russell, J. (2012, January 11). A Twitter addict, I had to detox from modern technology. The Guardian. Retrieved from http: //www. theguardian. com/commentisfree/2012/jan/11/twiiter-addict-detox-modern-technology.

[61] Selfhout, M. H. W., Branje, S. J. T., Delsing, M., ter Bogt, T. F. M., Meeus, W. H. J. (2009). Different types of Internet use, depression, and social anxiety: The role of perceived friendship quality. Journal of Adolescence, 32, 819-833.

[62] Salaam, E. (2012, February 15). Twitter Addict. San Diego Reader. Retrieved from http: //www. sandiegoreader. com/news/2012/feb/15/cover - twitter-addict/.

[63] Shah, V., Subramanian, S., Rouis, S., Limayem, M. (2012). A study on the impact of Facebook usage on student's social capital and academic performance.

[64] AMCIS 2012 Proceedings. Retrieved from http: //aisel. aisnet. org/amcis2012/proceedings/ISEducation/27.

[65] Smith, A., Brenner, J. (2012). Twitter use 2012. Retrieved from http: //pewinternet. org/Reports/2012/Twitter-Use-2012. aspx.

[66] Stever, G. S., Lawson, K. (2013). Twitter as a way for celebrities to communicate with fans: Implications for the study of parasocial interaction. North American Journal of Psychology, 15 (2), 339-354.

[67] Subrahmanyam, K., Reich, S. M., Waechter, N., Espinoza, G. (2008). Online and offline social networks: Use of social networking sites by emerging adults. Journal of Applied Developmental Psychology, 29, 420-433.

[68] Tao, R. (2008). Internet addiction, a mental disease? Retrieved from http: //news. xinhuanet. com/mil/2008-11/17/content_ 10353245. htm.

[69] Valkenburg, P. M., Peter, J., Schouten, A. P. (2006). Friend networking sites and their relationship to adolescents' well-being and social self-esteem. Cyberpsychology & Behavior, 9, 584-590.

[70] Widyanto, L., Griffiths, M. (2006). "Internet addiction": A critical review. International Journal of Mental Health and Addiction, 4 (1), 31-51.

[71] Wolniczak, I., Ca'ceres - DelAguila, J. A., Palma - Ardiles, G., Arroyo, K. J., Soli's - Visscher, R. Paredes - Yauri, S., Mego - Aquije, K., Bernabe-Ortiz, A. (2013). Association between Facebook dependence and poor sleep quality: A study in a sample of undergraduate students in Peru. PLoS ONE, 8 (3): e59087. doi: 10. 1371/journal. pone. 0059087.

[72] Wilson，K.，Fornasier，S.，White，K. M.（2010）. Psychological predictors of young adults：use of social networking sites. Cyberpsychology，Behavior，Social Networking，13（2），173-177.

[73] Young，K. S.（1996）. Internet addiction：the emergence of a new clinical disorder. Paper presented at the 104th Annual Convention of American Psychological Association.

[74] Young，K. S.（1998）. Internet addiction：The emergence of a new clinical disorder. Cyberpsychology & Behavior，1（3）：237-244.

[75] Young，K. S.（2009）. Internet addiction：Diagnosis and treatment considerations. Journal of ContemporaryPsychotherapy，39，241-246.

[76] Young，K. S.，Rogers，R. C.（1998）. The relationship between depression and Internet addiction. Cyberpsychology & Behavior，1（1），25-28.

[77] Zhang，L.，Pentina，I.（2012）. Motivations and usage patterns of Weibo. Cyberpsychology，Behavior & Social Networking，15（6），312-317.

[78] Zimet，G. D.，Dahlem，N. W.，Zimet，S. G. & Farley，G. K.（1988）. The Multidimensional Scale of Perceived Social Support. Journal of Personality Assessment，52，30-41.

[79] Zywica，J.，Danowski，J.（2008）. The faces of Facebookers：Investigating social enhancement and social compensation hypotheses：Predicting Facebook and offline popularity from sociability and self-esteem，and mapping the meanings of popularity with semantic networks. Journal of Computer-Mediated Communication，14，1-34.

Table 1. Means and standard deviations of the measures of Twitter addiction，loneliness，depression，life satisfaction，and social support

	Mean	Standard deviation
Twitter addiction	1. 69	0. 60
Loneliness	2. 30	0. 68
Depression	2. 27	0. 60
Life satisfaction	3. 37	0. 91
Social support	4. 10	0. 62

Table 2. The comparison of the means of addicts and non-addicts' Twitter activities

	Addicts	Non-addicts	F
Follower	344. 87	181. 66	31. 27 ***
Follow	339. 15	206. 51	25. 52 ***
The percentage of people who are known to Twitter users among those whom they follow	74. 25%	73. 96%	0. 01
Peoplewith whom Twitter users keep in touch on Twitter	35. 81	17. 83	11. 24 ***
The length of Twitter use history	20. 61	17. 53	3. 21
Time spent on Twitter daily	3. 40	2. 36	30. 22 ***
Frequency of checking Twitter daily	3. 92	2. 98	19. 69 ***
Weekly tweets	41. 66	18. 10	10. 99 ***
Weekly direct messages	3. 88	2. 15	3. 78
Weekly retweets	21. 73	11. 66	26. 16 ***
Weekly replies	18. 21	8. 24	29. 27 ***
Weekly "favorite"	22. 66	11. 45	15. 88 ***
Perceivedvalence of feedback received on Twitter	4. 43	4. 23	1. 62

*** p <0. 001

Table 3. The comparison of the means of addicts and non-addicts' psychological well-being

	Addicts	Non-addicts	F
Loneliness	2. 47	2. 23	6. 48 **
Depression	2. 47	2. 19	11. 72 ***
Life satisfaction	3. 24	3. 42	0. 14
Social support	3. 94	4. 16	6. 90 ***

** p <0. 01

*** p <0. 001

Table 4. The comparison of the means of addicts and non-addicts' daily life activities

	Addicts	Non-addicts	F
Sleep time on weekdays	2. 58	2. 54	0. 21

（续表）

	Addicts	Non-addicts	F
Sleep time on weekends	3.01	3.25	3.06
Organizations affiliated	1.47	1.91	4.20*
Times of "hangout" with others in the past 30 days	7.46	7.03	0.32
GPA range	3.79	3.93	1.10

$* p < 0.05$

Table 5. The relationships between perceived valence of feedback on Twitter and psychological well-being of addicts and non-addicts

	Addicts' perceived valence of feedback on Twitter	Non-addicts' perceived valence of feedback on Twitter
Loneliness	-0.21	-0.20**
Depression	-0.15	-0.20**
Life satisfaction	0.00	0.14
Social support	0.20	0.20**

$** p < 0.01$

Overlapping Community Detection based on Network Decomposition

丁转莲 张兴义 孙登第 罗 斌

Community detection in complex network has become a vital step to understand the structure anddynamics of networks in various fields. However, traditional node clustering and relatively new proposed link clustering methods have inherent drawbacks to discover overlapping communities. Node clustering is inadequate to capture the pervasive overlaps, while link clustering is often criticized due to the high computational cost and ambiguous definition of communities. So, overlapping community detection is still a formidable challenge. In this work, we propose a new overlapping community detection algorithm based on network decomposition, called NDOCD. Specifically, NDOCD iteratively splits the network by removing all links in derived link communities, which are identified by utilizing node clustering technique. The network decomposition contributes to reducing the computation time and noise link elimination conduces to improving the quality of obtained communities. Besides, we employ node clustering technique rather than link similarity measure to discover link communities, thus NDOCD avoids an ambiguous definition of community and becomes less time-consuming. We test our approach on both synthetic and real-world networks. Results demonstrate the superior performance of our approach both in computation time and accuracy compared to state-of-the-art algorithms.

With the development of complex network in various fields including biological organisms and human society, community detection has become a vital step to

作者简介：丁转莲，安徽大学计算机科学与技术学院博士生；张兴义，教授，安徽大学计算机科学与技术学院博导；孙登第，博士，安徽大学计算机科学与技术学院讲师；罗斌，安徽大学计算机科学与技术学院教授，博导。

understand the structure and dynamics of networks[1-3]. Although no common definition of community has been agreed upon, it is widely accepted that a community should have more internal than external connections[4]. However, many real networks have communities with pervasive overlaps[5-7]. For example, a person belongs to more than one social group such as family group and friend group. So, these objects should be divided into multiple groups, which are known as overlapping nodes. The aim of overlapping community detection is to discover such overlapping nodes and communities.

In the past few years, many different approaches, such as hierarchical clustering[8], spectral clustering[9,10] and optimization based algorithms[11,12] have been proposed to uncover community structure in networks. These methods restrict a node to belonging to only one community and therefore result in some computational advantages. However, for real networks having complex overlapping community structures, these methods are obviously inadequate in identifying communities with overlaps[5]. For this reason, overlapping community detection has drawn lots of attention. Generally speaking, existing overlapping community detection approaches could be divided into two categories: node based algorithms (node clustering) and link based algorithms (link clustering).

The node based overlapping community detection algorithms divide nodes of the network into different communities directly, utilizing the structure information of nodes. Many well established algorithms of this type are proposed. One of such approaches is based on the idea of clique percolation theory[13-15], which is the most prominent algorithm for overlapping community detection. Another type is based on local expansion or optimization[16-19] among which LFM[16], GCE[17] and OCG[19] are typical algorithms of this category. Besides, some fuzzy community detection algorithms calculate the possibility of each node belonging to every community, such as SSDE[20] and IBFO[21]. However, most node based algorithms need prior information to detect overlapping communities. For example, LFM needs an appropriate parameter α to control the size of communities and CPM is sensitive to the parameter k. For fuzzy community detection algorithms, the number of communities should be determined in advance and the clustering accuracy relies on the utilized fuzzy techniques. OCG can determine the number of community automatically, while it is blamed for discovering communities with small size in some networks. Moreover, the overlap complicates the overall structure of overlapping communities to be discovered and incurs extra computation time.

To overcome the shortages of node based algorithm above, the recent studies have focused on the link based strategies. The motivation is that link communities are more intuitive than node communities in many real-world networks. According to this idea, some previous researches have shown the advantages of link community discovery in networks[22-27]. These algorithms are all established based on an intuition that a link usually has a unique identity and the links connected to a single node may belong to several different link communities. Specifically, Link clustering (LC) was initially proposed by Ahn et al.[22] in 2010 and applied for massive networks. LC hierarchically groups the adjacent edges using an edge - shared neighborhood measure. Then, a number of followed approaches to identify link communities in networks have been proposed consecutively. For instance, Huang et al.[23] propose an extended link clustering method (ELC) for overlapping community detection, with a superior performance than LC. Besides, Pan et al.[27] detect link communities by a local-based method, which expands a selected seed by optimizing a proposed local function to find each natural community. These newly proposed link based algorithms seem conceptually natural and show their superiority on detecting overlapping communities. However, high computation time is cost and even there is no guarantee that it provides higher quality detection than node based algorithms do[3], because these traditional link based algorithms always rely on an ambiguous definition of community. As an example, every link is forced into a community while there are real networks that have links that do not fit into any community, which results in typically a highly overlapping community structure. Specifically, LC emphasizes the community density and ignores the connection among communities, which could result in bias on small communities in theory. ELC may become computationally expensive in the dense network due to the complicated calculation of extended link similarity. So link community detection still poses a formidable challenge.

Hence, the study on the novel fast link clustering method can significantly speed up the discovering of overlapping communities, and facilitate the understanding of network systems. Inspired by this idea, we propose a new method for overlapping community detection on the basis of network decomposition (NDOCD). NDOCD focuses on iteratively removing links in obtained link community to split the network into smaller components and uses node clustering technique to identify link communities. Because of network decomposition and noise links elimination during optimization, both computational efficiency and the quality of obtained communities are improved. Besides, different from traditional link clustering, our link communities are obtained by employing node clustering technique rather than link similarity measure, so an ambiguous definition of community and high computational complexity are avoided. Moreover, it is unnecessary to deal with all links in the network by our method, thus reducing the computation time. Extensive experiments illustrate the competitive performance in terms of both computation time and quality of detected communities compared to state -of-the-art algorithms. Moreover, the applications on three yeast PPI networks confirm that our method is effective to predict previously unknown complexes and even unknown protein function at a low cost.

Results

In this section, both synthetic and real-world networks are applied to test the computation time and the quality of obtained communities. The synthetic networks allow us to test the viability of different methods for known community detection under controlled conditions, while the real-world networks allow us to observe their capabilities under practical conditions. To evaluate the quality of obtained overlapping communities, we employ the widely used extended modularity (EQ)[28] and extended normalized mutual information (ENMI)[5,16] as the accuracy measures. In addition, three quality measures: Precision, Recall and F-measure[6] are used to assess the quality of the predicted complexes on three yeast PPI networks derived from real-world biological data[29-31].

Further, we compared the performance of NDOCD with two categories of representative approaches: node based clustering algorithms: CPM[13] and OCG[19], and link based clustering algorithms: LC[22] and ELC[23]. For each algorithm, the final results were obtained after having optimized the algorithm parameters to yield the best possible results as measured by the corresponding evaluation criteria. For CPM, k ranges from 3 to 8. For LC and ELC, the threshold varies from 0.1 to 0.9 with an interval 0.1. For our method, the algorithm always performs best when threshold JS varies from 0.3 to 0.4 and threshold MD varies from 0.4 to 0.6. Note that all the experiments here are conducted on a PC with a 3.0 GHz Pentium (R) Dual-Core CPU and the Windows 7 SP1 32 bit operating system. Our programming environment is MATLAB 2010. The source code of the proposed method and the dataset and any other source files are available in Supplementary information.

Time complexity and space complexity analysis: In the phase of greedy expansion procedure, the time complexity is O (ck), where c is the size of local community obtained by seed expansion and k is the average degree of nodes in the network. Thus the time complexity of obtaining a set of communities is O ($c_1k_1+c_2k_2+\cdots+c_lk_l$), where l is the number of obtained communities. Suppose k_{max} = max (k_1, k_2, $\cdots$, k_l), the overall time complexity of NDOCD is O (nk_{max}), where n is the number of nodes in the network. The memory consuming of NDOCD is O (m) by sparse storage of the matrix, where m is the number of edges of the network.

Synthetic networks. We empirically use the well-known LFR benchmark to test the performance of overlapping community detection methods. In the following experiments, each parameter set of LFR benchmark was generated similar to those designed by Lancichinetti et al. [32] The network size n varies from 100 to 1000 with interval 100, the average degree k = 10 or k = 25, the maximum degree k_{max} = 50, the mixing parameter u varies from 0.1 to 0.6 with interval 0.1, vertex degrees and community sizes are controlled by power-law distribution with exponents τ_1 = 2 and τ_2 = 2 respectively, the minimum community size c_{min} = 10, the maximum community size c_{max} = 50, overlapping diversity o_m varies from 2 to 8, overlapping density o_n/n varies from 10% to 60% with interval 10%. Here, we conducted five sets of benchmarks. The first set of LFR benchmark is used to test the computation time of different algorithms and other four benchmarks are used to evaluate the effect of the mixing parameter u, network size n, overlapping diversity o_m and overlapping density o_n/n respectively. For each parameter set generated via LFR, we generated 10 instantiations.

First, we compare the computation time of different algorithms on the first set of LFR benchmarks with different network sizes. Figure 1 shows the execution time taken by the various algorithms on these considered networks. As we can see, the proposed NDOCD outperforms other four approaches and such superiority becomes significant with the increase of nodes. The main reason is attributed to the decomposition of the network and the utilized node clustering technique to discover link communities. Among all the compared algorithms, LC and ELC, two

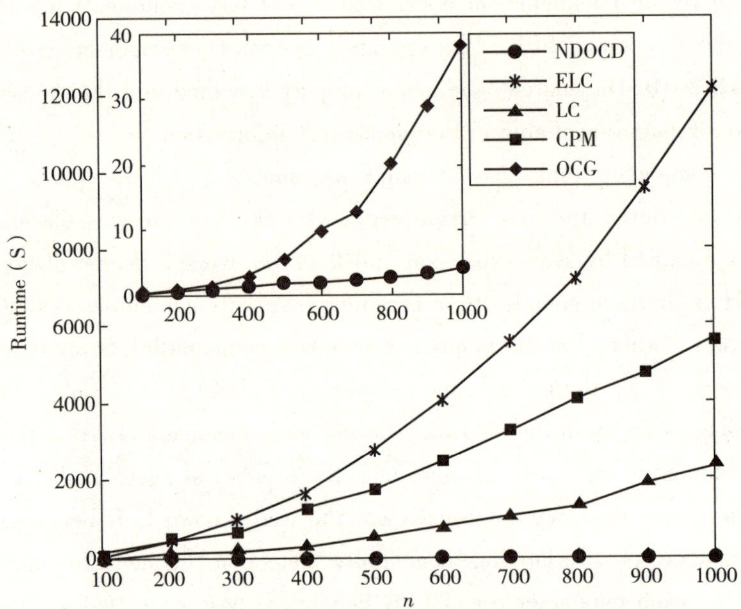

Figure 1　Comparison of computation time of different algorithms on synthetic networks with different sizes

Plots show runtime (s) for networks with n = 100 ~ 1000, k = 10, kmax = 50, u = 0.1, τ1 = 2, τ2 = 1, cmax = 50, cmin = 10, om = 2, on/n = 10%.

hierarchical link clustering algorithms, become computationally expensive because of complicated calculation of link similarity. CPM is time - consuming by locating maximal cliques and always fails to terminate in many large networks. OCG is an elite algorithm of high time efficiency, while NDOCD is quite competitive to OCG algorithm with runtime being even slightly better.

Next, we compare the quality of obtained communities of different algorithms in terms of EQ and ENMI on the other four sets of LFR benchmarks. The performance is shown in Figs 2 and 3.

Figure2a, b present how the performance changes on the second set of synthetic networks with different mixing parameter u. In general, increasing u typically results in poorer performance for all methods, due to the fact that all communities are mixed together and each single community is polluted by the noise links from the neighboring communities. From Fig. 2a, b, we can see that NDOCD outperforms other methods for the networks without obvious community structure (high u) and the gaps between our approach and other methods are more prominent in high mixing parameter u case. What is worse, except for NDOCD, most methods fail to deal with the networks with u over 0.3. In the case with high mixing parameter u, the performance of comparable CPM method may be compromised for these networks with weak clique presence, because many nodes are left out.

Performance for the third set of synthetic networks is summarized in Fig. 2c, d to check the effects of network size n. From Fig. 2c, d we conclude that increasing network size typically results in slightly better performance. Besides, for the networks with low u, both NDOCD and CPM get larger EQ and ENMI than their counterparts, but NDOCD cannot perform as better as in the case without obvious community structure. Among all the compared algorithms, CPM performs best in this case. However, the performance of CPM drops significantly with high u shown in Fig. 2a, b.

The remaining two sets of synthetic networks are used to evaluate the effects of overlapping diversityo_m and overlapping density o_n/n in high u case respectively, since high u brings networks with weak community structure closer to the features observed in real-world networks. Notice that ELC fails to detect the communities here due to the fact that ELC finds merely one single giant community in these benchmarks with u over 0.3, so we ignore ELC in our comparison here.

We first examine how the performance changes as overlapping diversityo_m varies from small to large values in Fig. 3a, b, and then verify the effect of overlapping density o_n/n in Fig. 3c, d. From Fig. 3, we can conclude that detection performance of all algorithms consistently drops both in high overlapping diversity case and high overlapping density case. In these benchmarks, both NDOCD and CPM show competitive performance while NDOCD outperforms CPM slightly both in EQ and ENMI. Notice that LC and OCG algorithms show their weakness here, this is because they often find the significant numbers of small communities and fail to detect the communities defined in these benchmarks.

Finally, we analyze the detected community size distribution on LFR to further insight into the behaviors of different algorithms and compare it with the known ground truth. Here we only present analysis for two cases. One is the network with obvious community structure shown in Fig. 4a and the other one without obvious community structure shown in Fig. 4b. As shown in Fig. 4, both in two cases, NDOCD and CPM find communities whose sizes are distributed in agreement with the ground truth distribution, especially for NDOCD. This explains why they perform well with respect to ranking EQ and ENMI as shown in the above Fig. 2. For LC and OCG algorithms, such a distribution creates relatively significant numbers of small communities and lowers their performance. Here, we conclude that observations on the community size distribution can be used to verify the ranking and explain the performance.

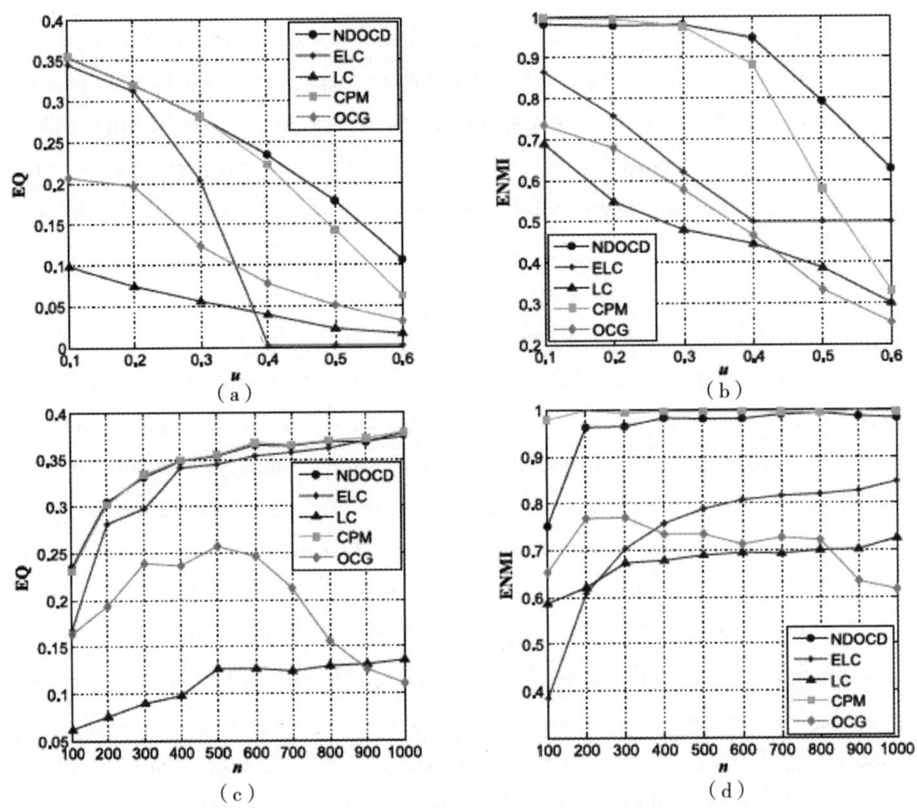

Figure 2 The effects of mixing parameteru and network size n on synthetic networks

(a) EQ for networks with n = 500, k = 25, kmax = 50, u = 0.1 ~ 0.6, τ1 = 2, τ2 = 1, cmax = 50, cmin = 10, om = 2, on/n = 10%. (b) ENMI for networks with n = 500, k = 25, kmax = 50, u = 0.1 ~ 0.6, τ1 = 2, τ2 = 1, cmax = 50, cmin = 10, om = 2, on/n = 10%. (c) EQ for networks with n = 100 ~ 1000, k = 25, kmax = 50, u = 0.1, τ1 = 2, τ2 = 1, cmax = 50, cmin = 10, om = 2, on/n = 10%, (d) ENMI for networks with n = 100 ~ 1000, k = 25, kmax = 50, u = 0.1, τ1 = 2, τ2 = 1, cmax = 50, cmin = 10, om = 2, on/n = 10%.

Real - world networks. In this subsection, we first test runtime (s) and clustering quality on nine real networks, including Karate network[33], Dolphin network[34], Football network[4], Jazz network[35], Metabolic network[36], Email network[37], PPI-D[16,38], PPI-D[26] and Y2H (yeast two-hybrid)[6,23] listed in Table 1. Table 2 illustrates runtime (s) and EQ of all methods. Given that the ground truth is not available for most of these networks, we select EQ as the quality metric. From Table 2 we can get the following two observations. One is that NDOCD performs better in terms of runtime compared to other algorithms, and such superiority becomes more significant when the network becomes larger. In general, CPM has satisfying time efficiency in networks with highly sparse structure such as Karate and Y2H, however, the performance significantly drops for dense networks as clique detection is very time-consuming in this case. Consequently, CPM fails to deal with Jazz network of which average degree is 27.697. Besides, LC and ELC hold the same weakness for dense networks as link similarity calculation is quite time consuming. That is, the denser the network, the poorer time efficiency. OCG is a competitive fast algorithm. However, merging process becomes time consuming when there exist large number of initial clusters.

The other observation is that NDOCD outperforms the other four algorithms in terms of EQ. This confirms that for real-world networks with complicated organizational structures, our method exhibited even better relative performance to all the other methods. The observation is in agreement with the fact that our algorithm can achieve better performance on networks without obvious community structure as shown in Fig. 2a, b. Therefore, we can conclude that the proposed NDOCD is a new effective approach particularly suitable for detecting complex overlapping community structures.

Next, we examine algorithm performance on a high school friendship network where the ground truth is a total of 6 communities, shown in Supplementary Fig. S1. Even though there are no overlapping nodes reported by the students, each algorithm reports some by its own. We also include EQ, ENMI and the number of communities for reference. Results are presented in Table 3. As shown in Table 3, our approach achieve higher EQ and ENMI compared to others, so our method proves superior performance in this social network. From Table 3 we observe that some algorithms tend to over-detect the overlap and over-detect the communities, especially for LC and OCG methods, resulting in low performance in this instance. Besides, it is easy to verify that the overlapping nodes detected by our method, i. e. nodes 32, 46, 62, lie between different communities with strong connections to each individual one. Moreover, nodes 46 and 62 are also multiclustered by CPM, LC and OCG algorithms, so these nodes are the most likely to be considered as “overlapping”.

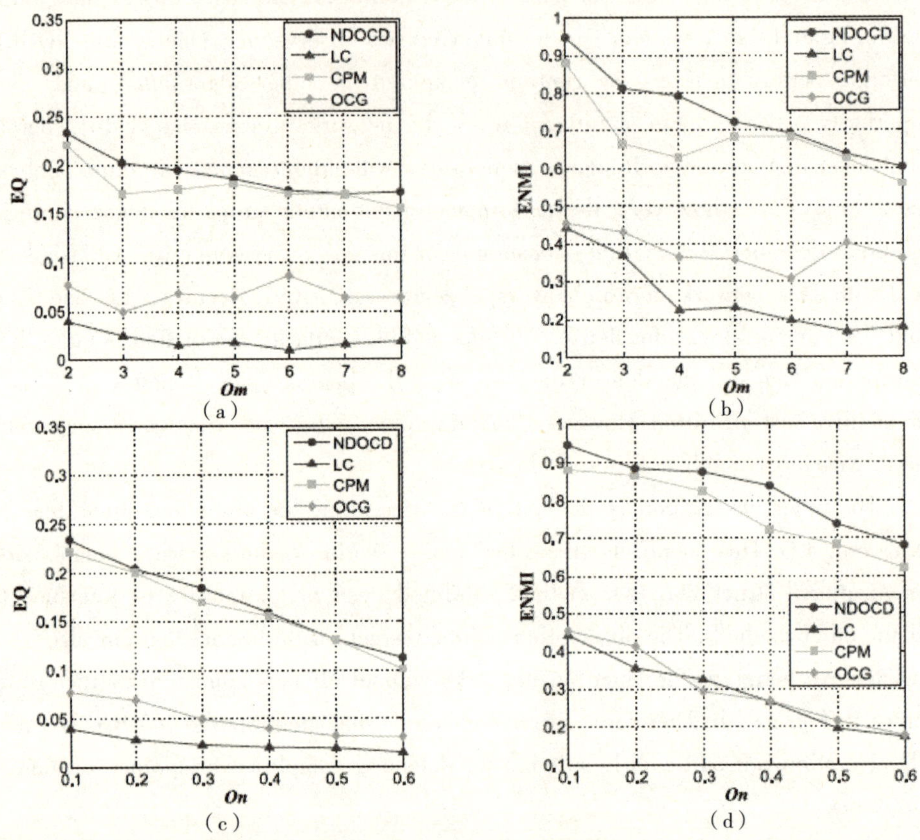

Figure 3 The effects of overlapping diversityom and overlapping density on/n on synthetic networks

(a) EQ for networks with n = 500, k = 25, kmax = 50, u = 0.4, τ1 = 2, τ2 = 1, cmax = 50, cmin = 10, om = 2 ~ 8, on/n = 10%. (b) ENMI for networks with n = 500, k = 25, kmax = 50, u = 0.4, τ1 = 2, τ2 = 1, cmax = 50, cmin = 10, om = 2 ~ 8, on/n = 10%. (c) EQ for networks with n = 500, k = 25, kmax = 50, u = 0.4, τ1 = 2, τ2 = 1, cmax = 50, cmin = 10, om = 2, on/n = 10% ~60%, (d) ENMI for networks with n = 500, k = 25, kmax = 50, u = 0.4, τ1 = 2, τ2 = 1, cmax = 50, cmin = 10, om = 2, on/n = 10% ~ 60%.

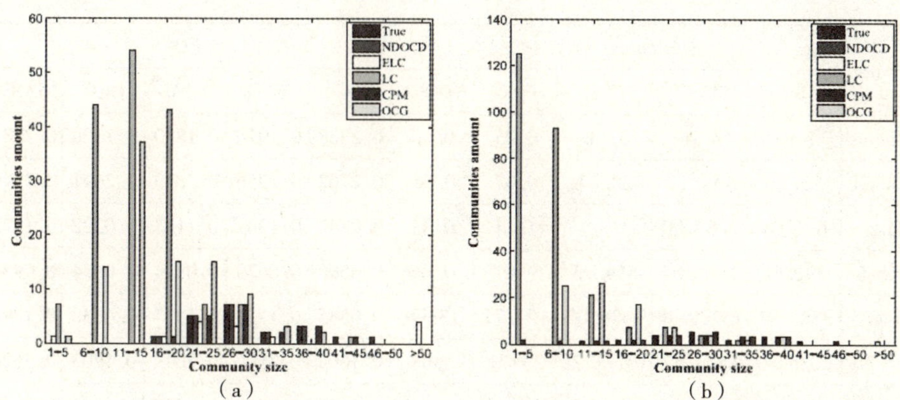

(a) (b)

Figure 4 Histogram of the detected community sizes on LFR benchmark

(a) Comparison on networks with n= 500, k= 25, kmax= 50, u= 0.1, τ1 = 2, τ2 = 1, cmax= 50, cmin= 10, om= 2, on/n= 10%. (b) Comparison on networks with n= 500, k= 25, kmax= 50, u= 0.4, τ1 = 2, τ2 = 1, cmax= 50, cmin= 10, om= 2, on/n= 10%.

Table 1 Real-world networks used in the experiments.

Network	Node	Edges	Average degree	Description
Karate	34	78	4. 588	Zachary' karate club
Dolphins	62	159	5. 129	Doiphins social network
Football	115	613	10. 661	American collage football
Jazz	198	2742	27. 697	Jazz musicians network
Metabolic	453	2025	8. 940	C. eiegans metabolic network
Email	1133	5451	9. 622	Email network URV
PPI - D1	990	4687	9. 469	Yeast PPI dataset1
PPI - D2	1443	6993	9. 692	Yeast PPI dataset2
Y2H	2018	2930	2. 904	Yeast two hybird

Table 2 Experimental results on nine real-world networks

In the table, the dash denotes run time over 72 hours.

Network	Runtime (s)					EQ				
	LC	ELC	CPM	OCG	NDOCD	LC	ELC	CPM	OCG	NDOCD
Karate	0. 61	2. 49	0. 67	0. 23	0. 20	0. 1448	0. 1633	0. 1147	0. 0855	0. 2055

（续表）

Network	Runtime (s)					EQ				
	LC	ELC	CPM	OCG	NDOCD	LC	ELC	CPM	OCG	NDOCD
Dolphins	1.97	8.96	2.00	0.25	0.20	0.1368	0.1920	0.1870	0.1196	0.2392
Football	25.22	141.11	28.67	0.37	0.31	0.1762	0.1956	0.2839	0.2691	0.2746
Jazz	691.94	3087.00	–	1.11	0.33	0.0332	0.1301	0.1133	0.0322	0.1873
Metabolic	392.44	1655.57	554.76	9.07	0.66	0.0509	0.0679	0.0494	0.0674	0.0951
Email	3785.91	15228.46	1580.07	107.71	13.68	0.0585	0.1714	0.1327	0.0638	0.1896
PPI – D1	2085.80	8843.52	10771.28	33.71	2.58	0.1604	0.3590	0.2049	0.1703	0.3620
PPI – D2	4590.79	22048.35	102347.28	96.89	6.40	0.1310	0.3552	0.2217	0.1314	0.3672
Y2H	637.40	3917.59	56.22	360.73	11.95	0.1157	0.2256	0.0578	0.1201	0.2221

Table 3 Test on a high school friendship network

For algorithms that discover more than 10 overlapping nodes, only the total number is shown.

Algorithm	Community number	Overlapping nodes	EQ	ENMI
LC	15	totai 26	0.1507	0.4422
ELC	4	{1, 13, 19, 32, 49, 59, 67}	0.2556	0.4065
CPM	7	{19, 46, 47, 50, 62}	0.2189	0.3392
OCG	29	total 40	0.1045	0.3750
NDOCD	5	{32, 46, 62}	0.2984	0.6741

Furthermore, we apply our NDOCD algorithm for protein complex detection on three different yeast PPI networks, i. e. PPI–D1, PPI–D2 and Y2H listed in Table 1. We use Cmplx1 for PPI – D1, Cmplx2 for PPI – D2 and Cmplx3 for Y2H as reference sets of gold standard complexes. Cmplx1 comprises of 81 complexes of sizes at least 5 created from MIPS[39]. Cmplx2 includes 162 hand–curated complexes of sizes no less than 4 derived from MIPS[40]. Finally, Cmplx3 (mips_ 3_ 100) is created from the MIPS golden standards[41]. Figure 5 presents the Precision, Recall and F – measure values for all methods. From Fig. 5a we observe that our method obtains higher Precision values compared with other four methods on all the considered datasets. This is because the fact that NDOCD can find communities of reasonable size involving many reference complexes. Higher Precision means that a more accurate prediction, due to the predicted complexes are composed by a high percentage of proteins belonging to the reference complexes, thus the fraction of false positive is low. However, experiments reveal an imbalance in Precision and Recall for some algorithms. In this case, as shown in Fig. 5b, Recall of NDOCD is superior to all the other approaches on Y2H, while LC and OCG overcome NDOCD on PPI-D1 and PPI-D2. LC and OCG obtain better value of Recall mainly due to the fact that they find significant numbers of communities. Regarding F-measure, it is a cumulative measure considering both Precision and Recall. A high value of F-measure means that both Precision and Recall are sufficiently high. As shown in Fig. 5c, NDOCD achieves the best value of F-measure on PPI-D1 and Y2H, while on PPI-D2 NDOCD performs the second best value of F-measure among all the compared algorithms. Overall, the proposed NDOCD is quite suitable for overlapping protein complexes detection in protein-protein interaction networks.

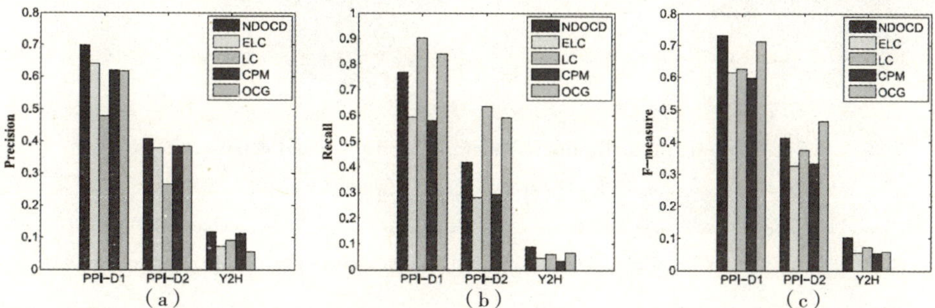

Figure 5 Precision, Recall and F-measure values for PPI-D1, PPI-D2 and Y2H

(a) Precision values for PPID1, PPI-D2 and Y2H. (b) Recall values for PPI-D1, PPI-D2 and Y2H. (c) F-measure values for PPI-D1, PPI-D2 and Y2H.

We further visualize overlapping protein complexes in PPI networks detected by all overlapping clustering algorithms. Here, we present an example of two reference complexes labeled as #29 (blue) and #40 (green) respectively in PPI-D1 and the corresponding predicted complexes for all approaches in Fig. 6. Red nodes denote overlapping proteins belong to both complexes and grey nodes represent undiscovered proteins in complexes. Notice that CPM and ELC fail to detect the reference complexes, so no visualization exists. Two reference complexes are shown in Fig. 6a and they are both discovered correctly by our NDOCD algorithm. Moreover, three overlapping proteins YBR253W, YML007W and YPR070W are revealed in NDOCD and YML007W and YPR070W are also multiclustered by OCG method shown in

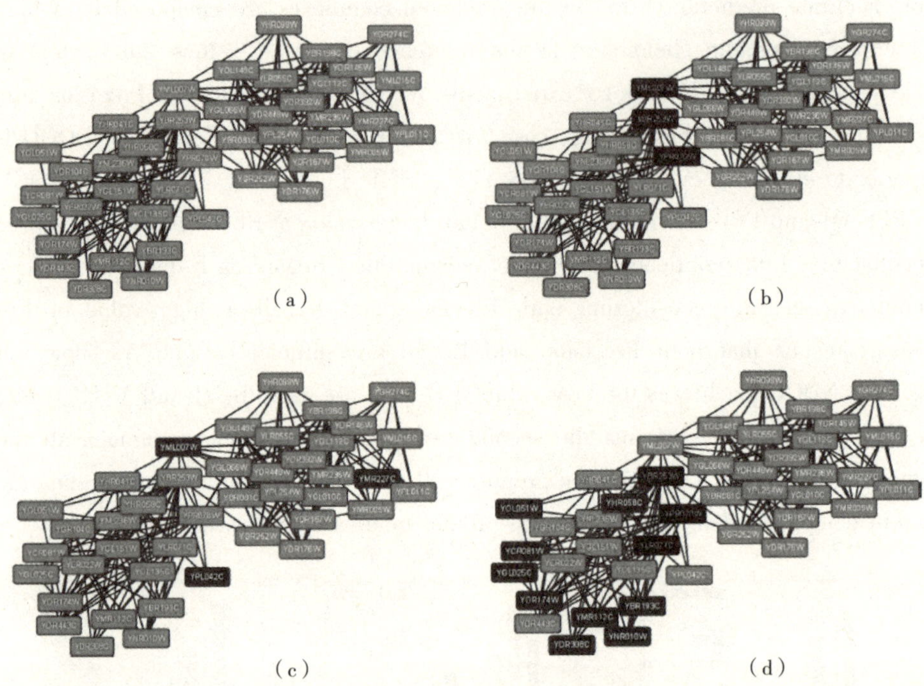

Figure 6　Visualization of reference and predicted complexes in PPI-D1 for NDOCD，LC and OCG

（a）Visualization of reference complexes.（b）Visualization of predicted complexes for NDOCD.
（c）Visualization of predicted complexes for LC.（d）Visualization of predicted complexes for OCG.

Fig. 6b. So，these two multiclustered proteins are the most likely candidates for multifunctionality. From Fig. 6c，d，we can conclude that many proteins cannot be detected in complexes results in a low clustering Precision for LC and OCG，verified in Fig. 5a.

Discussion

In this paper，we propose a novel method for overlapping community detection from the network decomposition perspective on the basis of alternating node partition and link partition. NDOCD employs node clustering technique to identify link communities and iteratively removes all links in obtained link community to split the network into smaller components. The network decomposition and the utilized node clustering technique mainly contribute to making the algorithm more efficient and less time-consuming.

We have assessed our NDOCD method on both synthetic and real-world networks. Compared with the state - of - the - art overlapping community detection methods, experimental results show the superior performance both on time and accuracy of our method. Our NDOCD provides elegant solutions for overlapping community detection, especially for the network with complicated structures or certain amount of noise links. Moreover, we apply our approach to predict protein complexes in yeast PPI networks. Our results suggest that the proposed method is likely to identify previously unknown complexes and predict unknown protein function at a much lower cost, which is of great significance. In addition, the proposed method also can be easily applied to many other important tasks in bioinformatics, for example DNA binding protein analysis[42], the relationship between microRNAs and disease[43-46], etc. These problems will be further studied.

Departure from the existing overlapping community detection methods, our method accommodates the coexistence of node and link communities beyond the existing work for finding node or link communities separately. We employed a different way, called node clustering technique, to identify link communities. Compared with other partitioning schemes, such as node clustering methods that focus mainly on nonoverlapping communities and link clustering methods that typically produce highly overlapping communities, the new scheme can better describe the natural community structures of complex networks. Specifically, we design a novel node clustering technique which is more appropriate for our algorithm framework, rather than employing the traditional node clustering techniques as the local optimization procedure. As we known, the quality of network decomposition influences directly the subsequent optimization. Here, to minimize the effects, the centred clique is treated as the seed to ensure the accuracy and the speed of local community, considering both joint strength and membership as the expansion rule simultaneously. While some traditional methods, including CPM and OCG, concentrate on the merging strategy for some relatively smaller components, which cannot detect the natural local communities directly. Furthermore, some other strategies, such as LFM method, depend frequently on the performance of designed expansion criterion function. Apparently, the accuracy of network partition may be discounted, that is why we propose a novel note clustering method to capture better local communities in our proposed framework. It is noteworthy that there are two parameters in our node expansion rule, and we need to adjust them to obtain the good results. Such reason makes us to design a more reasonable nonparameter node clustering technique, which we leave for future work.

Recently, several community detection methods on combining structure and content have already been proposed for the networks with a lot of content on nodes and links. Needless to say, the community detection may be greatly improved by considering both the network topology and node/link content, especially for the network with complicated structures or some noise, but this seems to be a challenge. So incorporating node and link content into our approach to even more accurately identify the overlapping communities is the subject of our future work. Also, some bio-inspired computing models and framework, for example, neural networks[47-53], membrane computing[54-56], virus machines[57] and evolutionary computation[58,59], might bring some ideas to improve the proposed method.

Finally, as shown in a series of recent publications[60-62], user-friendly and publicly accessible web-servers can significantly enhance their impacts, we shall make efforts in our future work to provide a web-server to displaying findings that can be manipulated by users according to their need.

Methods

In this section, we first depict the network decomposition procedure using a simple example to show the fundamental idea of our method; then we specify the overview of NDOCD; and finally we present the other core concepts of NDOCD, including seed selection and seed expansion.

Network decomposition. Figure 7a presents an input network and the network decomposition procedure of NDOCD for this network. Firstly, as orange link community is detected, all links in orange link community are removed from the input network. After deleting these links, the remaining network's topology structure will appear to be simplified. By doing this repeatedly, we obtain the following sub-networks successively. Finally, all the detected non-overlapping link communities naturally determine the final division results for the nodes in the network with corresponding node communities that can be overlapped. As shown in Fig. 7, four link communities have common connected node (the red node) in the original network. As expected, the result shown in Fig. 7b, match the ground-truth given in Fig. 7a.

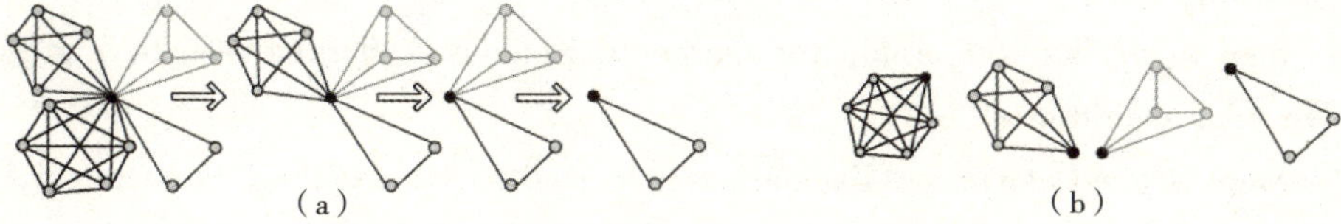

Figure 7 An illustration of our main idea

(a) Network decomposition procedure of our method. (b) Result of our method.

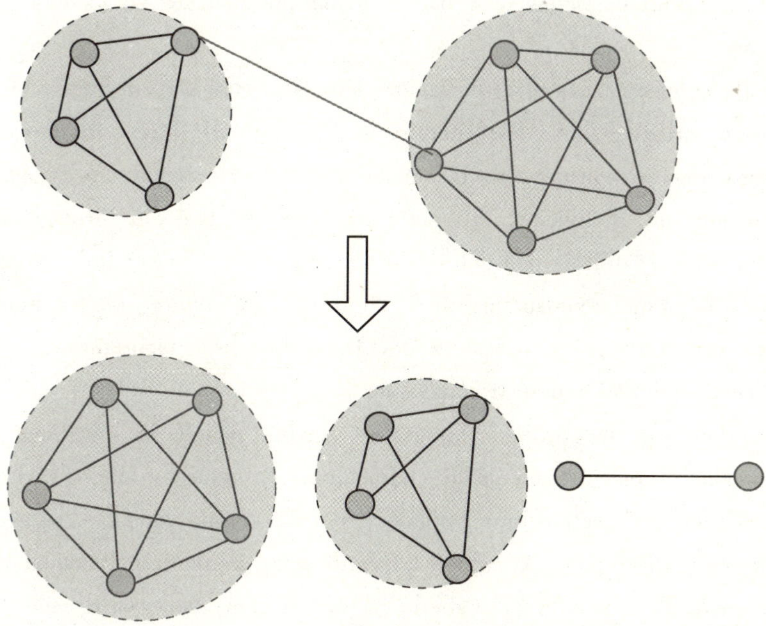

Figure 8 An example of bridge edge in a network

The black line represents the bridge edge in the network.

From this example we can conclude that NDOCD is a promising overlapping community detection algorithm with the following advantages, which outperforms traditional link clustering and node clustering algorithms. First, the decomposition of network contributes to reducing the computation time of NDOCD. Second, our method does not force every link into a community (all links but the bridge edge) shown in Fig. 8, thus avoid the problem that traditional link clustering typically generates a highly overlapping community structure. In addition, using node clustering method to get link communities can also ensure the quality of clustering.

Overview of NDOCD. The detailed steps of our NDOCD algorithm are described as follows:

Step 1: Seed selection. Identify the centred clique as starting seed by a greedy polynomial algorithm.

Step 2: Seed expansion. Expand a single seed by local optimization strategy.

Step 3: Network decomposition. Remove all links in derived link communities from current network.

Step 4: Continue to loop back to step 1 until no seeds can be found.

Step 5: Eliminate nodes with bad contribution to extended modularity of the communities.

Our algorithm consists of three major steps. The core step is the decomposition procedure described above. We iteratively remove all links in derived link communities from current network. In our method, a node community is obtained by seed expansion and all links in this node community create the corresponding link community. NDOCD utilizes node clustering technique to discover link communities, thus avoid the time - consuming link similarity calculation of traditional link clustering, especially for dense networks. The other two important steps are the following seed selection and seed expansion.

Seed selection. We utilize cliques as seeds, which is motivated by the observation that cliques are one of the characteristic structures contained within communities. As clique detection in a graph is generally computationally expensive, we employ the centred cliques[19], which are built using a greedy polynomial algorithm to form seeds. The resulting centred clique is not necessarily the maximal clique. Centered clique is calculated as follows:

Step 1: Select a single vertexx with highest comprehensive network feature value (CNFV, defined as formula 1).

Step 2: Build the clique centered in x. If a clique is produced, vertices adjacent to x are added in decreasing order of their relative degree. The comprehensive network feature of node i reveals the joint strength between this node and other nodes in the network and the CNFV[21] of node i is defined as follows:

$$CNFV_i = \beta * C_i + (1-\beta) * k_i/n \tag{1}$$

whereC_i is the clustering coefficient of node i and k_i is the degree of node i, and n is network size. Ref. 21 shows the optimal value of parameter β is 0. 3.

Seed expansion. Assume that the obtained centred clique S is starting seed, which is identified as the core of community C. In general, S is embedded in some larger community C. Thus, our task is to expand the seed S by greedy local optimization. Specifically, we expand the core by adding the neighbor nodes whose joint strength (JS, defined as formula 2) or membership degree (MD, defined as formula 3) reaches the specified thresholds until all nodes do not satisfy the condition.

TheJS of node i to graph K is

$$JS_{iK} = M_{iK}/n_K \tag{2}$$

TheMD of node i to graph K is

$$MD_{iK} = M_{ik}/k_i \tag{3}$$

where M_{iK} is the total links between node i and graph K, and n_K is total nodes in graph K.

Finally, a filtering process is added. Eliminate loosely assigned nodes with a threshold within 0 and 1 according to contribution of each node to the extended modularity of the communities and discard communities that contain less than two nodes, thus further improving the quality of obtained communities.

References

[1] Newman, M. E. J. Communities, modules and large – scale structure in networks. Nat. Phys. 8, 25–31 (2012).

[2] Lancichinetti, A. & Fortunato, S. Community detection algorithms: A comparative analysis. Phys. Rev. E 80, 056117, doi: 10. 1103/ PhysRevE. 80. 056117 (2009).

[3] Fortunato, S. Community detection in graphs. Phys. Rep. 486, 75 – 174 (2010).

[4] Girvan, M. & Newman, M. E. J. Community structure in social and biological networks. Proc. Natl. Acad. Sci. USA 99, 7821–7826 (2002).

[5] Xie, J., Kelley, S. & Szymanski, B. K. Overlapping community detection in networks: the state of the art and comparative study. ACM

Comput. Surv. 45，43，doi：10. 1145/2501654. 2501657（2013）.

[6] Pizzuti，C. & Rombo，S. E. Algorithms and tools for protein – protein interaction networks clustering，with a special focus on population–based stochastic methods. Bioinformatics 30，1343–1352（2014）.

[7] Jin，D.，Gabrys，B. & Dang，J. Combined node and link partitions method for finding overlapping communities in complex networks. Sci. Rep. 5，8600，doi：10. 1038/srep08600（2015）.

[8] Newman，M. E. J. Fast algorithm for detecting community structure in networks. Phys. Rev. E 69，066133，doi：10. 1103/ PhysRevE. 69. 066133（2004）.

[9] Krzakala，F. et al. Spectral redemption in clustering sparse networks. Proc. Natl. Acad. Sci. USA 110，20935–20940（2013）.

[10] Jiang，J.，Dress，A. & Yang，G. A spectral clustering – based framework for detecting community structures in complex networks. Appl. Math. Lett. 22，1479–1482（2009）.

[11] Zhang，X. et al. Modularity optimization in community detection of complex networks. EPL – Europhys. Lett. 87，49901，doi：10. 1209/0295 – 5075/87/49901（2009）.

[12] Zhang，Q. & Li，H. A multiobjective evolutionary algorithm based on decomposition. IEEE Trans. Evolut. Comput. 11，712–731（2007）.

[13] Palla，G.，Derényi，I.，Farkas，I. & Vicsek，T. Uncovering the overlapping community structure of complex networks in nature and society. Nature 435，814–818（2005）.

[14] Evans，T. S. Clique graphs and overlapping communities. J. Stat. Mech. 12，P12037，doi：10. 1088/1742–5468/2010/12/P12037（2010）.

[15] Shen，H.，Cheng，X.，Cai，K. & Hu，M. Detect overlapping and hierarchical community structure in networks. Physica A 388，1706–1712（2009）.

[16] Lancichinetti，A.，Fortunato，S. & Kertész，J. Detecting the overlapping and hierarchical community structure in complex networks. New J. Phys. 11，033015，doi：10. 1088/1367–2630/11/3/033015（2009）.

[17] Lee，C.，Reid，F.，McDaid，A. & Hurley，N. Detecting highly overlapping community structure by greedy clique expansion. InProceeding of the 4th International Workshop on Social Network Mining and Analysis（SNA – KDD），Washington，DC.，USA. NY，USA：ACM Press，33–42（2010）.

[18] Jin, D. et al. A Markov random walk under constraint for discovering overlapping communities in complex networks. J. Stat. Mech. 5, P05031, doi: 10.1088/1742-5468/2011/05/P05031 (2011).

[19] Becker, E., Robisson, B., Chapple, C. E., Guénoche, A. & Brun, C. Multifunctional proteins revealed by overlapping clustering in protein interaction network. Bioinformatics 28, 84-90 (2012).

[20] Magdon - Ismail, M. & Purnell, J. SSDE - Cluster: Fast overlapping clustering of networks using sampled spectral distance embedding and gmms. InProceeding of the 3rd International Conference on Social Computing (SocialCom/PASSAT), Boston, MA, USA. NJ, USA: IEEE Press, 756-759, doi: 10.1109/PASSAT/SocialCom. 2011. 237 (2011).

[21] Lei, X., Wu, S., Ge, L. & Zhang, A. Clustering and overlapping modules detection in PPI network based on IBFO. Proteomics 13, 278 - 290 (2013).

[22] Ahn, Y. -Y., Bagrow, J. P. & Lehmann, S. Link communities reveal multiscale complexity in networks. Nature 466, 761-764 (2010).

[23] Huang, L., Wang, G., Wang, Y., Blanzieri, E. & Su, C. Link clustering with extended link similarity and EQ evaluation division. Plos One 8, e66005, doi: 10.1371/journal. pone. 0066005 (2013).

[24] Evans, T. & Lambiotte, R. Line graphs, link partitions, and overlapping communities. Phys. Rev. E 80, 016105, doi: 10.1103/ PhysRevE. 80. 016105 (2014).

[25] He, D., Liu, D., Zhang, W., Jin, D. & Yang, B. Discovering link communities in complex networks by exploiting link dynamics. J. Stat. Mech. 10, P10015, doi: 10.1088/1742-5468/2012/10/P10015 (2012).

[26] He, D., Jin, D., Baquero, C. & Liu, D. Link community detection using generative model and nonnegative matrix factorization. PLos One 9, e86899, doi: 10.1371/journal. pone. 0086899 (2014).

[27] Pan, L., Wang, C., Xie, J. & Liu, M. Detecting link communities based on local approach. InProceeding of the 23rd IEEE International Conference on Tools with Artificial Intelligence (ICTAI), Boca Raton, FL, USA. NJ, USA: IEEE Press, 884-886, doi: 10.1109/ ICTAI. 2011. 140 (2011).

[28] Nicosia, V., Mangioni, G., Carchiolo, V. & Malgeri, M. Extending the definition of modularity to directed graphs with overlapping communities.

J. Stat. Mech. 3，P03024，doi：10.1088/1742-5468/2009/03/P03024（2009）.

[29] Yang，S. et al. Representation of fluctuation features in pathological knee joint vibroarthrographic signals using kernel density modeling method. Med. Eng. Phys. 36，1305-1311（2014）.

[30] Wu，Y.，Cai，S.，Yang，S.，Zheng，F. & Xiang，N. Classification of knee joint vibration signals using bivariate feature distribution estimation and maximal posterior probability decision criterion. Entropy 15，1375-1387（2013）.

[31] Wu，Y. & Krishnan，S. Combining least - squares support vector machines for classification of biomedical signals：a case study with knee-joint vibroarthrographic signals. J. Exp. Theor. Artif. In. 23，63-77（2011）.

[32] Lancichinetti，A. & Fortunato，S. Benchmarks for testing community detection algorithms on directed and weighted graphs with overlapping communities. Phys. Rev. E 80，016118，doi：10.1103/PhysRevE.80.016118（2009）.

[33] Zachary，W. An information flow model for conflict and fission in small groups. J. Anthropol. Res. 33，452-473（1977）.

[34] Lusseau，D. et al. The bottlenose dolphin community of doubtful sound features a large proportion of long-lasting associations. Behav. Ecol. Sociobiol. 54，396-405（2003）.

[35] Gleiser，P. M. & Danon，L. Community structure in jazz. Adv. Complex. Syst. 6，565-573（2003）.

[36] Jeong，H.，Tombor，B.，Albert，R.，Oltvai，Z. N. & Barabási，A. -L. The large - scale organization of metabolic networks. Nature 407，651 - 654（2000）.

[37] Guimera，R.，Danon，L.，Diaz-Guilera，A.，Giralt，F. & Arenas，A. Self-similar community structure in a network of human interactions. Phys. Rev. E 68，065103，doi：10.1103/PhysRevE.68.065103（2003）.

[38] Gavin，A. -C. et al. Proteome survey reveals modularity of the yeast cell machinery. Nature 440，631-636（2006）.

[39] Mewes，H. -W. et al. MIPS：a database for genomes and protein sequences. Nucleic Acids Res. 30，31-34（2002）.

[40] Mewes，H. -W. et al. MIPS：analysis and annotation of proteins from whole genomes in 2005. Nucleic Acids Res. 34，D169-D172（2006）.

[41] Mewes，H. -W. et al. MIPS：analysis and annotation of proteins from

whole genomes. Nucleic Acids Res. 32, D41-D44 (2004).

[42] Liu, B. et al. iDNA-Prot | dis: Identifying DNA-binding proteins by incorporating amino acid distance-pairs and reduced alphabet profile into the general pseudo amino acid composition. Plos One 9, e106691, doi: 10.1371/journal. pone. 0106691 (2014).

[43] Liu, B. et al. Identification of real microRNA precursors with a pseudo structure status composition approach. Plos One 10, e0121501, doi: 10.1371/journal. pone. 0121501 (2015).

[44] Zou, Q., Li, J., Song, L., Zeng, X. & Wang, G. Similarity computation strategies in the microRNA - disease network: A survey. Brief. Funct. Genomics 15 (1), 55-64, doi: 10.1093/bfgp/elv024 (2016).

[45] Zeng, X., Zhang, X. & Zou, Q. Integrative approaches for predicting microRNA function and prioritizing disease - related microRNA using biological interaction networks. Brief. Funct. Genomics, doi: 10.1093/bib/bbv033 (2015).

[46] Zou, Q. et al. Prediction of microRNA - disease associations based on social network analysis methods. Biomed. Res. Int. 2015, 810514, doi: 10.1155/2015/810514 (2015).

[47] Song, T., Xu, J. & Pan, L. On the universality and non-universality of spiking neural P systems with rules on synapses. IEEE Trans. NanoBiosci. 14, 960-966 (2015).

[48] Zhang, X., Pan, L. & Păun, A. On the universality of axon P systems. IEEE Trans. Neur. Net. Lear. 26, 2816-2829 (2015).

[49] Liu, X., Li, Z., Liu, J., Liu, L. & Zeng, X. Implementation of arithmetic operations with time - free spiking neural P systems. IEEE Trans. NanoBiosci. 14, 617-624 (2015).

[50] Zeng, X., Zhang, X., Song, T. & Pan, L. Spiking neural P systems with thresholds. Neural Comput. 26, 1340-1361 (2014).

[51] Song, T., Zou, Q., Liu, X. & Zeng, X. Asynchronous spiking neural P systems with rules on synapses. Neurocomputing 151, 1439 - 1445 (2015).

[52] Zhang, X., Wang, B. & Pan, L. Spiking neural P systems with a generalized use of rules. Neural Comput. 26, 2925-2943 (2014).

[53] Zeng, X., Xu, L., Liu, X. & Pan, L. On languages generated by spiking neural P systems with weights. Inform. Sciences 278, 423-433 (2014).

[54] Song, T., Pan, L., Jiang, K., Song, B. & Chen, W. Normal forms for some classes of sequential spiking neural P systems. IEEE Trans. NanoBiosci. 12, 255-264 (2013).

[55] Zhang, X., Liu, Y., Luo, B. & Pan, L. Computational power of tissue P systems for generating control languages. Inform. Sciences 278, 285-297 (2014).

[56] Liu, X., Suo, J., Leung, S. C., Liu, J. & Zeng, X. The power of time-free tissue P systems: Attacking NP-complete problems. Neurocomputing 159, 151-156 (2015).

[57] Chen, X., Pérez-Jiménez, M. J., Valencia-Cabrera, L., Wang, B. & Zeng, X. Computing with viruses. Theor. Comput. Sci. doi: 10.1016/j.tcs.2015.12.006 (2015).

[58] Zhang, X., Tian, Y. & Jin, Y. A knee point driven evolutionary algorithm for many-objective optimization. IEEE Trans. Evolut. Comput. 19, 761-776 (2014).

[59] Zhang, X., Tian, Y., Cheng, R. & Jin, Y. An efficient approach to nondominated sorting for evolutionary multiobjective optimization. IEEE Trans. Evolut. Comput. 19, 201-213 (2015).

[60] Liu, B. et al. Combining evolutionary information extracted from frequency profiles with sequence-based kernels for protein remote homology detection. Bioinformatics 30, 472-479 (2014).

[61] Zou, Q. et al. Improving tRNAscan-SE annotation results via ensemble classifiers. Mol. Inform. 34, 761-770 (2015).

[62] Liu, B. et al. Pse-in-One: a web server for generating various modes of pseudo components of DNA, RNA, and protein sequences. Nucleic Acids Res. 43, W65-W71, doi: 10.1093/nar/gkv458 (2015).

Acknowledgements

This work was supported by the National High Technology Research and Development Program (863 Program) of China (2014AA015104), National Natural Science Foundation of China (61402002, 61272152 and 61472002), Natural Science Foundation of Anhui Province (1408085QF120), Natural Science

Foundation of Anhui Higher Education Institutions of China (KJ2012A010 and KJ2013A007), and Student Project of Public Sentiment and Regional Development Collaborative Innovation Center of Anhui University.

Author Contributions

Z. D., D. S., X. Z. and B. L. designed the study; Z. D. and D. S. performed the experiments, Z. D. and X. Z. analyzed the data and prepared the figures; Z. D., D. S. and B. L. wrote the paper. All authors reviewed the manuscript.

Additional Information

Supplementary information accompanies this paper at http://www.nature.com/srep

Competing financial interests: The authors declare no competing financial interests.

How to cite this article: Ding, Z. et al. Overlapping Community Detection based on Network Decomposition. Sci. Rep. 6, 24115; doi: 10.1038/srep24115 (2016).

This work is licensed under a Creative Commons Attribution 4.0 International License. The images or other third party material in this article are included in the article's Creative Commons license, unless indicated otherwise in the credit line; if the material is not included under the Creative Commons license, users will need to obtain permission from the license holder to reproduce the material. To view a copy of this license, visit http://creativecommons.org/licenses/by/4.0/

(本文已在 *Scientific Reports* 杂志全文刊载)

附录　安徽大学舆情与区域形象研究中心简介

安徽大学舆情与区域形象研究中心成立于 2010 年 12 月，是安徽大学“211 工程”三期重点建设项目。中心以安徽大学新闻传播学院为龙头，协同政、产、学、研优势资源，面向安徽经济社会发展的重大需求，紧扣社会转型期的新现象、新问题与新矛盾，着重在舆情监测与研判、民意调查与分析、区域形象建构三个研究方向开展研究，为政府公共政策的制定提供决策咨询，为区域形象的建构提供舆情研判，为地区软实力的提升提供智力支持。

中心下设网络舆情监测实验室和访谈调查实验室。网络舆情监测采用国内领先的北大方正集团研发的“互联网舆情监测系统”，该系统应用到信息采集、智能检索、自然语言理解、数据管理等关键技术，可以有效辅助开展互联网舆情监测分析工作，对海量网络信息进行全方位的掌握，对监测对象舆情发展进行分析研判。电话访谈采用 CATI 系统（计算机辅助电话调查系统）、CAPI（计算机辅助面对面调查系统），可以迅速直接地进行民意调查，及时掌握社会民情动态。

中心现已成为安徽省教育厅人文社会科学重点研究基地、安徽大学协同创新中心。

一、中心资源

1. 学院资源

中心依托安徽大学新闻传播学院，充分利用学院的科研力量与学术资源。安徽大学新闻传播学院经过多年积累，近几年进入发展快车道，综合实力全面提升。2008 年，在武汉大学中国科学评价研究中心公布的学科排名中，安徽大学新闻学位列第 17 位，传播学位列第 12 位。2009 年，学院被中国教育网评为“全国教学最受学生欢迎的十大新闻院系”之一。2013 年，在教育部组织的第三轮学科水平评估中，位列第19位。

中心与新闻传播学院原有的国家级实验教学示范中心实行优势互补，积极引进安徽大学其他学科相关专业共同建设，力求打造成多学科交叉融合的科研平台。

2. 人才资源

中心现有专职研究员15人，其中正高职称5人，副高职称4人，7人拥有博士学位，其中"教育部新世纪人才支持计划"1人，安徽省学术科技带头人（后备人选）1人。

3. 技术资源

（1）WO（网络舆情监测系统）

通过对海量网络舆论信息进行实时的自动采集、分析、汇总、监视，并识别其中的关键信息，及时通知到相关人员，从而第一时间应急反应，为正确舆论导向及收集网友意见提供直接支持的一套信息化平台。

（2）CATI（计算机辅助电话调查系统）

科学性：电脑随机抽样，调查样本具有代表性。

及时性：针对社会热点事件或是重大关切，即时访问。

准确性：调查问卷编码、统计计算机自动生成。

（3）CAPI（计算机辅助面对面调查系统）

移动性强：可以在移动环境下进行访问，并可以实时地接触到某些特定场景下的特定人群。

形式多样：支持照片、图片、声音播放，支持影音文件播放，支持虚拟购物、图片选择等。

友好度高：通过直观生动的题型展现能获得更高的受访率、更强的互动体验和受访者更积极的参与热情。

二、中心发展历程

2010年12月　中心成立；

2011年3月　中心与上海外国语大学、浙江大学、南京师范大学等高校签订长三角舆情联盟合作协议；

2012年5月　中心芮必峰教授获批国家社会科学基金重点项目"坚持马克思主义新闻观与完善舆论引导格局研究"；

2012年2月　合肥市民对省"两会"关注情况的调查；

2012 年 3 月　关于“合肥少女毁容事件”的本地舆情调查；

2012 年 6 月　合肥市民关于安徽精神、形象态度调查，《江淮晨报》三版报道；

2012 年 11 月　关于合肥市民“幸福感”及“生活现状”的舆情调查，《决策》转载；

2013 年 4 月　中心获批安徽省教育厅人文社科重点研究基地；

2013 年 4 月　中心聘任学术委员会专家仪式隆重举行，童兵、喻国明教授做学术报告；

2013 年 11 月　中心举办首届舆情与社会发展论坛；

2013 年 11 月　中心参与由复旦大学发起的“全国高校传媒与舆情调查协作联盟”单位开展“十八届三中全会关注情况调查”；

2014 年 4 月　中心获批安徽大学协同创新中心。

三、创新协同

1. 校内协同

中心结合安徽大学综合性大学的优势，协同社会与政治学院、马克思主义研究院等校内相关院系，强化在社会民意调查、主流价值观构建、舆论引导等方面的合作研究，在保持新闻传播学科省内第一的基础上，力争国内一流，带动我校社会学、政治学等相关学科的进一步发展，同时有效培育舆情研究这一新兴研究领域。

2. 校际协同

中心先后与国家哲学社会科学重点研究基地“复旦大学新闻传播与媒介化社会研究创新基地”签署协议，共同建设全国高校电话访谈调查联盟；与上海外国语大学、浙江大学、南京师范大学等高校发起成立“长三角舆情研究联盟”，建立长三角区域的一体化舆情研究和应用平台；与中国人民大学舆论研究所合作，增强自身舆情研究的能力。

3. 行业协同

通过与人民网舆情监测室、《中国青年报》、新浪安徽、安徽日报报业集团、安徽广播电视台、合肥报业传媒集团、北大方正等相关舆情服务行业、新闻单位的合作，搭建研究资源共享平台。

4. 校地协同

中心现已与省教育厅、省交警总队合作开展相关舆情调研，向省委省政府、合肥市委市政府呈送多份舆情研究与民意调查报告，积极融入安徽经济社会发展。

5. 媒体反响

中心调查结果刊登在《决策》《安徽商报》《江淮晨报》及人民网等多家媒体，其中“合肥少女毁容案”“安徽精神大讨论”“合肥市民幸福感”调查等研究报告得到本地多家媒体转载，取得了良好的社会反响。

图书在版编目(CIP)数据

安徽舆情与社会发展年度报告.2015/芮必峰主编.—合肥:合肥工业大学出版社,2016.11

ISBN 978-7-5650-3055-0

Ⅰ.①安… Ⅱ.①芮… Ⅲ.①社会调查—调查报告—安徽—2015②社会发展—研究报告—安徽—2015 Ⅳ.①D668②D675.4

中国版本图书馆 CIP 数据核字(2016)第 262616 号

安徽舆情与社会发展年度报告(2015)

主编 芮必峰 责任编辑 张 慧

出 版	合肥工业大学出版社	**版 次**	2016 年 11 月第 1 版
地 址	合肥市屯溪路 193 号	**印 次**	2016 年 11 月第 1 次印刷
邮 编	230009	**开 本**	710 毫米×1010 毫米 1/16
电 话	人文编辑部:0551-62903205	**印 张**	19.5
	市场营销部:0551-62903198	**字 数**	340 千字
网 址	www.hfutpress.com.cn	**印 刷**	安徽联众印刷有限公司
E-mail	hfutpress@163.com	**发 行**	全国新华书店

ISBN 978-7-5650-3055-0 定价:45.00 元

如果有影响阅读的印装质量问题,请与出版社市场营销部联系调换。